贵州省 2014 年省级本科教学工程（教学内容与课程体系改革）项目（黔教高发〔2014〕378 号）成果

贵州省高等学校"省级专业综合改革试点"项目（应用心理学）（黔教高发〔2015〕337 号）成果

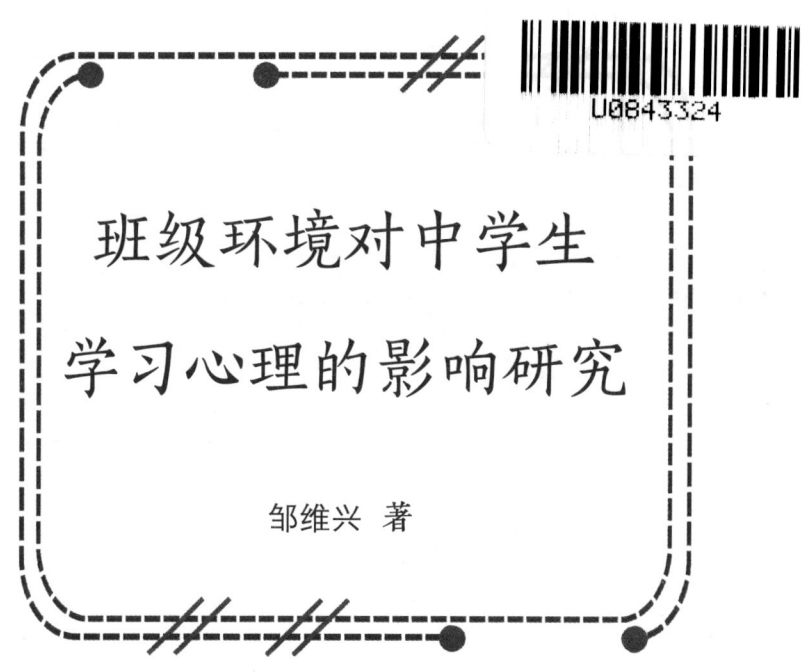

班级环境对中学生学习心理的影响研究

邹维兴 著

西南交通大学出版社
·成都·

图书在版编目（CIP）数据

班级环境对中学生学习心理的影响研究 / 邹维兴著
. 一成都：西南交通大学出版社，2018.9
ISBN 978-7-5643-6383-3

Ⅰ. ①班… Ⅱ. ①邹… Ⅲ. ①班级 - 学校管理 - 影响
- 中学生 - 学习心理学 - 研究 Ⅳ. ①G442

中国版本图书馆 CIP 数据核字（2018）第 200794 号

班级环境对中学生学习心理的影响研究
邹维兴　著

责 任 编 辑	梁　红
助 理 编 辑	居碧娟
封 面 设 计	严春艳
	西南交通大学出版社
出 版 发 行	（四川省成都市二环路北一段 111 号
	西南交通大学创新大厦 21 楼）
发行部电话	028-87600564　028-87600533
邮 政 编 码	610031
网　　　址	http://www.xnjdcbs.com
印　　　刷	四川煤田地质制图印刷厂
成 品 尺 寸	165 mm×230 mm
印　　　张	16.5
字　　　数	297 千
版　　　次	2018 年 9 月第 1 版
印　　　次	2018 年 9 月第 1 次
书　　　号	ISBN 978-7-5643-6383-3
定　　　价	78.00 元

图书如有印装质量问题　本社负责退换
版权所有　盗版必究　举报电话：028-87600562

目 录

第一章　探讨班级环境对中学生学习心理影响的意义 …………………… 001

第二章　研究综述 …………………………………………………………… 004
　　第一节　班级环境的研究概述 ………………………………………… 004
　　第二节　中学生学习拖延的研究概述 ………………………………… 012
　　第三节　中学生学习倦怠的研究概述 ………………………………… 017
　　第四节　学业自我效能感的研究概述 ………………………………… 022

第三章　研究方法 …………………………………………………………… 027
　　第一节　中介效应及其检验程序 ……………………………………… 027
　　第二节　研究假设 ……………………………………………………… 029
　　第三节　调查研究方法 ………………………………………………… 030

第四章　中学生学习拖延现状及与班级环境的关系 …………………… 034
　　第一节　中学生学习拖延的基本状况 ………………………………… 034
　　第二节　学校因素对中学生学习拖延的影响分析 …………………… 039
　　第三节　家庭因素对中学生学习拖延的影响分析 …………………… 057
　　第四节　班级环境对中学生学习拖延的影响分析 …………………… 090
　　第五节　讨　论 ………………………………………………………… 102

第五章　中学生学习倦怠现状及与班级环境的关系 …………………… 105
　　第一节　中学生学习倦怠的基本状况 ………………………………… 105
　　第二节　学校因素对中学生学习倦怠的影响分析 …………………… 109
　　第三节　家庭因素对中学生学习倦怠的影响分析 …………………… 125
　　第四节　班级环境对中学生学习倦怠的影响分析 …………………… 151
　　第五节　讨　论 ………………………………………………………… 160

第六章　中学生学业自我效能感现状及与班级环境的关系 …………… 164
　　第一节　中学生学业自我效能感的基本状况 ………………………… 164

第二节　学校因素对中学生学业自我效能感的影响分析……………167
　　　第三节　家庭因素对中学生学业自我效能感的影响分析……………179
　　　第四节　班级环境对中学生学业自我效能感的影响分析……………200
　　　第五节　讨　　论………………………………………………………208

第七章　班级环境对中学生学习心理的具体影响机制分析……………………212

　　　第一节　学业自我效能感在班级环境与学习拖延间的
　　　　　　　中介效应分析…………………………………………………212
　　　第二节　学习倦怠在班级环境与学习拖延间的中介
　　　　　　　效应分析…………………………………………………………220
　　　第三节　学业自我效能感在班级环境与学习倦怠间的
　　　　　　　中介效应分析…………………………………………………228
　　　第四节　学习倦怠在学业自我效能感与学习拖延间的
　　　　　　　中介效应分析…………………………………………………237

参考文献………………………………………………………………………………246

附录　调查问卷汇总…………………………………………………………………255

第一章
探讨班级环境对中学生学习心理影响的意义

一、研究背景

学生的学习活动受多种因素的影响，是一个复杂的过程，一般将影响学生学习的因素分为两类：一类是认知因素；另一类是非认知因素。认知因素是指学生自身所具备的能力、认知结构、事物的认识过程等。这些因素会影响学生对知识的学习和掌握。非认知因素指的是除智力因素之外对学生产生影响的心理因素，如学习的信心、目标等。非认知因素同样对学生学习过程的顺利发展起到了很重要的作用，并且这些因素同样引起了研究者的关注。按照人本主义的思想，学校是学生获取知识的园地，是学生发展学习兴趣的舞台。学生更多的时间处在班级中，班级会对学生产生潜移默化的影响。近五年来，越来越多的学者开始关注初中生班级环境的建设，从班级的自主管理、班级的归属感、班级的心理分析和班级建设的角度。研究的范围有扩大的趋势，越来越多的学者开始关注班级环境的建设[1]。学生是教育的主体，学生所在的班级环境会影响到学生的学习心理，诸如学业自我效能感、学习拖延、学习倦怠等方面，进而影响到学生最终的学业成就。

青少年在进入校园后，学校环境对青少年成长发展的影响逐渐增大，学生们的生活圈从家庭转移到学校，而家庭环境的作用退居其次，父母教养、父母在家庭环境中的榜样作用削弱，学校的影响逐步突显。布朗芬布伦纳的生态系统理论以及我国的教育体制都表明，班级环境是青少年成长发展的重要微系统之一，也是青少年受到直接影响的学校因素[2]。"班级"作为学生重要的微观子系统，承载着学生在学校中的绝大多数生活与活动，对学生的社会性发展，特别是学习心理发展的作用不言而喻。它不但是开展学校道德教

---

[1] 王立莹. 朝鲜族初中生班级环境、学业自我效能感与学习投入关系研究[D]. 延吉：延边大学，2017.
[2] 国露露. 小学生羞怯、班级环境与学校适应的关系[D]. 济南：山东师范大学，2017.

育工作的基础环境，同时也是学习教育的最重要也是最基本的场所。反观现在的班级，师生矛盾、同伴冲突频发，学生的集体意识淡薄，团体合作意识下降。另还有中国青少年研究中心在第十二届中国青少年发展论坛中的报告提到，中学生作业多、负担重、竞争压力大。这都对班级环境的建设发出了亟不可待的信号[①]。青少年感知到的班级环境特点及对其学习心理的具体影响应该得到关注。以往既有研究发现，班级环境会对青少年学习拖延、学习倦怠等方面产生具体的影响，却很少关注班级环境与各种学习心理之间到底是一种什么样的关系模式。班级环境在青少年学习心理之间的作用模式应该成为研究关注的焦点。

二、研究意义

目前关于学习拖延、学习倦怠等学习心理方面的研究主要关注个体层面，忽视了个体发展所必需的环境因素。本研究从发展生态学的角度探索两者关系，在极具中国特色的教育背景下探讨班级环境对中学生学习心理方面（学业自我效能感低、学习倦怠、学习拖延等）的具体影响机制，为环境与学习心理之间的关系提供实证研究证据，可以为以后的研究提供新的思路。学校生活是青少年踏入社会的第一步，在学校中学习知识发展智力，与同伴交往发展社交能力以及形成良好的个性、道德品质，都是青少年将来健康发展的基础，在此阶段习得的知识、体验的情绪情感、与人交往的方式以及行为习惯都将会迁移到将来的学习生活中[②]。

本研究重点关注青少年发展的主要环境——班级环境，从发展生态学的角度入手，探索青少年在学习适应问题上的早期预测因素和保护性因素，以期尽早识别具有学校学习适应风险的青少年，并为改善其学习适应状况提出有效的依据，促进青少年学习与适应的积极发展，为老师对青少年学习适应困境发展如杜绝学习倦怠和学习拖延等方面的干预提供一个新的思路。

班级心理环境是学生或教师对所处班级或课堂的知觉或感受，它是决定学生发展的潜在因素，对学生的认知、态度和情感等发展具有重要而深远的意义。我国的班级从小学一直到大学都有相对固定的教室，学生的同学和班主任也相对固定，具有较强的稳定性和连续性，班级的整体气氛可能对学生的发展发挥了更大的作用。本研究中的班级环境就是指学生对自己所在班级

---

① 王娇. 中学生道德同一性对亲社会行为的影响[D]. 武汉：华中师范大学，2017.
② 国露露. 小学生羞怯、班级环境与学校适应的关系[D]. 济南：山东师范大学，2017.

的一般社会心理气氛的一种知觉或感受。

三、研究目的

当前，学习拖延、学习倦怠及学业自我效能感低作为影响中学生学习最主要的因素，对中学生的学习与身心发展带来了严重的不良影响。而班集体作为中学生学习与生活最主要的场所，其社会心理环境必然对学生的发展和学习产生广泛和重要的影响。已有相关研究表明，中学生的班级环境是影响其学业拖延及学习倦怠等的重要因素。但本研究认为，班级环境这种外在的因素不可能直接影响中学生的学习拖延和学习倦怠，而是通过影响其他心理因素如学业自我效能感，来间接影响中学生的学习拖延的。本研究认为中学生班级环境对其学习心理的具体影响存在较复杂的内部影响机制。因此，本研究的目的是从中学生学习生活的小型生态环境特点出发，了解中学生学习拖延、学习倦怠及学业自我效能感差等背后的学习心理的基本状况，并且着重探讨中学生感知到的班级环境对其学习心理的具体影响机制，为提高中学生学习效率和学业成绩的对策研究提供心理学依据。

具体的研究内容包括：①中学生学习拖延中计划缺乏、状态不佳、行为迟滞、执行力不足及学习拖延等的基本状况，学校因素、家庭因素对中学生学习拖延的影响，班级环境中师生关系、同学关系、竞争、秩序和纪律、学习负担等方面因素对中学生学习拖延的具体影响；②中学生学习倦怠中身心耗竭、学业疏离、低成就感及学习倦怠总体的基本状况，学校因素、家庭因素对中学生学习倦怠的影响，班级环境中师生关系、同学关系、竞争、秩序和纪律、学习负担等方面对中学生学习倦怠的具体影响；③中学生学业自我效能感中学习能力自我效能感、学习行为自我效能感及学业自我效能感总体的基本状况，学校因素、家庭因素对中学生学业自我效能感的影响，班级环境中师生关系、同学关系、竞争、秩序和纪律、学习负担等方面对中学生学业自我效能感的具体影响；④学业自我效能感在班级环境与中学生学习拖延间的中介效应机制分析、学习倦怠在班级环境与中学生学习拖延间的中介效应机制分析、学业自我效能感在班级环境与中学生学习倦怠间的中介效应机制分析、学习倦怠在中学生学业自我效能感与学习拖延间的中介效应机制分析。

第二章
研究综述

第一节 班级环境的研究概述

一、班级环境的概念

班级环境的概念自 20 世纪 30 年代被提出后，有关班级环境的研究便开始蓬勃发展，且随着研究者探究的角度不同而不断改变，对班级环境的定义也层出不穷。由于班级环境的含义十分丰富，包括班级的物理环境、心理环境等多方面，心理学对班级环境的研究大多是围绕着班级的社会心理环境展开的。[①]从国外对班级环境的研究中发现，班级环境由三种环境构成：一是物理环境，二是教育环境，三是社会心理环境。首先，最为直观的就是物理环境，是指学生学习生活的现实的静态环境，包括学生们桌椅的摆放、班级的空间结构设计和布局等；其次是教育环境，就是说学校和教师针对学生的学习制定的教学计划，老师对教学过程的设计，还有学生所使用的课本；最后是社会心理环境，是班级内部成员之间相互作用形成的，这其中主要包括了班规、班风、师生和同伴关系等。这三种环境并不是各自孤立存在的，班级环境是这三种环境互相作用所形成的。[②]

班级环境在广义上包括校园自然环境、教学硬件设置、空间布置以及班级成员主体的心理环境。而狭义的班级环境指的是学生、教师对班级或课堂的感受。班级是学生接受教育的基本子系统，是在校生各项活动开展的基本载体。班主任、学科教师和学生三主体贯穿于班级组织活动中，班级环境以其自发性与潜在性、双重性与双向性、独特性与教育性为特点（田友谊，2004），且受多重因素的影响。[③]同时，成康（2017）认为班级是学校中最基础的学习

---

① 徐蕾. 初中生自尊与学业求助行为的关系：班级环境的调节作用[D]. 南京：南京师范大学，2017.
② 成康. 初中生孤独感、班级环境和攻击行为的关系研究[D]. 长沙：湖南师范大学，2017.
③ 王娇. 中学生道德同一性对亲社会行为的影响[D]. 武汉：华中师范大学，2017.

环境，在大多数时间里，学生和老师都处在班级环境中。学生们和同学、老师在同一个班级中一起学习，在班级环境中游戏，共同在班级环境中生活，并且相互之间进行着各种各样的社交活动。他们的生活基本局限在三个小环境中，自己的家庭、所在的学校以及周边的社会环境。这三个环境对儿童、青少年的身心发展会产生十分重要的影响。作为影响儿童、青少年发展的重要因素，班级环境当然得到了国内外众多学者的积极关注。每个学者对班级环境的概念界定都不尽相同。

班级是学校的基本构成单元，也是学校进行各种活动的基本组织单位。在很长一段时间里，大多数学者认为班级环境（Class Environment）与课堂环境（Classroom Environment）是通用的，主要是学校课堂中的社会心理氛围。国外的研究者认为，课堂环境和课堂气氛是两个相同的概念，都是指课堂中的社会心理氛围。但是却没有研究者对这两个概念进行明确的界定。如 Moos（1979）对班级环境的定义主要是以社会环境为基础，他认为班级环境主要是由人际关系、个人成长和系统的维持及改变组成的。[①]Good（1973）提出班级环境是班级中的学习环境，包括物理环境以及各种情境。相对于 Good 所强调的班级物理环境，Walberg（1979）的关注点是班级内部的人际关系，并指出班级环境是个体间彼此影响、作用的过程，其影响因素主要包含学生间、师生间的互动关系。Fraser（1986）在综述以往有关课堂环境的研究时指出，课堂环境是学生对所处课堂的心理社会性方面的知觉，有时也指教师和学生共同的知觉。他在前人研究的基础上提出了较其他定义愈加合理的界定，认为班级环境是"教师或者学生对他们所处的班级或课堂的心理社会性知觉或感受"，认为班级环境指教师与学生共同感知到的独特的环境。后来很多研究者引用这一定义来限定自己的研究范围。同时，国外学者对班级环境的研究更多是关注学科的课堂环境，针对班级环境的相关研究则较少。

学者们在对过往研究进行综合分析的基础上得出结论：由于东西方文化不同，西方采用的教育方式为双轨制，学生没有固定统一的班级，西方的中小学采取的是非固定的分班制度，西方的班级并不具有稳定性和连续性；而在我国，中小学基本上都是固定的班级，班级是我国学校的基本构成单位，学生和教师的班级环境十分稳定。因此，当把课堂环境的概念引入国内用于班级环境的研究时却遇到了一个不可回避的问题，即班级环境与课堂环境是一样的吗？从国外的文献来看，国外研究者似乎并不十分在意班级环境和课堂环境的区别。无论是对具体学科的课堂教学环境进行的研究，还是对一般

---

① 国露露. 小学生羞怯、班级环境与学校适应的关系[D]. 济南：山东师范大学，2017.

的班级环境进行的研究，都采用"Classroom Environment"（课堂环境）这一概念。然而，我国研究者则认为班级环境与课堂环境是有区别的。班级环境主要包括班主任、各任课老师以及该班学生之间的社会性交往，其中，班主任较各学科老师的影响力更大，班级环境与学生的全面发展关系较为密切。而课堂环境主要指任课教师与学生在该科目课堂上的教与学的互动，与学生学科知识的学习密切相关。由此可知，课堂环境具有较为固定、具体的时空特征，而班级环境的范围较为宽泛一些，学生往往在一个班级环境中度过一个阶段的学校生活。另外，在班级中每个学科都有各自独特的课堂环境，每个学生可以处于多个课堂环境中，而每个班级对应的班级环境只有一个，每个学生也只属于一个班级环境。①

我国学者江光荣（2002）从心理环境而非物质环境的角度对其做出界定，认为班级环境是一种学校心理情景，不同于课堂环境，包括班级中的社会心理气氛因素。他从人员构成、成员互动内容、老师的影响力、对学生发展的影响、时空特征、种类六个方面指出了班级环境与课堂环境的差异，具体包括以下几点：第一，班级环境与课堂环境的人员构成不尽一致。课堂环境中的人通常只包括一位教师和他/她所授科目课堂上的学生；而班级环境包括班主任和学科教师及该班的全体学生。第二，课堂环境的时间、空间和情境都是特定的；班级环境的时间、空间和情境的范围要宽一些。第三，师生互动和学生互动的内容不同。如果把班级内的互动分为"教学互动"与"社会性交往"两大类，则在课堂环境中，"教学互动"比重较大；在班级环境中，社会性交往的内容比课堂环境多，交往的深度和范围也不同。第四，课堂环境可能与该科任课教师的教学风格关系较大，而班级环境则与班主任以及主要学科教师的关系比较大。第五，从班级/课堂环境影响学生发展的角度考虑，与特定学科课程相联系的课堂环境跟学生相应学科学习的关系更为密切；而班级环境则跟学生全面的发展，包括各科的学习情况，以及情绪和社会性发展的关系较为密切。第六，一个班级可以有八九种课堂环境，即每科都有其独有的课堂环境；但一个班级只有一个班级环境。当然，班级环境与课堂环境还是有一致之处的。②

我国深受孔孟文化的熏陶，集体主义的传统价值观念深入人心。强调群体与归属。班级有很强的稳定性，作为学生在学校环境中的归属具有重要的意义及价值。班级环境是一个极富中国特色的概念。

---

① 孙亚红. 中小学班级环境与学生学业效能感、学业成绩的关系研究[D]. 石家庄：河北师范大学，2005.
② 国露露. 小学生羞怯、班级环境与学校适应的关系[D]. 济南：山东师范大学，2017.

二、班级环境的结构、测量及类型

Moos(1973)是最早对心理环境展开系统研究的学者。他在对人类社会中存在的大量典型环境进行研究的基础上,指出每种环境都包含三方面的内容,即关系、个人发展、系统保持和系统变化三大维度。关系维度主要指环境中个体的卷入程度,以及个体间的帮助与支持程度。关系方面主要描述环境中个人关系的性质和强度,比如成员之间是相互支持、帮助还是相反。个人发展维度是指个体在特定环境中的目标定向以及所获得的自我发展、自我增强,个人发展方面指环境中所具有的让个人自我增强和发展的方向和方式,这一方面有时也被称为"目标定向"。系统保持和系统变化维度指的是特定环境中团体的组织、规则、控制等部分以及各部分的明确度。系统维持和变革方面指的是环境中是否存在结构、秩序、定向、保持控制等成分,以及这些成分的明确度。这三个方面适合于各种环境,包括学校班级环境、医疗环境、军事训练环境、工作环境和家庭环境,等等。Moos对环境结构的研究具有很强的跨情境一致性,对各维度都有详尽的介绍与描述。Moos等人经过十几年的积累,收集到了各种环境的大量数据,证实了以上三个方面对于各种组织和团体环境的适用性,受到大多数学者的认可与采纳,并在此基础上开发了多种测量特定环境的工具。

在上述研究的基础上,Moos等(1974,1991)认为中学班级环境有九个维度:参与、团结、教师支持,任务定向性、竞争、有序、规则明确、教师控制、创新。其中前三个维度属于关系方面,中间两个维度属于个人发展方面,最后四个维度属于系统维持与变革方面。他们编制了适用于中学生的《课堂环境量表》(CES),共90个项目,9个分测验,并在1987年对该表进行了修订。Fraser,Anderson和Walberg(1982)从十五个维度来测量中学的班级环境:凝聚力、轻松、喜爱、小团体、满意度、冷漠、速度、难度、竞争性、多样性、正式性、物质环境、目标定向、无组织和民主。Fraser(1982)则从五个方面来测量小学的班级环境:凝聚力、轻松、满意、难度和竞争性。另外,国外很多研究者确定了班级/课堂环境的具体维度。目前,国外测量班级环境的工具主要有:学习环境问卷、课堂环境量表、个性化课堂环境问卷、《我的班级》问卷、大学课堂环境量表、建构主义学习环境问卷、课堂事件问卷等。[1]

---

[1] 孙亚红.中小学班级环境与学生学业效能感、学业成绩的关系研究[D].石家庄:河北师范大学,2005.

我国研究者开始关注班级环境后,针对我国特殊的学校结构,进行了一系列研究。国内学者江光荣将班级环境与课堂环境进行了区分,并在 Moss 的研究基础上开发了适用于我国教育背景的《我的班级》问卷(江光荣,2004)。江光荣(2002)研究指出,班级环境的结构包括师生关系、同学关系、秩序和纪律、竞争以及学习负担五个维度。其中,师生关系维度的含义是班主任态度中亲切、关心、支持及理解的程度,学生对教师之信任、喜爱的程度。同学关系维度的含义是同学之间关心、互助、团结的程度。秩序和纪律维度的含义是课堂活动的有序性,班级纪律的有效性。竞争维度的含义是同学在学业和其他方面的竞争,班级中的竞争气氛。学习负担维度的含义是课业量的多少,主观感受到的学业压力的大小。

另外,国内研究者也从主观评价的角度出发,编制了一些班级环境的测量工具。如《课堂环境问卷》(刘凤喻,1997)、《中学班级心理环境问卷》(张薇,2009)和《班级气氛问卷》(郭伯良,张雷,2004)等。

获取班级环境资料的方法有多种,常用的有访谈法和问卷法,其中问卷法又是应用最为广泛的一种测评方法。由学生回答的班级环境问卷是测量班级环境的最具优势的方法(Fraser,1986)。以量化方式进行研究时,较多被采用的是两种方法:一种是由课堂之外专门的观察人员对课堂进行观察来收集资料;另一种是采用问卷方式获得资料,即通过教师和学生的知觉来了解班级环境。前一种方法比较"客观",故可称为"客观"的方法;后一种方法诉诸师生的主观知觉,故可称为"主观"的方法。与客观的方法和主观的方法相对应,Rosenshine(1970)曾把班级环境的测量指标分为"低推论"和"高推论"两种。低推论指标是指以具体的、可见的、外显的环境现象为基础的变量,如教师提问同一个学生的次数;高推论指标则强调被试对课堂事件意义的判断以及他对这些事件的感受,比如让学生回答"老师喜欢你吗"或者"你的老师好相处吗"。与低推论的测量方法相比,高推论测量更多强调班级环境的心理社会意义。从 20 世纪 60 年代末至今,高推论的方法,即从教师和学生主观感受的角度来研究班级环境的方法得到广泛的应用,成为研究班级环境的主要方法。20 世纪 70 年代以来,班级环境的研究大多是从学生的角度来考察班级环境的特点。[1]

---

[1] 孙亚红. 中小学班级环境与学生学业效能感、学业成绩的关系研究[D]. 石家庄:河北师范大学,2005.

三、班级环境类型的划分

最早对班级环境进行分类的是李皮特和怀特（Lippitt，White，1939）。他们根据教师的领导风格，把班级环境分为专制型、民主型和放任型。日本学者片冈德雄根据班级环境的人际关系特点，把班级环境分为支持型和防卫型。支持型的班级环境以师生之间、学生之间的"信任和依赖""宽容和互动""自发性"和"多样性"为特点；防卫型的班级环境以师生之间、学生之间的"恐惧与不信任""控制与服从"为特点。Moos等人（1991）从382个班级中选取了200个具有代表性的班级，运用班级环境问卷对这些学生进行调查，然后把这些班级的环境分为五个类别：控制定向型、创新定向型、关系定向型、任务定向型和竞争型。我国学者申荷永（1991）从心理学角度，对李皮特和怀特（Lippitt，White）的实验进行了验证和跨文化的比较。他得出的结论大部分与李皮特等人的一致，但也存在一些差异，如专制气氛下易形成等级观和促成等级角色分化，并且表现出较强的内聚力；民主型气氛下也可能产生依赖性和盲从性。

学生对自己所在班级环境的综合感知状况具有良好的信效度，因此被我国学者普遍接纳和采用。江光荣（2004）、屈智勇、邹泓、王英春（2004）、王红瑞（2012）等在使用《我的班级》问卷研究时，发现可以把班级环境分为三种类型：① 团结向上型。这种班级类型的特点是具有良好的人际关系和秩序纪律、浓厚的竞争气氛，学习负担也最轻。② 一般型。其特点是人际关系、秩序与纪律、竞争和学习负担都介于团结向上型和问题型之间。③ 问题型。这种类型的班级人际关系紧张，纪律松弛，秩序混乱，没有良好的竞争气氛，学习负担却最重。尽管处在同一个班级，但不同的学生对班级环境的知觉会存在一定的差异。个体知觉到的班级环境对他的行为往往具有更大的预测作用。①

四、班级环境对学生心理影响研究概述

班级环境是学生或教师对所处班级或课堂的知觉或感受，也是影响或决定学生发展的重要潜在因素，与学生的学习成绩、生活满意度、学校适应、自我评价、攻击行为和抑郁等都显著相关（谭千保，2007；聂衍刚等，2012；

---

① 徐蕾. 初中生自尊与学业求助行为的关系：班级环境的调节作用[D]. 南京：南京师范大学，2017.

邹维兴、谢玲平、韦瑶，2013；罗小漫等，2012）。袁新立和张积家等的研究得到了班级环境与初中生的心理健康有密切关系的结论，班级环境对多种心理症状有显著的影响。任志洪等的研究表明，班级环境与青少年抑郁、核心自我评价存在重要关系。姜兆萍和周宗奎的研究表明，高中生班级环境对学习效能感和学习动机具有显著的预测作用。范金刚的研究表明，高中生知觉的班级心理环境是影响其学习投入的重要情境因素之一，以及自我效能感在班级心理环境和学习投入之间起到了部分中介作用。谭千保研究表明，中学生班级环境与生活满意度有一定的联系。在我国，班级是学校的基本构成单位，无论是中小学，还是高中、大学，一个人的班级、老师和同学基本是固定的，各阶段的班级具有较强的连续性和稳定性，因而班级的整体气氛对学生的发展可能具有更重要的意义和作用。以往研究已经对这方面进行了丰富而深入的探讨。

刘强等（2016）以北京市海淀区70所学校的11 323名中小学生为研究对象，调查中小学班级社会心理环境现状，并分析班级环境类型对学生个体心理环境的影响。结果表明，多数中小学班级环境现状良好，但仍存在一些问题型班级；在性别差异上，女生知觉到的班级心理环境显著好于男生；在学段差异上，班级心理环境随着学习阶段的升高而变差；在区位差异上，山前地区（城市）学校的班级心理环境显著好于山后地区（传统农村地区与城乡接合部）的学校；不同类型的班级环境中学生的个体心理状态存在显著差异，良好的班级环境有助于提升学生的学习兴趣、学习态度、学习动机以及自我效能感，也有助于学生保持积极的心境状态。刘强等认为，基于中小学班级环境的特点及其对学生的重要影响，学校应建构综合性班级评价体系，关注中学班级的人际环境建设，全方位促进教育资源均衡以改善班级环境。

许多研究表明，学生的个体发展受班级环境的影响。

（一）班级环境对中学生身心健康的影响

罗小漫等（2012）研究发现，班级环境、自尊与主动、反应攻击呈显著相关；班级环境对攻击行为具有显著的负向预测作用；自尊在班级环境与攻击行为之间起着部分中介作用。雷浩等（2012）的研究表明，班级环境能够间接预测中学生的攻击行为，即暴力态度在班级环境与中学生的攻击行为之间起中介作用。巢传宣和陈红（2017）的研究表明，大学生的总体心理压力、学习压力、人际关系压力或就业压力与心理健康的关系受班级环境的调节，但恋爱压力或经济压力与心理健康的关系不受班级环境的调节。这表明，通过班级环境的建设，有助于减轻学生的学习压力、人际关系压力或就业压力对心理健康的影响。金灿灿和邹泓（2012）的研究表明，班级环境中的竞争气氛可以显著增强友谊质量对积极社会适应的正向预测作用；师生关系可显著增强友谊质量对消极社会适应的负向预测作用。因此，班级环境作为班级水平变量，可以调节友谊质量对中学生社会适应的作用。

（二）班级环境对中学生学习的影响

班级环境会对学生的成就目标产生影响，高成就目标会对学生成绩产生积极的间接影响，相反则会产生消极影响（Church，Euiot & Gable，2001）。良好的班级环境能有效预测高学习动机和高学习积极性（宋立华，吕康云，孟春宇，2004），还对学生的课堂行为、品德发展产生积极的作用。

雷浩等（2012）还研究发现，家庭氛围、班级学风和班级氛围对学业成绩具有直接作用，并且还通过学业勤奋度的中介作用对学业成绩产生间接影响。王红瑞（2012）研究发现，大学不同班级环境类型下的中职生学业行为存在显著差异，班级同学关系对学业行为的影响更为显著。班级环境中的同学关系能够显著地预测学业行为，不同班级环境类型下的中职生在学业行为上具有显著差异。王立莹（2017）的研究得出结论：朝鲜族初中生班级环境与学习投入间存在显著的相关性，学业自我效能感与学习投入间存在显著的相关性。朝鲜族初中生班级环境、学业自我效能感与学习投入间存在部分中介效应；班级环境在学业自我效能感对学习投入的影响中起部分中介作用。徐蕾（2017）研究发现，学生感知到的班级环境类型影响其学业求助行为。初中生感知到的班级环境为良好型时，工具性求助（老师、同学）行为最多，执行性求助和回避性求助行为最少。其感知到的班级环境为问题型时，工具性求助行为最少、执行性求助和回避性求助行为最多。班级环境和自尊可以预测初中生的学业求助行为。班级环境在自尊与学业求助行为的关系中起调节作用，在良好型和一般型班级环境中，自尊对学业求助行为具有显著的预测作用；在问题型班级环境中，自尊对学业求助行为不具有预测作用。

（三）班级环境对中学生情绪的影响

有研究表明，处于良好的班级环境中，学生可创造与维持良好的心境，从而提高学习动机（宋立华，2004）。而在班级学业成绩成绩整体较好且男生比例高的情况下，学生会产生更多的消极情绪（Frenzel，2007）。李蓓蕾等（2017）对北京市三类初中的初中生进行测查发现：三类学校在班级环境和学生学业压力关系的结构上存在恒等性。其中，自我决定对班级环境的贡献率相对较大，同伴友谊对班级环境的贡献率相对较小。三类学校的班级环境对学生学业的压力都具有相同效力的显著消极影响。该研究启示我们，应关注班级环境，尤其是处境不利的学生的班级环境，积极开展相关干预工作，积极鼓励学生自我调节，以减少学生对学业压力的感知，提高其心理健康水平。成康（2017）研究发现，初中生的孤独感和班级环境存在显著的负相关，初中生班级环境和攻击行为间存在显著负相关。初中生的孤独感对攻击行为有显著的正向预测作用。调节效应分析显示，班级环境对初中生孤独感和攻击行为之间的关系有显著的调节作用。陈英敏（2017）对小学生的调查表明，其感知到的班级环境各维度中，师生关系、同学关系和秩序纪律维度与羞怯呈显著负相关，而与学校适应呈显著正相关。同时，其感知的竞争气氛和学习负担与羞怯呈显著正相关，而与学校适应呈显著负相关。陈英敏通过斜率模型发现，同学关系对羞怯与学校适应间的关系有减弱作用；学习负担对羞怯与学校适应间的关系有增强作用；而师生关系、纪律与秩序、竞争维度对羞怯与学校适应间的关系没有调节作用。

第二节　中学生学习拖延的研究概述

一、学习拖延的概念

自从 Solomon 和 Rothblum（1984）提出学习拖延[①]（Academic Procrastination）以来，学习拖延已经引起人们的重视和广泛深入的研究。Solomon 和 Rothblum 认为学习拖延是不必要地拖延学习任务以至于产生心理不适感。Steel 和 Senecal 等人认为学习拖延是一种非理性的行为，并均对学习拖延作了相应的界定。而 Ferrari 等人则认为学习拖延是一种理性的行为，且对不同动机类型的拖延者进行了考察比较研究。现在大多数研究者认为学习拖延应该满足拖延、不必要和产生不良后果等条件。

国内学者也从不同角度对学习拖延进行了界定。赵婉黎（2007）认为学业拖延是学习者没有在预定的时间内完成自己知道应该也愿意完成的学习任务，或学习者把应及时采取的行动推至将来的非理性行为，是一种非适应性学习行为习惯。从这个概念中我们看到，它把拖延解释为一种非理性的习惯。但学业拖延是一个人的一种特质，还是一个人本非如此却有意为之，该解释

[①] "学习拖延"和"学业拖延"等在该学术领域都指同一概念，本节研究概述部分以原作者的表述为准，不作统一。

对于这两者之间的界定比较模糊。王灵芝（2007）将学习拖延定义为个体经常延迟学习任务，并且经常体验到与拖延有关的问题性焦虑的倾向。王国燕（2008）认为学习拖延就是在学习情景中的拖延行为，包括意向与行为的差距，不符合标准的学习结果，焦虑不安、抑郁、失落等情绪体验三个特征。李淑媛（2008）认为高中生的学业拖延是指在高中生学习过程中，学业任务计划和执行之间的差距，外在表现为时间的不合理利用。郑素瑾（2009）将学习拖延界定为"个体非理性的延迟想要完成且应该完成的学习活动，并往往伴随着不良情绪体验"。这个解释有了一些新的突破，它提到了学习拖延会带来不好的感受，这对学习拖延者起到了一定程度上的束缚作用。左艳梅（2010）认为学业拖延是指"学生在学习情境中，任务计划与执行之间的差距，表现为没有按时完成或匆忙完成学习任务的一种非理性的延迟行为，包括对学习任务延迟完成，延迟计划、补救和总结"①。

学习拖延的个体在下一次可能会遇到拖延的情境中，基于之前不愉快的体验，或许会选择更加积极地去应对并且使拖延情况有所改善。从能动的角度来看，学业拖延可分为主动拖延和被动拖延。主动拖延的人喜欢在压力下工作，他推迟行动的行为是经过仔细思考的，也很少有消极的情绪情感体验。他们会把注意力投向手头更为重要的事情，不过他们可随时投入到他们之前所决定的事情上。这一种拖延方式是他们选择的，叫作适应性学习的学习模式。被动拖延的人，就是指传统意义上的拖延者。就认知的视角而论，他们原本并不愿意拖延事情，但是经常推迟完成任务的时间。原因在于他们没有能够及时做出选择，没有很强的决断力，也无法更加有效地行动起来。②刘欢（2017）综合采纳了前人对于学业拖延的解释，把学业拖延解释为：学生知道他们的学习任务，可是出于有意，没有采取及时的行动来执行任务，进而造成了一定的不良后果，并且整个过程中学生伴有不良的情绪体验。学生中的拖延情况也是比较普遍的，他们会把作业任务推迟，但是启动时间并不确定，还会把很多事情都堆在一起不及时解决，属于在一定程度上对自己要求过于松散，经常会在最后时刻手忙脚乱。并且，他们在学习和学校生活的其他方面也容易出现拖沓的现象，做事情没有效率，一拖再拖，任务完成的质量更是难保证。

本研究中的学习拖延指个体在学习活动中对想要完成且应该完成的学习任务的非理性延迟，并往往伴有不良情绪体验。这包括三层含义：第一，个

---

① 蔡彦婕. 高中生学业拖延的现状及对策研究[D]. 呼和浩特：内蒙古师范大学，2017.
② 刘欢. 高中生学习动机、自我管理能力与学业拖延的关系研究[D]. 天津：天津师范大学，2017.

体是想要且自愿完成某项学习任务；第二，个体的延迟是非理性的，如果是个体计划好的延迟，那么则不属于拖延；第三，往往伴随不良情绪体验。

二、学习拖延的结构及测量

随着关于拖延的研究的发展，在不同的理论基础上和概念界定下，针对学业拖延的测量工具非常丰富。目前对学业拖延的研究用得最多的是自我报告式量表。国外应用范围比较广泛的有：① Tuckman（1991）的拖延量表；② Aitke（1982）的拖沓问卷；③ Lay（1986）编制一般拖延量表（学生版）；④ Solomon & Rothblum（1984）编制的学业拖延行为五点自评量表等。

国内的测量工具主要有两方面。一方面，多对国外学业拖延量表进行修订，例如：张红梅（2007）对 Tuckman 拖延量表（中文版）的适用性进行了探讨。量表有20个题目，包括三个因子，即拖延归因、拖延动机和拖延倾向，信效度较好。刘明珠和陆佳芝（2011）以中学生为研究对象，修订了 Aitken 的拖沓问卷，在中学生群体中验证了该问卷具有良好的信效度，因此可对中学生学业拖延的行为进行评估。陈小莉，戴晓阳和董琴（2008）也对 Aitken 拖沓问卷（中文版）进行了修订，修订后的量表具有良好的信效度。林静（2007）、楚翘等（2010）以及胡凤姣等（2012）均翻译、修订并使用了 Lay 的一般拖延量表，研究分析了大学生、中学生的拖延行为的状况与特点，信效度较好。[①]

另一方面，在总结国外研究成果的基础上，再结合国内研究的实际情况，国内的研究者也开发出了相关的问卷。赵婉黎（2007）在 Lay, Aitken 以及 Tuckma 拖延量表的基础上，编制了包括延迟行动、完成不佳以及计划不足三个维度在内的大学生学业拖延量表。问卷由19个题目组成，有较高的可靠性和一致性，信效度较高。左艳梅和张大均（2010）编制出了中学生学业拖延问卷。这一问卷是由延迟计划、延迟执行、延迟补救以及延迟总结共四个维度组成的，问卷的问题比较契合中国中学生的语言习惯和生活学习实际。之后较多的研究在使用该问卷后均得到了较高的信效度。涂振洋（2006）编制了拖延行为量表，该量表包含学业拖延量表和一般拖延量表。李奇姜在 Kanus 拖延分类研究理论的基础上采用平行分析法编制的拖延量表包括三个维度，即社会性拖延、个人性拖延习惯和非拖延行为。潘利若（2009）修订了 APSS 量表，修订后的量表包括拖延程度和拖延原因两个部分，拖延程度测查分量

[①] 李伟伟. 初中生学业拖延现状及其与时间管理倾向、学业延迟满足的关系研究[D]. 郑州：河南大学，2011.

表包括对自我任务、复习备考和课程作业三项学业任务的拖延考察；拖延原因分量表包括班级影响、个人特征、任务特征三个维度。①

三、学习拖延的相关研究

影响学习拖延的原因很多，近些年来，研究者分别从个性特征、任务特征、角色冲突、自我调节等方面对学习拖延的原因做了分析。庞维国的分析表明，学习动机、时间管理技能、消极情绪、完美主义、惰性个性是大学生学习拖延的主要原因，而任务特征和情景特征不是主要影响因素。

（一）个体因素对中学生学习拖延影响的相关研究

以往研究中，相关学者从个体主观因素出发，对影响青少年学习拖延的具体原因进行了深入分析。

李瑛和崔树军（2017）研究发现，内隐、外显成就动机以显著的交互作用影响拖延；学生动机越不一致，拖延情况越严重，动机一致性是减少拖延的必备条件；各动机组中，高内隐、高外显组学生的拖延最少，高内隐、低外显组学生的拖延最多；成绩偏下的学生在学习补救和总结环节上有更多拖延。洪伟和刘儒德等（2018）研究发现，成就目标定向中的掌握定向、表现—接近定向和表现—回避定向均能通过学业拖延来间接预测数学学习投入，并且三种成就目标定向均能通过学业拖延经数学焦虑的多重中介作用来预测数学学习投入。邱欢和王璐（2015）研究表明，初中生的学业拖延现象是普遍存在的；学业自我效能感和成就动机对学业拖延的影响方式主要有两种：其一是学业自我效能感可以直接地负向预测学业拖延；其二是成就动机作为中介变量，在学业自我效能感影响学业拖延的过程中起到了部分中介作用，使前者对后者产生了间接的影响。

韩英和刘美丹（2018）发现，初中生学业拖延与人格特质中的外向性、宜人性、谨慎性维度呈显著负相关；学业拖延中的任务厌恶维度与人格特质中的外向性、宜人性、谨慎性三个维度呈显著负相关；学业拖延中的失败恐惧维度与人格特质中的外向性、宜人性、谨慎性、开放性四个维度呈显著负相关。

雷家萍（2014）等研究发现，中学生学业拖延状况与时间管理倾向呈统

---

① 宗珍. 高中生完美主义与学业拖延的关系：学业自我效能感的中介作用[D]. 济南：山东师范大学，2017.

计学相关，改变时间管理有助于学生学业拖延现象的改善。张陆（2018）等研究发现，公正世界信念、控制感和时间效能感三者与学业拖延间存在负相关；公正世界信念对学业拖延的作用路径有两条：通过时间效能感的中介作用实现，通过控制感和时间效能感的序列中介作用实现。

厉飞飞和杨林梅（2017）研究发现，初中生学业拖延与自我控制间存在显著负相关，高拖延组学生的自我控制能力显著低于低拖延组学生。王思和曹佃省（2015）发现外控动机愈高者，拖延愈严重，提高高中生自我决定水平有助于改善学业拖延现象。汪琳琳、刘燕、郑淑杰（2014）通过采用线性回归和结构模型相结合的方法分析结果显示，农村初中生的自尊和心理韧性均可负向预测学业拖延，心理韧性在自尊和学业拖延间起到完全中介作用。金丽、冷英、张志泉（2017）发现，小学生存在学习拖延现象，属于轻度拖延；小学生学习拖延最主要的原因是对学习有"厌恶感"，"自我效能感低"，"缺乏兴趣"，"任务难度大"以及"学习动机低"。宋静静等（2016）研究发现，物理性别刻板印象、避免目标和物理消极学业情绪对女生的物理学业拖延行为起到了决定作用，并且物理性别刻板印象对男生和女生群体学业拖延的影响存在不同的机制。

（二）外在客观因素等对中学生学习拖延影响的相关研究

以往研究中，相关学者从外在的非主观因素出发，对影响青少年学习拖延的因素亦进行了一定分析。

杨青松、石梦希、舒思（2015）探究发现，家庭教养方式、成就动机与学业拖延关系密切，父亲拒绝、母亲拒绝、父亲情感温暖、母亲情感温暖均能通过成就动机影响初中生学业拖延。罗婷婷和眭国荣（2017）研究发现，父母教养方式既可以直接预测高中生学业拖延，又可以通过成就动机间接影响学业拖延水平。唐凯晴等（2014）通过考察初中生学业拖延与父母教养方式、学业自我效能感的关系，认为父母给予孩子较多的关怀与较少的控制干涉，有利于提高孩子的学业自我效能感，进而减少其学业拖延行为。高军和崔伟（2015）研究发现，信任鼓励型、情感温暖型教养方式与学业拖延呈显著负相关，忽视型、专制型、溺爱型教养方式与学业拖延呈显著正相关。针对高中生日益普遍的学业拖延现象，学校和教师在开展工作时应注意方式方法，如因材施教，关注学生的学段特点和性别差异；加强心理辅导，引导学生正确归因，提升其学业自我效能感；家校协同，确保家庭教育与学校教育相辅相成。

伍康钦（2017）认为，要以期望理论为基础，对产生学习拖延心理内驱动力的学理进行分析，探讨大学生学习拖延心理的内在激励因素，在此基础上得出要通过"动机—努力""努力—成绩""成绩—激励""激励—个人需要"这四种新的路径来推动大学生突破学习拖延心理的结论。王凤等（2013）研究发现，主动拖延与心理控制源（有势力他人、机遇）间、业余时间管理倾向（时间控御感、时间目的感、时间效能感）间存在显著正相关，与时间混乱感呈显著负相关；被动拖延与心理控制源（机遇）间、业余时间管理倾向（时间控御感）间存在显著正相关；时间混乱感、时间效能感和有势力他人能共同预测主动拖延；机遇和时间控御感能共同预测被动拖延。

第三节　中学生学习倦怠的研究概述

学习倦怠是一种消极的学习心理，指因学习压力或缺乏学习兴趣而对学习感到厌倦的消极态度和行为，具有以下几项特性：学习倦怠发生在学生个人身上，会引起学生情感与认知方面的负性改变，使学生明显丧失学习的动机、热忱与活力；学习倦怠易使个人在学校的学习或活动上表现出疏离或退缩的行为，面对学习采取孤立、漠不关心和不在乎的反应，甚至出现迟到、早退、缺席或休学等情况；学习倦怠所表现出的成就感低，主要在于学生对学习成效过度期望而引起的消极经验。

学习是中学生最主要的任务，如果中学生对学习失去兴趣产生了倦怠的话，后果是非常严重的。学习倦怠会影响中学生的学习成绩、学习投入、学习自主性，带来网络成瘾问题、心理健康问题等。

一、学习倦怠的概念

在很大程度上，研究者对学习倦怠（Learning Burnout）的研究延续了倦怠在职业领域的研究成果。因此，学界对学习倦怠的界定借鉴了职业倦怠（Job Burnout）的相关研究，其中，Freudenber（1974）和 Maslach（1982）的倦怠定义被引用得最多。1981年，Pines首次在文献中提出了学习倦怠的概念。他在论文中指出，学习倦怠是学生在学习过程中发生的倦怠现象，并且发现大学生在求学期间存在一定的倦怠问题。自此之后，学术界开始关注以学生为主体的倦怠问题。由于Maslach在职业倦怠领域的研究具有重要意义，国外学者对学习倦怠的界定大都引用Maslach关于职业倦怠的定义。Meier&Schmeck（1985）认为学习倦怠是由于长期的学业压力或负担而使学生产生精力耗竭，并对学业热情降低甚至消失、疏离同学或老师、对学业成绩持消极态度的一种现象。RiekLow（2001）提出，当学生无法有效地应对压力，学校资源不够或是朋友不帮忙时，学生就会觉得空虚、精力被耗尽，就会出现倦怠。Schaufeli（2002）在研究大学生学习倦怠时，将学习倦怠定义为：学生由于过度的学习需要而产生的情绪耗竭、疏离学业、低成就感的现象。由此可见，国外研究者对学业倦怠的定义大都延续 Maslach 关于职业倦怠的定义，只是在其定义上稍作修改，他们都比较赞成学业压力是引起学习倦怠的关键因素。[1]

我国台湾地区的研究人员很早就对学习倦怠进行了研究，但他们对学习倦怠的定义尚存在争议。张治遥（1989）认为学习倦怠是指学生在学习期间由于学业压力或其他心理层次上的原因而产生情绪倦怠、乏人性化和低成就感的现象。杨惠贞（1998）对学习倦怠的定义与张治遥的大致相同，并基于 Maslach 对职业倦怠的定义而对学习倦怠做了如下定义：学生在学习过程中因为课业压力、课业负荷，或其他个人心理层次上的因素，以至于有情绪倦怠、乏人性化、及个人成就感低落的现象。不过她认为将"student burnout"译为"学习倦怠"无法将其原始精神表达出来，应该翻译为"学习焦崩"更为妥帖。虽然存在争议，但从台湾学者对学习倦怠的定义来看，他们还是延续了国外关于职业倦怠的研究成果。

国内学者虽对学习倦怠没有统一的界定，但仍依据中国文化背景提出了关于学习倦怠的理解。国内研究者杨丽娴和连榕（2005）研究大学生学习倦怠时认为大学生的学习倦怠反映了大学生消极的学习心理，提出了以中国文化背景为基础的学习倦怠的定义：指的是由于学习压力或缺乏学习兴趣而对学习感到厌倦的消极态度和行为，学生对学习缺乏兴趣或动力却必须学习时，他们会感到厌烦并产生身心俱疲感，从而消极对待学习。

连榕等人（2006）后来还专门从心理情绪体验定义学习倦怠，认为学习倦怠是沮丧、疲乏、不满意、焦虑、抑郁、冷漠、迷惑、无力、低自尊等消极学习心理体验。也有学者把学习倦怠看成由于长期的课业压力而引起的一组症状表现，主要表现是精疲力竭，对待学习态度消极，学习效率低下（甘怡群，奚庄庄，2007）。[2]王晓丽（2006）认为，学习倦怠是指学生在学业压力下产生的一种心理状态，由于学生不能及时有效地缓解学业压力或有效地应对学习中遇到的挫折而经历的身心俱疲的状态。朱艳（2007）将学习倦怠

---

[1] 周敏. 初中生学习倦怠现状及其与学业自我效能感、学习动机的关系研究[D]. 长沙：湖南师范大学，2015.
[2] 施颖. 初中生学习倦怠的影响因素及干预研究[D]. 上海：上海师范大学，2017.

界定为，在学习过程中，学生由于学业压力、课业负担或其他个人心理层次上的原因而产生的情绪低落、行为不当及低成就感的现象。

程鑫等人认为，学习倦怠是学生在学习过程中因为对学习缺乏兴趣、动力或因课业压力、课业负荷及其他个人心理层次上的因素，在学生身上出现的身心耗竭、个人成就感降低、逃避学习等现象。李东旭等研究者据此进一步指出学习倦怠是指学生在长期的学习生活中，由于多方面因素影响，对待学习在认知、情感、行为方面出现偏差的消极状态。邢强和陈丹丹（2010）认为学习倦怠是：个体在学校环境中，长期处于压力状态下而出现的一种身心资源消耗过度、精力衰竭的状态，随后可能产生与学习有关的逃避行为（邢强，陈丹丹，2010）。学习倦怠包括个体体验到的学习压力，也包含其在压力之下消极的情绪情感体验及行为表现。刘卓明（2017）认为我国大部分学者比较认同因为课业较重或课业压力较大引起的学习倦怠，这些定义非常适用于我国中学生。因为在当前教育体制之下，中学生面临着重重升学压力，学习演变为分数，由于缺乏学习动力或者对学习没有兴趣，但又必须面对学习，学生就会感到厌烦，就可能导致他们身体和心理的疲惫，并且产生逃避学习的行为，这也就成为学习倦怠产生的重要根源。①

吴艳、戴晓阳（2007）认为学习倦怠是主要发生在学生身上的持续的、负性的、与学习相关的心理状态，这种状态表现为：① 精力耗损、身体衰竭；② 对与学习有关的活动的热忱逐渐消失、对学业持负面态度；③ 个体在学业方面体会不到成就感。薛绍聪（2008）认为，学习倦怠是指由于长期的学业压力、繁重的学习负担而使学生产生情绪和生理上的衰竭，并对老师、同学、学习环境等产生疏离感和疏离行为，以及低成就感的现象。

综合这些研究我们发现，学者们都比较赞同由于学业压力或课业负担引起学习倦怠，这也符合我国中学生的实际情况，他们面临着中高考的升学压力，都肩负着繁重的学习任务。加上家长对子女的过高期望和不恰当的教养方式，容易让中学生感到强烈的焦虑感和压抑感以及不被理解的孤独感，单调枯燥的校园生活、竞争激烈的应试教育、父母的高压式管教等容易使中学生感到无从释放舒缓从而导致学习倦怠的产生。因此施颖（2017）认为学习倦怠是指学生在长期的学习压力下，在学习中可能开始退缩或不愿投入精力，最后导致了身体、情绪、态度等方面的耗竭，对老师、同学的疏离行为以及个人在学业上低效能感、低成就感的现象。

---

① 刘卓明. 初中生学业情绪、学习倦怠与高效率学习之间的关系研究[D]. 广州：广州大学，2017.

二、学习倦怠的结构与测量

学习倦怠的概念源于职业倦怠的研究，因此用于测量学习倦怠的量表也主要是以 Maslach 的倦怠量表（MBI）为基础，对之进行少量的文字修改。MBI 的三种版本，都由三个维度：情绪耗竭、乏人性化和缺乏成就感构成，不同的研究者在研究学习倦怠时往往会根据不同的研究目的采用不同版本的量表，有些学者就曾根据最早期版本（MBI-GS）发展了学生版（MBI-SS）。Gold 等学者曾以师范生为对象，探讨他们未来在教学上的倦怠现象，并在引用 MBI-Form Ed. 量表的基础上，修正量表中的工作地点、对象及工作性质以适合学校情境，从而成功开发出了修正以后的大学生量表（MBI-CSS）。

我国台湾学者杨惠贞修改了 MBI-GS 量表中的地点、对象及工作性质，以更适合学生的学习情境，来测量学习倦怠，他们认为修改后的量表题项比以教育为主的量表更适合用于学生的情境。国内学者连榕（2006）根据工作倦怠的三维结构，编制了适合于我国大学生使用的《大学生学习倦怠量表》。该量表共 20 道测验，分为三个维度，即情绪低落，反映大学生由于不能很好地处理学习中的问题与要求，表现出倦怠、沮丧、缺乏兴趣等情绪特征；行为不当，反映大学生由于厌倦学习而表现出逃课、不听课、迟到、早退、不交作业等行为特征；成就感低，反映大学生在学习过程中体验到低成就的感受，或指完成学习任务时能力不足所产生的学习能力上的低成就感。该量表在我国大学生学习倦怠的研究中得到了广泛的使用。杨丽娴（2007）之后修订该量表，编制了《中学生学习倦怠问卷》，该问卷包括情绪低落、行为不当、成就感低三个子维度。[①]

许清鹏等人（2006）以 MBI-SS 量表为基础访谈了中职学生，也编制出了适用于我国中职生的学习倦怠问卷，该问卷包括学习疏远、学习疲倦和低学习效能感三个维度。但是这些问卷的实证研究还不够多，它们的信效度还有待于进一步的检验。鉴于此，国内学者胡俏通过现场访谈和问卷调查，同样以 MBI-SS 量表为基础，成功编制出二阶四因子的中学生学习倦怠模型结构问卷，整理出中学生学习倦怠的概念结构，该研究认为中学生学习倦怠主要表现在四个方面：① 主要反映中学生在心理层面上自认为无法专注于学习的负面情绪体验，即情绪耗竭；② 主要反映中学生对自我学习能力的过低评估，即学习的低效能感；③ 主要表现为学生对教师冷漠疏远不敢亲近的师生

---

① 周敏. 初中生学习倦怠现状及其与学业自我效能感、学习动机的关系研究[D]. 长沙：湖南师范大学，2015.

疏离；④ 主要反映中学生因学习引起的生理上的耗竭程度，即生理耗竭，共有四个维度 21 个项目，信效度指标较好，该问卷之后也被广泛应用于中学生学习倦怠的调查研究。吴艳、戴晓阳（2007）等人以 Maslach 的三因素理论（情绪衰竭、去个性化、低成就感）为基础编制了适合测量我国初中生的学习倦怠问卷，结果显示我国初中生的学习倦怠结构符合 Maslach 提出的三因素模型。柴江（2007）和薛绍聪（2008）依据 Maslach 的相关理论分别编制了初中生学习倦怠量表，研究分别得到学习倦怠包括情绪衰竭、去个性化、低成就感、行为不当四个维度以及低效能感、耗竭、疏离三个维度。

综上所述，各个研究者对学生的学习倦怠进行了相关研究，结果表明学生的学习倦怠结构基本上是一致的。

三、中学生学习倦怠的相关研究

李连玲等（2015）研究得到农村初中生学习倦怠处于中等程度；农村初中生应对方式对时间管理倾向和学习倦怠存在部分中介效应。张利霞等（2014）研究发现时间管理倾向与学习倦怠呈显著负相关，时间管理倾向得分越高者，学习倦怠越轻，反之则学习倦怠越重。

张利霞和梁青青（2014）研究得出，初中生学习倦怠程度较低，学业成绩、积极应对、消极应对、家庭和谐度是学习倦怠的主要影响因素，积极应对对学习倦怠有反向影响作用，即经常使用积极应对的学生，其学习倦怠水平较低，而消极应对则相反。因此，在学校和家庭教育中，应给予学生更多帮助和关心，增强学习兴趣和自信，培养积极应对方式，预防学习倦怠的发生。李颖（2015）对高中生的调查得出，有 59.6% 的高中生存在不同程度的学习倦怠，且主要表现为学业疏离和身心耗竭；高中生归因风格总分与学习倦怠呈显著负相关；对成功的运气归因和对失败的能力、情景、运气归因均与学习倦怠存在显著相关。

陈维（2016）研究得到自尊与学习倦怠呈显著性的负相关，并能够部分预测高中生的学习倦怠，并且在不同性别的高中生群体中具有跨群组不变性。宫晓燕等（2014）研究得到学习倦怠与学习效能感及深层型动机均显著负相关，学习效能感与深层型动机显著正相关；深层型学习动机在学习倦怠与学习效能感之间起部分中介作用。学业自我效能感和学习倦怠是影响学生学业成绩的重要因素，二者对学业成绩有一定的预测作用。教育工作者可根据学生的学业自我效能感和学习倦怠水平，有针对性地对其进行辅导和干预，进而达到提高学生学业成绩的目的。

刘琳慧等（2017）调查得出丽水市高中学生学习付出—回馈失衡和学习倦怠情况较普遍，学习回馈和过度投入是学习倦怠的影响因素。赖运成（2017）研究发现，农村留守儿童人际敏感性与学习倦怠呈显著正相关，人际敏感性能正向预测学习倦怠，主观幸福感在人际敏感性与学习倦怠之间起部分中介作用。卢春丽（2017）分析研究得出留守儿童希望感与学习倦怠呈显著的负相关，留守儿童手机依赖与学习倦怠呈显著的正相关，手机依赖在留守儿童希望感与学习倦怠的关系中起部分中介作用。对留守儿童进行希望感教育、降低手机依赖水平可以有效缓解留守儿童学习倦怠现状。

李存峰和葛明贵（2016）通过实证研究分析了影响农村留守初中生学习倦怠的八个维度，依次进入回归方程的是：学习效能感缺失，家庭不利影响，师源性因素，学业压力，班、校学习氛围，社会不良影响，学习态度和方法，个体不良个性。并且提出农村留守初中生学习倦怠的预防与干预，需要从社会、家庭、学校和学生自身四方面入手，四方面积极配合，特别需要社会对符合人全面发展的科学的人才选拔机制的完善。缺少任何一方，都难以解决问题。陈维等（2016）研究发现：社会支持与学习倦怠之间呈显著负相关，学业自我效能感在高中生社会支持和学习倦怠的关系中起着部分中介作用。邢强和黄荷艳（2014）研究得出初中生存在一定程度的学习倦怠，接近中等倦怠水平，学习倦怠与社会支持负显著相关，社会支持的高分组和低分组在学习倦怠的各维度及总体上都存在显著差异；学习倦怠与生活压力事件呈正显著相关，生活压力事件高分组和低分组的初中生在学习倦怠的各维度（除了低成就感外）及学习倦怠总体上存在显著差异。初中生感受到的生活压力事件越多、社会支持越低，其学习倦怠程度越严重。

王建军、董磊和赵亚洪（2017）基于动商理念，制定"羽毛球、慢跑+合作游戏"的运动干预方案，对中学生中学习倦怠程度较高的学生进行干预，实验组与对照组前后测数据统计分析结果表明，运动干预对学习的低效能感因子影响显著，对缓解学习倦怠具有积极作用。

第四节　学业自我效能感的研究概述

一、学业自我效能感的概念

20世纪70年代，著名心理学家班杜拉在其作品中首次提出自我效能感

（Self-efficacy）这个概念。班杜拉认为，自我效能感是指个体在具体情境中，对于自己的能力和行为是否能完成某项任务或者工作的自信程度。自我效能感自提出开始，一直受到心理学和社会学领域学者的重视。一些学者提出应该有可适用于所有情境的一般效能感（Generalized Self-efficacy）概念。但是班杜拉的研究指出，自我效能感在具体领域中才会产生作用，并且面对不同的情境所产生的自我效能感具有显著性差异。李恒（2010）在班杜拉"三元交互作用论"的基础上，提出学生自我效能感的初步结构，包括努力感、能力感、学生对学业环境的环境感、学生对学业行为的控制感。学业自我效能感（Academic Self-efficacy）是自我效能感在学业范围内的一种特殊的自我效能感，是指个体对于自己在组织和执行某项任务后可以顺利完成学习任务或者达成理想学业目标的自信程度（Zimmerman，1995）。这可以进一步理解为，学业自我效能感是学习者的一种主观认知，这种认知会与学习者所处的学习环境有关，和学习者的认知能力有关。这种知觉与学习者的实际能力不一定完全一致[①]（朱丽雅，2012）。

当前，国内学界对学业自我效能感也做了深入的研究，并针对其概念做出了各种定义。高祥定义学业自我效能感为学生对自身能够完成学习任务的信念和信心。刘慧将其界定为在学习活动中，学生对自身是不是拥有做完指定学习任务和活动能力的预测与判断。边玉芳定义其为学习者具有的一种相关学业能力信念，对自己是否具有能力和信心做完学习任务的一种评价，和对自身是否有恒心做完学习任务、可以获得学业成就的一种判断。韦唯认为这是学习者对自身是不是拥有技能做完学业任务的自信程度，和对自身能否控制学习行为的把握感。梁宇颂（2000）研究指出，学业自我效能感应该具体包含学习能力和学习行为两方面的内容。学习能力自我效能感是指学生对于自己有没有获取优异的学习成绩和避免学业失败的能力的自信程度；学习行为自我效能感具体是指学生对于自己能否使用有效的学习策略，从而完成学习目标的自信程度。

郭丹（2016）综合以往学业自我效能感的概念发现，学业自我效能感是围绕学生的学习展开的，它主要具有以下特征：首先它是一种预期，出现在学习活动之前；其次，它是个体的一种主观判断；再次，它具可变化性，学生在不一样的学习环境与场景下，其学业自我效能感可能会表现得不一样。最后，它不是学习技能本身，而是学生自己能否运用自己所掌握的学习技能

[①] 曾伊宁. 初中生感知的学校气氛与学习投入的关系：学业自我效能感的中介效应[D]. 桂林：广西师范大学，2017.

去完成自己的学习任务的信心与信念。郭丹还将学业自我效能感界定为在学习过程中学生能否采取行动,运用已掌握的学习方法、技能完成学习目标的自信与信念,还有对自身学习行为的控制以及对自我控制的有效把握感。[①]

二、学业自我效能感的结构与测量

学业自我效能感三维度结构由班杜拉提出：一是水平,即按难度排成高、中、低学习任务时,学生判断自己能够完成哪个等级的任务；二是广度,即学生在学习过程中将自己在指定学习背景下形成的比较强的学业效能感延伸至别的领域的水平；三是强度,即学生对自己的努力能达到所期望的目标的信心。学业自我效能感高的学生,即使遇到挫折,也会锲而不舍,直到最终完成；反之,学业自我效能感低的学生即使面对较小的困难都会望而却步。王凯荣（1999）、梁宇颂（2000）、边玉芳（2004）在研究中都将学业自我效能感分为学业行为自我效能感和学业能力自我效能感两个维度。学业行为自我效能感是指个体对自己能否控制学业行为的判断,学业能力自我效能感是指个体对自己是否具有能力完成学业任务的判断。李亚娟（2006）将学业自我效能感划分为专业课程能力、基础课程学习能力、综合学习能力、自我管理能力和实践能力五个维度。李小娜（2010）将学业自我效能感分为课程学习自我效能感、科研活动自我效能感、社会实践自我效能感三个维度。虽然各个研究者对学业自我效能感的定义不同,划分维度也存在一定差异,但是王延伟（2013）认为,所有研究者的共同点是,他们都认为学业自我效能感是作为一种重要的学习动力而存在的。

学业自我效能感的量化测量对其发展意义重大,随着对学业自我效能感的深入研究,学者们编制了不同的学业自我效能感量表,国外应用较多的问卷主要有：动机和策略学习问卷、Morgan-Jinks 学生效能量表、儿童自我效能量表等。另外还有许多针对特定学习任务（如英文写作、物理）的自我效能感量表。

随着对学业自我效能感的深入研究,周勇和董奇（1994）、胡桂英、许百华（2002）在参考了 Gibson 和 Dembo（1984）的教师功效量表的相关维度后,以中小学生为被试群体,自主修订了学业自我效能感量表。该量表共有 12 个题项,采用李克特 6 点计分,主要针对中小学生在正常学习活动中的普遍的

---

① 郭丹. 高中生学业自我效能感、考试焦虑与学习倦怠的关系研究[D]. 石家庄：河北大学,2016.

自我效能感，学生在量表上的分数越高，则表明学生的学业自我效能感越高。华中师范大学的梁宇颂、周宗奎依据 Pintrich 开发的问卷，开发了学业自我效能感量表。该量表分为学习行为自我效能感和学习能力自我效能感两个维度，该量表被研究者们广泛使用，是目前国内研究使用频率最高的量表之一，并且在投入使用中都得到了较好的结果。边玉芳根据我国的实际情况编制了适用于国内学生的学业自我效能感量表，主要适用对象为小学到高中阶段的学生，共有 63 个项目，包含 2 个分量表。她问卷编制研究的出发点是学生对自己在学习方面的能力和行为进行的主观判断完全取决于他们自己的控制感和能力感之间的相互协调。①

三、学业自我效能感的相关研究

鲍学峰等（2016）的研究表明，学业自我效能感在感知校园氛围与网络游戏成瘾的关系间起着显著的部分中介效应；父母学业卷入水平对中介路径"感知校园氛围→学业自我效能感→网络游戏成瘾"具有显著的调节效应，即父母学业卷入水平低的初中生，这一间接效应比父母学业卷入水平高的初中生强。实践干预时，可以通过提高青少年的学业自我效能感和（或）调整父母学业卷入程度来预防和控制青少年网络游戏成瘾。郭筱琳等（2017）研究发现，小学生教育期望、学业自我效能感均对其学业成绩有显著的正向预测作用，且教育期望、学业自我效能感与父母教育卷入的三阶交互作用显著。郭筱琳等对三阶交互作用的进一步分析发现：① 当小学生学业自我效能感较高且教育期望较高时，父母教育卷入对学业成绩有负向预测作用；② 当小学生学业自我效能感较高但教育期望较低时，父母教育卷入对学业成绩有正向预测作用；③ 当小学生学业自我效能感较低时，无论其教育期望高或低，父母教育卷入对学业成绩均无显著预测作用。上述研究结果表明，小学生的学业自我效能感水平牵制了其父母的教育期望在父母教育卷入与小学生学业成绩间的调节作用。龙锦春和李团力（2018）研究的结果表明，在家庭教养方式上，父亲采取情感温暖理解和拒绝否认的教养方式以及母亲采取情感温暖理解的教养方式与中学生的学业自我效能感存在显著的相关。并且，父亲的拒绝否认的消极教养方式与中学生的学业自我效能感间呈现显著的负相关。庄鸿娟和刘儒德等（2016）研究表明，数学自我效能感在同伴支持和数学学

---

① 曾伊宁. 初中生感知的学校气氛与学习投入的关系：学业自我效能感的中介效应[D]. 桂林：广西师范大学，2017.

习坚持性之间起完全中介作用，在教师支持和数学学习坚持性之间起部分中介作用。

王道阳等（2017）考察流动儿童消极学业情绪对学业自我效能感的影响以及情绪调节策略在其中的调节作用的结果表明：流动儿童学业情绪对学业自我效能感中控制感的负向预测作用高于对基本能力感的预测作用，其中，恼火、羞愧、无助对学业自我效能感中基本能力感的预测作用显著；认知重评对学业自我效能感中基本能力感的预测作用显著，并且认知重评情绪调节策略对恼火、沮丧与学业自我效能感中基本能力感的关系有调节作用，而表达抑制对无助与学业自我效能感中基本能力感的关系有调节作用。流动儿童学业情绪中除恼火外，焦虑、羞愧、厌倦、无助、沮丧和心烦对学业自我效能感中控制感的预测作用均显著。认知重评和表达抑制均对学业自我效能感中控制感的预测作用显著，并且认知重评与羞愧、厌倦、沮丧的调节作用显著，表达抑制与沮丧的调节作用显著。刘在花（2017）研究发现，流动儿童学习价值观、学业自我效能感与学校幸福感之间两两显著相关；流动儿童学业自我效能感在学习价值观与学校幸福感之间发挥调节作用；学业自我效能感高的流动儿童，学习价值观对其学校幸福感的影响更为敏感。

王燕等（2017）研究发现，留守儿童学习主观幸福感与学业自我效能感呈正相关，农村留守儿童的社会支持正向预测学业自我效能感，农村留守儿童的学业自我效能感正向预测学习主观幸福感，农村留守儿童的消极应对和学业自我效能感在社会支持与学习主观幸福感间起中介作用，农村留守儿童社会支持直接并通过消极应对和学业自我效能感间接影响学习主观幸福感。

刘丽丽等（2017）研究发现，中学生认知负荷视阈下的学业负担与学业自我效能感均存在性别与年级差异，认知资源投入与情绪资本投入对学业自我效能感有重要影响。周园（2016）研究发现，外部学习动机对学习自主性有直接的促进作用，同时也以学业自我效能感为中介，影响着学生的学习自主性；学生学习自主性、外部学习动机和自我效能感的提高对学生刚入学时学业成绩的提高有着显著影响；随着时间的流逝，学生学习自主性和外部学习动机的提高会加速提高学生的学业成绩，而自我效能感却会减缓学习成绩的提高速度。谢玲平（2016）从结构方程模型分析得知，学生的依恋程度越高、自尊水平越高，其学业自我效能感越强。这说明依恋和自尊均能正向预测学业自我效能感，自尊在依恋与学业自我效能感之间起着完全中介作用。因此，学校应该开展多样的心理健康课程，发挥团体辅导心理活动的引导作用，引导学生建立良好的亲子与同伴依恋关系，正确做好自我评价。

第三章
研究方法

第一节 中介效应及其检验程序

中介效应（Mediating Effect）指的是，若自变量 X 对因变量 Y 的影响是通过第三个变量 M 实现的，则称 M 为中介变量，亦称变量 M 在自变量 X 与因变量 Y 之间的中介效应显著（Baron&Kenny, 1986；温忠麟，张雷，等，2004）。温忠麟等（2004，2005）强调，中介变量 M 必须与自变量 X、因变量 Y 都显著相关。中介变量是自变量对因变量产生影响的中介，是自变量对因变量产生影响的实质性的、内在的原因（卢谢峰&韩立敏，2007）。中介变量可用路径图和相应的方程来说明变量之间的关系，如图 3-1 所示。

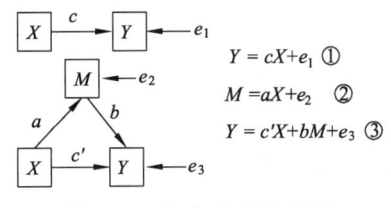

$$Y = cX + e_1 \quad ①$$
$$M = aX + e_2 \quad ②$$
$$Y = c'X + bM + e_3 \quad ③$$

图 3-1 中介变量示意图

根据图 3-1，e_1，e_2，e_3 为随机误差，c 是 X 对 Y 的总效应，ab 是经过中介变量 M 的中介效应，c' 是直接效应。当只有一个中介变量时，效应之间的关系为 $c=c'+ab$，可用中介效应与总效应之比即 $ab/(c'+ab)$ 衡量中介效应的相对大小。

当自变量 X 对因变量 Y 的影响主要由中介变量 M 实现时，称为完全中介效应；当自变量 X 对因变量 Y 的影响部分通过中介变量 M 实现时，称为部分中介效应。为了能既可以检验完全中介效应，又可以检验部分中介效应，温忠麟等（2004，2005）在早前提出了中介检验程序。但是，对于系数乘积的检验，温忠麟等人（2004）早就意识到，如果检验结果都显著，则依次检验结果强于 Sobel 检验结果。所以在他们提出的检验流程中，要先进行依次检验，不显著才需要做 Sobel 检验。现在，Sobel 法被 Bootstrap 法取代，通过深入分析与讨论，温忠麟等（2014）对中介效应的检验流程进行了相应的修改，提出了新的中介效应检验流程，步骤如图 3-2 所示：

第一步，检验方程①的系数 c，如果显著，按中介效应立论，否则按遮掩效应立论。但无论是否显著，都进行后续检验。

第二步，依次检验方程②的系数 a 和方程③的系数 b，如果两个都显著，则间接效应显著，转到第四步；如果至少有一个不显著，进行第三步。

第三步，用 Bootstrap 法直接检验的假设 $H_0: ab = 0$。如果显著，则间接效应显著，进行第四步；否则间接效应不显著，停止分析。

第四步，检验方程③的系数 c'，如果不显著，即直接效应不显著，说明只有中介效应。如果显著，即直接效应显著，进行第五步。

第五步，比较 ab 和 c' 的符号，如果同号，属于部分中介效应，报告中介效应占总效应的比例 ab/c'。如果异号，属于遮掩效应，报告间接效应与直接效应的比例的绝对值为 $|ab/c|$。

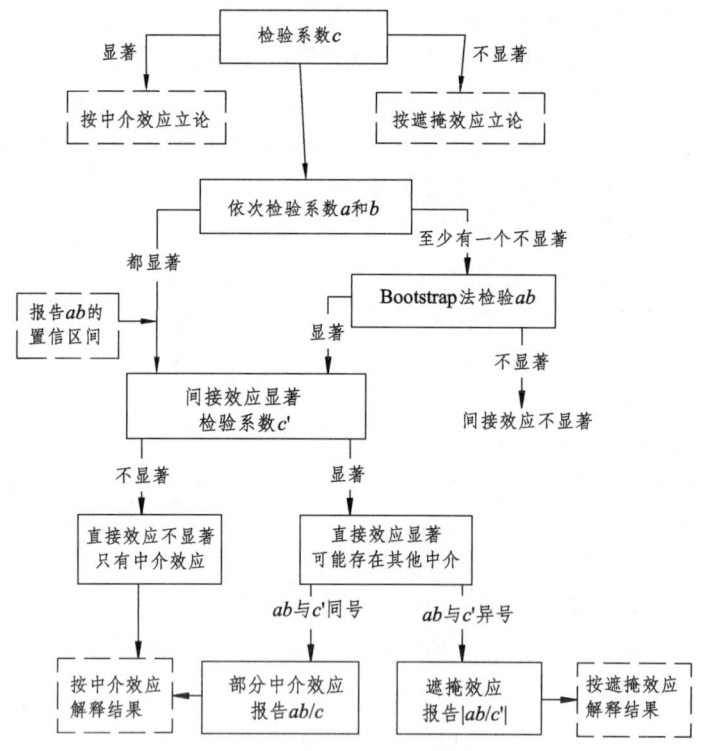

图 3-2 中介效应检验程序

从图 3-2 可知，自变量 X 影响因变量 Y 的回归系数 c 必须显著。若不显著，说明自变量与因变量之间不存在任何关系，自然无中介效应之谈。同时对于完全中介与部分中介的判断在于，加入中介变量 M 后，自变量 X 影响因变量 Y 的回归系数 c' 是否仍然显著。

第二节 研究假设

为了探讨中学生学习心理（学习拖延、学习倦怠、学业自我效能感）各方面的基本状况，深入分析班级环境与中学生学习拖延、学习倦怠、学业自我效能感之间的具体关系以及影响机制，以班级环境为自变量，学习拖延为因变量，学习倦怠、学业自我效能感为中介变量，探讨各变量之间的内在作用机制，本研究提出以下研究假设：

假设1：各人口变量学信息对中学生的学习心理存在一定的显著影响。

假设2：班级环境中师生关系、同学关系、秩序与纪律、竞争、学习负担均对中学生的学习拖延存在显著影响。

假设3：班级环境中师生关系、同学关系、秩序与纪律、竞争、学习负担对中学生的学习倦怠均存在显著影响。

假设4：班级环境中师生关系、同学关系、秩序与纪律、竞争、学习负担对中学生的学业自我效能感均存在显著影响。

假设5：学业自我效能感在班级环境与学习拖延之间的中介作用显著。

假设6：学业自我效能感在班级环境与学习倦怠之间的中介作用显著。

假设7：学习倦怠在班级环境与学习拖延间的中介效应显著。

假设8：学习倦怠在学业自我效能感与学习拖延间的中介效应显著。

根据中介效应的定义，本研究为了探讨中学生通过学业自我效能感、学习倦怠等因素间接影响其学习拖延的具体影响机制，提出如图3-3所示的研究假设模型。

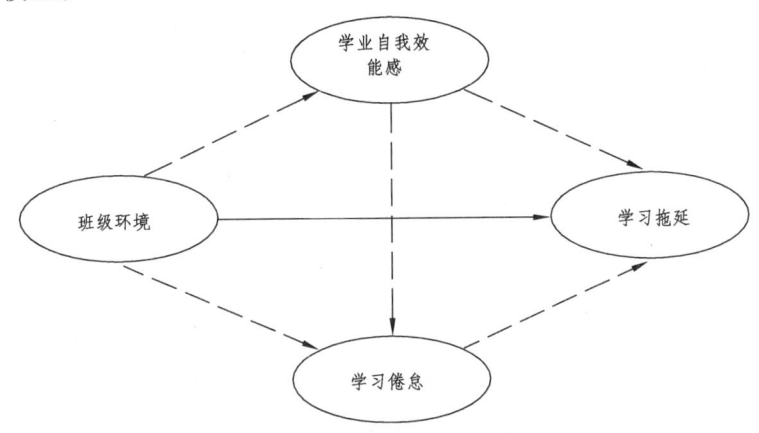

图3-3 影响机制的假设模型

第三节　调查研究方法

一、调查对象

在贵州省某地区抽取初中与高中各一所，采用简单随机抽样，在初中选取七年级 1 个班，八年级 2 个班，九年级 3 个班；在高中选取高一年级 1 个班，高二、高三各 2 个班。总共 11 个班，发放问卷 415 份，有效问卷 391 份，有效率为 94.2%。被试样本的具体结构如表 3-1 所示：

表 3-1　中学生调查样本的基本状况

变量	类别	有效样本量	有效百分比	累积百分比
性别	男	258	66%	66%
	女	133	34%	100%
年级	七年级	46	11.8%	11.8%
	八年级	54	13.8%	25.6%
	九年级	98	25.1%	50.6%
	高一	45	11.5%	62.1%
	高二	77	19.7%	81.8%
	高三	71	18.2%	100%
留守情况	父母亲均外出	235	60.1%	60.1%
	父亲外出	94	24%	84.1%
	母亲外出	15	3.8%	88%
	父母均在家（非留守）	47	12%	100%
父亲文化程度	未上过学	17	4.3%	4.3%
	小学	87	22.3%	26.6%
	初中	178	45.5%	72.1%
	高中	71	18.2%	90.3%
	大专以上	38	9.7%	100%

续表

变量	类别	有效样本量	有效百分比	累积百分比
母亲文化程度	未上过学	97	24.8%	24.8%
	小学	124	31.7%	56.5%
	初中	103	26.3%	82.9%
	高中	41	10.5%	93.4%
	大专以上	26	6.6%	100%
家庭氛围	非常融洽	152	38.9%	38.9%
	比较融洽	210	53.7%	92.6%
	经常吵架	29	7.4%	100%
民族	汉族	224	57.3%	57.3%
	少数民族	167	42.7%	100%
家庭居住地情况	城镇	191	48.8%	48.8%
	农村	200	51.2%	100%
家庭经济状况	较富裕	37	9.5%	9.5%
	一般	229	58.6%	68%
	较差	125	32%	100%
是否独生子女	独生子女	60	15.3%	15.3%
	非独生子女	331	84.7%	100%
是否班干部	不是班干部	253	64.7%	64.7%
	班干部	138	35.3%	100%
学习成绩	好	52	13.3%	13.3%
	中	188	48.1%	61.4%
	差	151	38.6%	100%

二、研究工具

（一）《我的班级》调查问卷

该问卷由江光荣编制，问卷共 38 个项目，包括师生关系、同学关系、秩序和纪律、竞争、学习负担五个维度。原问卷采用 5 点量表计分，从"完全不符合"到"完全符合"依次计 0~4 分，本研究中计分方式改为从"完全不符合"到"完全符合"依次计 1~5 分。该量表在以往研究中使用较多，量表的信效度均较高。

同一个班级的学生对班级环境的知觉存在个体差异。本研究认为，学生个体知觉到的班级环境对其学习拖延与学习倦怠有更大的预测作用。因此，以学生个体样本为基本单位，学生知觉到的班级环境的五个方面为分析变量，进行 K-平均值快速聚类分析（聚类数目指定为 3）。结果如表 3-2 所示。

表 3-2 中学生班级环境的聚类分析

类 型	师生关系	同学关系	秩序和纪律	竞争	学习负担
积极型（n=127）	4.51	4.03	3.97	3.80	3.00
一般型（n=176）	4.16	3.29	2.81	3.19	3.03
问题型（n=88）	3.11	2.49	2.27	2.49	2.70
F	121.81**	208.26**	234.13**	137.03**	9.34**

注：*表示 $p<0.05$，**表示 $p<0.01$，***表示 $p<0.001$。全书同

聚类分析的结果表明，中学生个体所感知到的班级环境可以分为三类，该聚类分析结果基本与屈智勇等的研究相同。第一类为积极型班级环境，此类班级环境中的师生关系、同学关系非常融洽，秩序和纪律很好，具有良好的竞争环境，学习负担适中；第二类为一般型班级环境，这类班级中的同学关系和师生关系一般，秩序和纪律不是特别好，竞争相对第一类较少，而学习负担与第一类积极型班级基本相同；第三类为问题型班级环境，该类型班级的师生关系和同学关系最差，秩序和纪律也非常不好，竞争和学习负担程度都较轻。

（二）中学生学习拖延问卷

该量表由郑素瑾编制，问卷共 17 个题项，包括学习计划缺失、学习状态不佳、学习行为迟滞和学习执行不足四个维度。学习计划缺乏，指学习拖延者在学习过程中没有时间观念，学习上没有计划，没有有效履行学习计划的习惯，计划不如变化快，没有自律，喜欢定计划又不爱实践，爱错误估计，没有急迫感，做事有头没尾。学习状态不佳，指学习拖延者学习态度消极，存在学习惰性，主要表现为在学习过程中易推迟开始学习任务的时间，交作业积极性低，能拖就拖，学习效率低，比较偏重于认知方面。学习行为迟滞，指学习拖延者在学习过程中遇到问题时的行为反应，主要表现为磨蹭、回避，做事慢慢吞吞，逃避问题。学习执行不足，指学习拖延者在学习过程中只想

不做、优柔寡断，容易受其他事情的诱惑或者干扰，不易坚持，对学习缺乏执行力度。该问卷四个维度的内部一致性信度系数分别为 0.762、0.789、0.723 和 0.780，总问卷的内部一致性信度系数和分半信度分别为 0.873 和 0.786，问卷具有良好的信度和效度。采用李克特 5 级计分，得分越高说明学习拖延的状况越严重。本研究中各维度的内部一致性系数在 0.675～0.780，总量表的内部一致性系数为 0.921。

（三）青少年学习倦怠量表

该量表由吴艳和戴晓阳等编制，量表共 16 个项目，包括身心耗竭、学业疏离和低成就感三个维度。该量表三个维度及倦怠总分上的内部一致性信度系数在 0.689～0.858，重测信度系数在 0.606～0.732，信效度较好。该量表采用 1～5 级计分，得分越高说明学习倦怠水平越高。本研究中各维度及总分的内部一致性系数在 0.533～0.738。

（四）学业自我效能感问卷

该问卷由梁宇颂编制，该量表分为学习能力自我效能感与学习行为自我效能感两个维度，每个维度有 11 道题，共 22 道题。问卷的信效度指标良好，符合心理测量学的要求。采用 5 点计分，得分越高表明学业自我效能感水平越高。本研究中两个维度的内部一致性系数分别为 0.856 和 0.735，总量表的内部一致性系数为 0.883。

三、数据处理与分析方法

问卷数据录入计算机，采用 SPSS18.0 和 AMOS18.0 对数据进行整理与统计分析，本研究中主要采用独立样本 t 检验、方差分析、相关与回归分析、潜变量矩结构方程模型分析等数据统计分析方法。

第四章
中学生学习拖延现状及与班级环境的关系

第一节 中学生学习拖延的基本状况

一、中学生学习拖延的总体情况

通过描述统计对中学生学习拖延总体情况及拖延各方面的每题平均得分进行分析，基本状况如表4-1所示。

表4-1 中学生学习拖延的基本状况

因变量	平均值	每题平均得分
计划缺乏	13.798	2.760
状态不佳	11.089	2.772
行为迟滞	12.907	2.581
执行不足	7.572	2.524
学习拖延总分	45.368	2.669

表4-1表明，中学生学习拖延的总体情况居于中等水平，每题平均得分为2.669，学习拖延总分的平均值为45.368。而在学习拖延的四个方面的表现中，中学生的状态不佳方面得分最高（每题平均得分为2.772），执行不足方面得分最低（每题平均得分为2.524）。换言之，中学生在学习拖延方面更多地表现为状态不佳和计划缺乏。根据中学生学习拖延的总分绘制柱形分布图，结果如图4-1所示。

图4-1中学生学习拖延的分布图表明，中学生的学习拖延不属于正态分布，大多数中学生处在中等水平的学习拖延的两侧。

二、中学生学习拖延的计划缺乏情况

通过描述统计对中学生学习拖延中计划缺乏的具体情况进行分析，结果如表4-2所示。

第四章　中学生学习拖延现状及与班级环境的关系

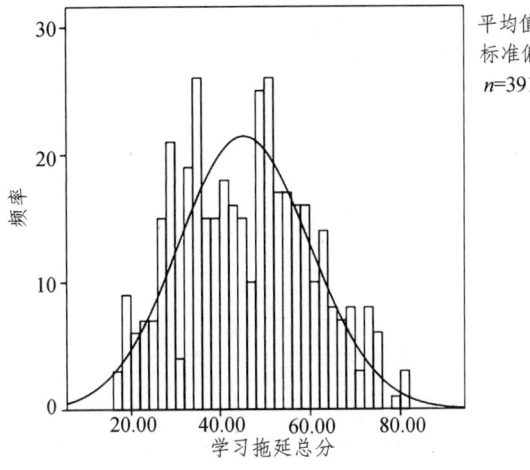

图 4-1　中学生学习拖延分布图

表 4-2　中学生计划缺乏的基本状况

因变量	n	最小值	最大值	平均值	标准偏差	每题平均得分
计划缺乏	391	5.000	25.000	13.798	4.683	2.760

从表 4-2 的分析结果可以发现，中学生的计划缺乏处于中等水平，每题平均得分为 2.76。根据中学生计划缺乏的具体得分情况绘制中学生计划缺乏的柱形分布图，结果如图 4-2 所示。

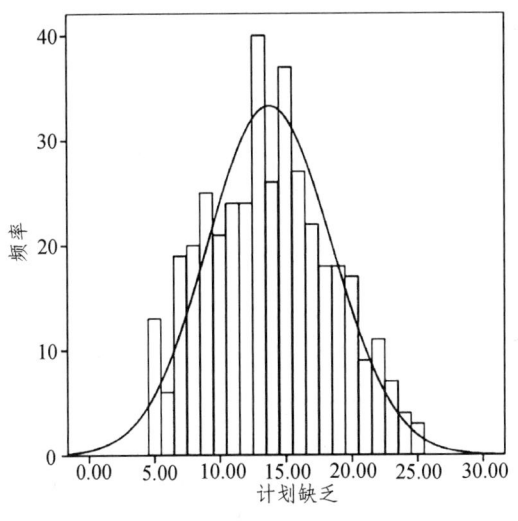

图 4-2　中学生计划缺乏分布图

图 4-2 中学生学习拖延中计划缺乏的分布图表明,中学生的计划缺乏基本服从正态分布,绝大多数中学生在学习上存在一定的计划缺乏。

三、中学生学习拖延中状态不佳基本情况

通过描述统计对中学生学习拖延中状态不佳的具体情况进行分析,结果如表 4-3 所示。

表 4-3　中学生状态不佳的基本状况

因变量	n	最小值	最大值	平均值	标准偏差	每题平均得分
状态不佳	391	4.000	20.000	11.090	3.615	2.772

对表 4-3 进行分析可以发现,中学生的状态不佳处于中等水平,每题平均得分,为 2.772,根据中学生状态不佳的具体得分情况绘制中学生状态不佳的分布图,结果如图 4-3 所示。

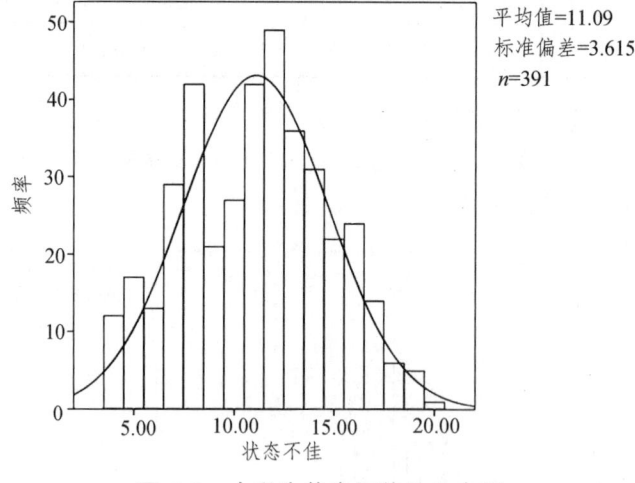

图 4-3　中学生状态不佳的分布图

图 4-3 中学生学习拖延中状态不佳的分布图表明,中学生的状态不佳基本服从正态分布,绝大多数的中学生在学习拖延上存在着一定的状态不佳。

四、中学生学习拖延中行为迟滞基本情况

通过描述统计对中学生学习拖延中行为迟滞的具体情况进行分析,结果如表 4-4 所示。

表 4-4 中学生行为迟滞的基本状况

因变量	n	最小值	最大值	平均值	标准偏差	每题平均得分
行为迟滞	391	5.000	25.000	12.91	4.735	2.581

对表 4-4 进行分析可以发现，中学生的行为迟滞处于中等偏下水平，每题平均得分较低，为 2.581，说明中学生在学习拖延上行为迟滞的情况相对较少。根据中学生行为迟滞的具体得分情况绘制中学生行为迟滞的柱形分布图，结果如图 4-4 所示。

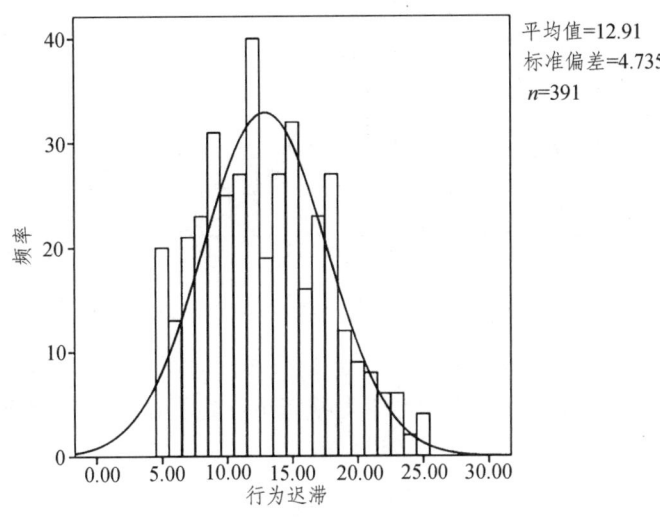

图 4-4 中学生行为迟滞分布图

图 4-4 中学生学习拖延中行为迟滞的分布图表明，中学生的行为迟滞呈正偏态分布，绝大多数的中学生在学习拖延上存在轻微的行为迟滞。

五、中学生学习拖延中执行不足基本情况

通过描述统计对中学生学习拖延中执行不足的具体情况进行分析，结果如表 4-5 所示。

表 4-5 中学生执行不足的基本状况

因变量	n	最小值	最大值	平均值	标准偏差	每题平均得分
执行不足	391	3.000	15.000	7.57	3.081	2.524

对表 4-5 进行分析可以发现，中学生的执行不足同样处于中等偏下水平，

每题平均得分较低,为 2.524,说明中学生在学习拖延上执行不足的情况不是太多。根据中学生执行不足的具体得分情况绘制中学生执行不足的柱形分布图,结果如图 4-5 所示。

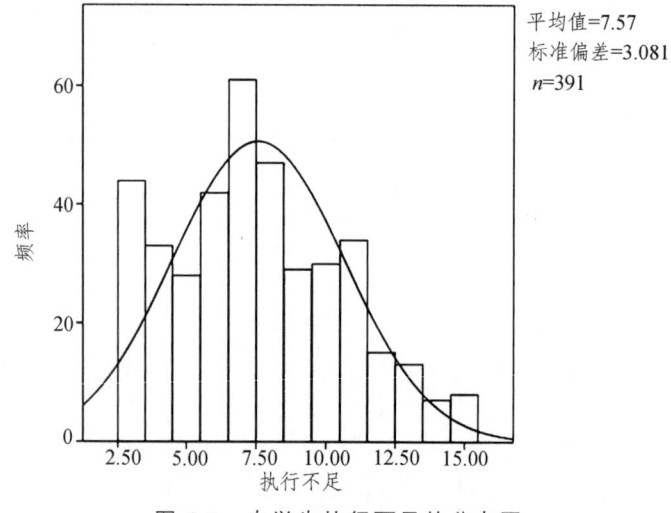

图 4-5　中学生执行不足的分布图

图 4-5 中学生学习拖延中执行不足的分布图表明,中学生的执行不足呈正偏态分布,绝大多数的中学生在学习拖延上存在轻微的执行不足。

六、男生和女生中学生的学习拖延状况分析

以计划缺乏、状态不佳、行为迟滞、执行不足及学习拖延总分为因变量,性别为自变量,进行独立样本 t 检验,结果如表 4-6 所示。

表 4-6　不同性别的中学生的学习拖延差异

因变量	性别	n	平均值	标准偏差	t	p
计划缺乏	男	258	14.128	4.655	1.947	0.052
	女	133	13.158	4.689		
状态不佳	男	258	11.330	3.417	1.751	0.081
	女	133	10.624	3.944		
行为迟滞	男	258	13.209	4.654	1.758	0.080
	女	133	12.323	4.853		

续表

因变量	性别	n	平均值	标准偏差	t	p
执行不足	男	258	7.818	3.050	2.200	0.028
	女	133	7.098	3.097		
学习拖延总分	男	258	46.485	14.150	2.121	0.035
	女	133	43.203	15.132		

表 4-6 表明，中学生的学习拖延总分和执行不足方面存在显著的性别差异。同时，男中学生和女中学生在计划缺乏、行为迟滞两方面不存在显著的差异。男中学生的学习拖延显著高于女中学生的学习拖延。

第二节 学校因素对中学生学习拖延的影响分析

一、不同年级的中学生的学习拖延差异分析

为了探讨不同年级的中学生学习拖延的差异，本研究依次以学习拖延各维度和总分为因变量，年级为自变量，进行单因素方差分析，并进行多重事后检验。

（一）不同年级的中学生学习拖延中计划缺乏上的具体变化差异

以学习拖延中的计划缺乏为因变量，年级为自变量，进行描述统计和单因素方差分析，结果见表 4-7 所示。

表 4-7 不同年级的中学生计划缺乏的单因素方差分析

因变量	年级	n	平均值	标准偏差	最小值	最大值
计划缺乏	七年级	46	10.152	4.269	5.000	23.000
	八年级	54	14.037	4.287	5.000	23.000
	九年级	98	14.592	4.341	5.000	25.000
	高一	45	12.978	4.485	6.000	22.000
	高二	77	14.623	4.525	5.000	25.000
	高三	71	14.507	4.922	5.000	25.000
F			7.887			
p			0.000			

表 4-7 的分析结果表明，不同年级的中学生在学习拖延中的计划缺乏上存在非常显著的差异，各年级中学生的计划缺乏表现出的特点并不一致，有些年级之间中学生的计划缺乏变化也较大。以各年级的计划缺乏平均值为纵轴，年级为横轴绘制平均值图以观测各年级中学生计划缺乏的变化情况，各年级中学生计划缺乏变化趋势如图 4-6 所示。

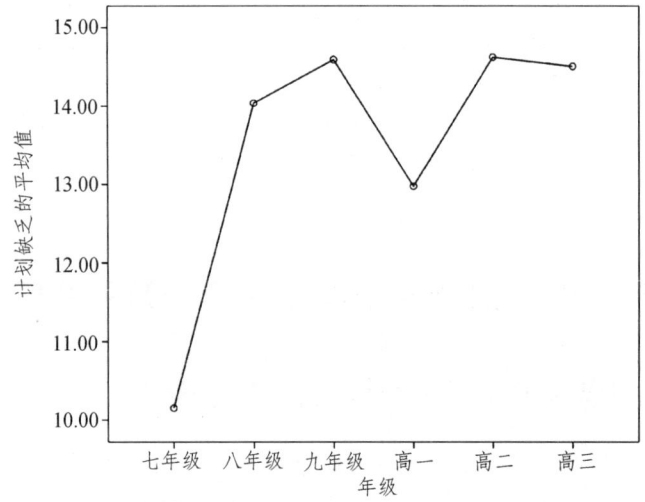

图 4-6　不同年级的中学生计划缺乏平均值变化趋势图

由图 4-6 可看出，不同年级的中学生的计划缺乏中，高二学生的计划缺乏最严重，而七年级学生学习拖延的计划缺乏最少，其次高一学生的计划缺乏也较少，而八年级、九年级和高三的计划缺乏也相对较严重。为了具体了解各年级中学生在计划缺乏上的具体差异情况，本研究对各年级中学生的计划缺乏进行了两两多重比较，具体分析结果见表 4-8。

表 4-8　不同年级的中学生计划缺乏的两两事后比较分析

因变量	（I）年级	（J）年级	均值差（I-J）	标准误差	显著性
计划缺乏	七年级	八年级	-3.884	0.901	0.000
		九年级	-4.439	0.802	0.000
		高一	-2.825	0.941	0.003
	八年级	高二	-4.471	0.837	0.000
		高三	-4.354	0.850	0.000
		九年级	-0.555	0.761	0.466

续表

因变量	(I)年级	(J)年级	均值差(I-J)	标准误差	显著性
计划缺乏	九年级	高一	1.059	0.906	0.243
		高二	-0.586	0.797	0.462
		高三	-0.470	0.811	0.562
	高一	高一	1.614	0.808	0.047
		高二	-0.032	0.684	0.963
		高三	0.085	0.700	0.904
	高二	高二	-1.646	0.842	0.051
		高三	-1.529	0.855	0.075
		高三	0.116	0.739	0.875

表 4-8 的多重事后检验表明，在学习拖延的计划缺乏方面，七年级学生的计划缺乏显著少于八年级、九年级、高一、高二和高三的，这说明在各年级中学生当中，七年级学生的计划缺乏是最少的，并且仍然与其他年级中学生的计划缺乏差别较大。此外，高一年级学生的计划缺乏显著少于九年级学生的计划缺乏。

（二）不同年级的中学生学习拖延中状态不佳上的具体变化差异

以学习拖延中的状态不佳为因变量，以年级为自变量，进行描述统计和单因素方差分析，结果见表 4-9 所示。

表 4-9 不同年级的中学生状态不佳的单因素方差分析

因变量	年级	n	平均值	标准偏差	最小值	最大值
状态不佳	七年级	46	8.500	3.513	4.000	17.000
	八年级	54	11.389	3.510	5.000	19.000
	九年级	98	11.918	3.563	5.000	20.000
	高一	45	10.800	3.050	5.000	17.000
	高二	77	11.429	3.424	4.000	17.000
	高三	71	11.211	3.711	4.000	19.000
F			6.455			
p			0.000			

表 4-9 的分析结果表明，不同年级的中学生在学习拖延中的状态不佳上存在非常显著的差异，各年级中学生的状态不佳表现的特点存在较大变化。以各年级中学生的状态不佳平均值为纵轴，以年级为横轴，绘制平均值图以观测各年级中学生状态不佳的变化情况，各年级中学生状态不佳变化趋势如图 4-7 所示。

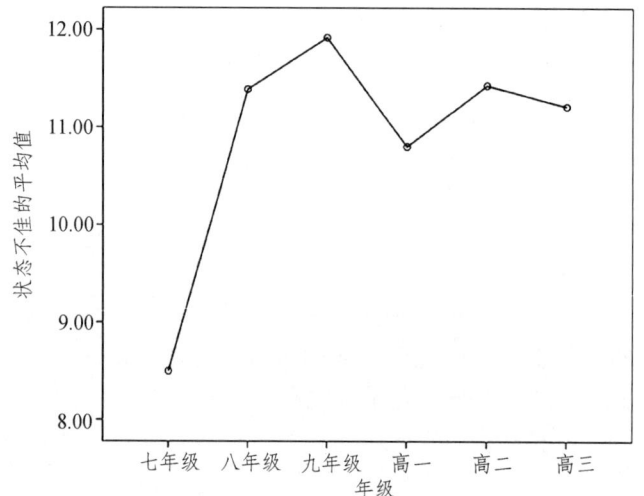

图 4-7　不同年级的中学生状态不佳平均值变化趋势图

从图 4-7 不同年级的中学生的状态不佳变化趋势中发现，九年级学生的状态不佳最严重，而七年级学生的状态不佳最少，但是高中学生的状态不佳均不少。为了具体了解不同年级中学生在状态不佳上的具体差异情况，对不同年级中学生的状态不佳进行两两事后比较，具体分析结果见表 4-10。

表 4-10　不同年级的中学生状态不佳的两两事后比较分析

因变量	（I）年级	（J）年级	均值差（I-J）	标准误差	显著性
状态不佳	七年级	八年级	-2.888	0.701	0.000
		九年级	-3.418	0.625	0.000
		高一	-2.300	0.733	0.002
		高二	-2.928	0.651	0.000
		高三	-2.711	0.662	0.000
	八年级	九年级	-0.529	0.592	0.372
		高一	0.589	0.706	0.404
		高二	-0.040	0.620	0.949
		高三	0.178	0.631	0.779

续表

因变量	（I）年级	（J）年级	均值差（I-J）	标准误差	显著性
状态不佳	九年级	高一	1.118	0.629	0.076
		高二	0.490	0.532	0.358
		高三	0.707	0.545	0.195
	高一	高二	-0.629	0.656	0.338
		高三	-0.411	0.666	0.537
	高二	高三	0.217	0.575	0.706

表 4-10 的多重事后检验表明，在学习拖延的状态不佳方面，七年级学生的状态不佳均显著低于八年级、九年级、高一、高二和高三的，说明在不同年级的中学生当中，七年级学生的状态不佳仍然是最少的。

（三）不同年级的中学生学习拖延中行为迟滞上的具体变化趋势

以学习拖延中的行为迟滞为因变量，以年级为自变量，进行描述统计和单因素方差分析，结果见表 4-11 所示。

表 4-11 不同年级的中学生行为迟滞的单因素方差分析

因变量	年级	n	平均值	标准偏差	最小值	最大值
行为迟滞	七年级	46	9.913	4.516	5.000	24.000
	八年级	54	13.500	4.848	5.000	25.000
	九年级	98	13.867	4.416	5.000	23.000
	高一	45	12.000	4.411	5.000	25.000
	高二	77	13.247	4.551	5.000	25.000
	高三	71	13.282	4.902	5.000	25.000
F			5.445			
p			0.000			

表 4-11 的分析结果表明，不同年级的中学生在学习拖延中的行为迟滞上存在非常显著的差异，不同年级的中学生的行为迟滞表现出的特点并不一致。以各年级的行为迟滞平均值为纵轴，以年级为横轴绘制平均值图，以观测各年级中学生行为迟滞的变化情况，不同年级中学生的行为迟滞变化趋势如图 4-8 所示。

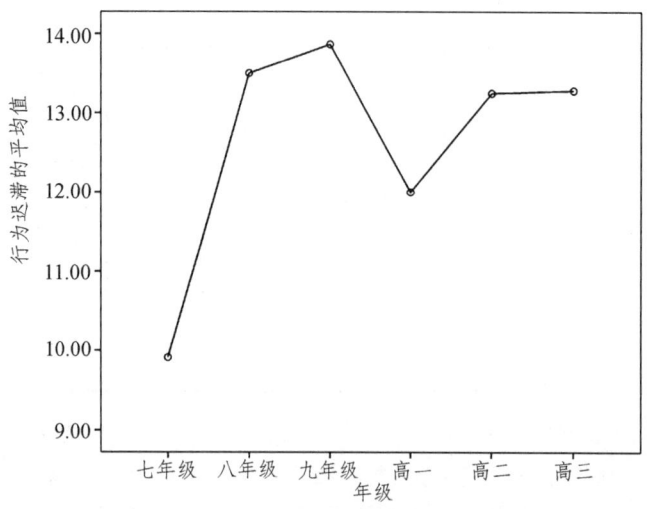

图 4-8 不同年级的中学生行为迟滞平均值变化趋势图

从图 4-8 中的不同年级中学生的行为迟滞变化趋势发现，中学生在行为迟滞方面的表现存在较大差异，变化没有具体的规律，九年级学生的行为迟滞最严重，而七年级学生的行为迟滞仍然是最少的。为了具体了解不同年级的中学生在行为迟滞上的具体差异情况，对不同年级的中学生的行为迟滞进行多重事后检验，具体分析结果见表 4-12。

表 4-12 不同年级的中学生行为迟滞的两两事后比较分析

因变量	（I）年级	（J）年级	均值差（I-J）	标准误差	显著性
行为迟滞	七年级	八年级	-3.586	0.924	0.000
		九年级	-3.954	0.823	0.000
		高一	-2.086	0.966	0.031
		高二	-3.333	0.858	0.000
		高三	-3.368	0.872	0.000
	八年级	九年级	-0.367	0.781	0.638
		高一	1.500	0.930	0.107
		高二	0.253	0.818	0.757
		高三	0.218	0.832	0.793
	九年级	高一	1.867	0.829	0.025
		高二	0.621	0.701	0.377
		高三	0.586	0.718	0.415

续表

因变量	（I）年级	（J）年级	均值差（I-J）	标准误差	显著性
行为迟滞	高一	高二	-1.247	0.864	0.150
	高一	高三	-1.282	0.878	0.145
	高二	高三	-0.035	0.758	0.963

表 4-12 的多重事后检验表明，在学习拖延的行为迟滞方面，七年级学生的行为迟滞均显著低于八年级、九年级、高一、高二和高三的，说明在不同年级的中学生当中，七年级学生的行为迟滞情况仍然是最少的。而九年级学生的行为迟滞也显著多于高一年级的学生。

（四）不同年级的中学生中学习拖延总分上的具体变化趋势

以学习拖延中的学习拖延总分为因变量，以年级为自变量进行描述统计和单因素方差分析，结果见表 4-13 所示。

表 4-13 不同年级的中学生学习拖延总分的单因素方差分析

因变量	年级	n	平均值	标准偏差	最小值	最大值
学习拖延总分	七年级	46	34.500	13.987	17.000	74.000
	八年级	54	46.926	14.178	22.000	80.000
	九年级	98	48.429	13.416	18.000	80.000
	高一	45	42.756	13.577	21.000	72.000
	高二	77	46.844	13.906	17.000	79.000
	高三	7	47.056	15.000	17.000	81.000
F			7.305			
p			0.000			

表 4-13 的分析结果表明，不同年级的中学生在学习拖延总分上存在非常显著的差异，各年级中学生的学习拖延总分表现出的特点并不一致。以各年级的学习拖延总分平均值为纵轴，以年级为横轴绘制平均值图，以观测各年级中学生学习拖延总分的变化情况，各年级学习拖延总分变化趋势如图 4-9 所示。

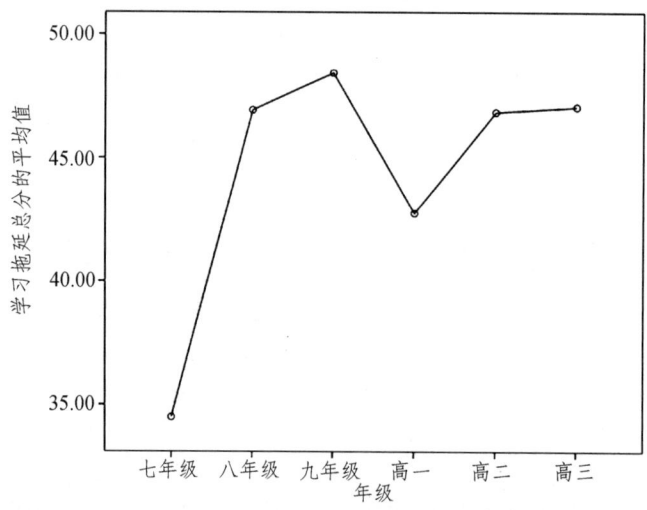

图 4-9　不同年级的中学生学习拖延总分平均值变化趋势图

通过分析图 4-9 中不同年级的中学生的学习拖延总分变化趋势发现,九年级学生的学习拖延总分最高,而七年级学生的学习拖延总分仍然是最低的。为了具体了解各年级中学生在学习拖延总分上的具体差异情况,本研究对不同年级的中学生的学习拖延总分进行多重事后比较,具体分析结果见表 4-14。

表 4-14　不同年级的中学生学习拖延总分的两两事后比较分析

因变量	（I）年级	（J）年级	均值差（I-J）	标准误差	显著性
学习拖延总分	七年级	八年级	-12.425	2.809	0.000
		九年级	-13.928	2.502	0.000
		高一	-8.255	2.936	0.005
		高二	-12.344	2.609	0.000
		高三	-12.556	2.650	0.000
	八年级	九年级	-1.503	2.373	0.527
		高一	4.170	2.826	0.141
		高二	0.082	2.485	0.974
		高三	-0.130	2.528	0.959
	九年级	高一	5.673	2.521	0.025
		高二	1.584	2.132	0.458
		高三	1.372	2.182	0.530

续表

因变量	（I）年级	（J）年级	均值差（I-J）	标准误差	显著性
学习拖延总分	高一	高二	-4.089	2.627	0.120
	高一	高三	-4.301	2.668	0.108
	高二	高三	-0.212	2.304	0.927

表4-14的多重事后检验表明，在学习拖延总分方面，七年级学生的学习拖延总分均显著低于八年级、九年级、高一、高二和高三的，说明在各年级中学生当中，七年级学生的学习拖延总体情况仍然是最少的，而九年级学生的学习拖延总分显著高于高一年级的学生。

（五）不同年级的中学生学习拖延中执行不足上的具体变化差异

首先以执行不足为因变量，以年级为自变量进行描述统计和单因素方差分析，结果见表4-15所示。

表4-15 不同年级的中学生执行不足的单因素方差分析

因变量	年级	n	平均值	标准偏差	最小值	最大值
执行不足	七年级	46	5.935	2.863	3.000	13.000
	八年级	54	8.000	3.262	3.000	15.000
	九年级	98	8.051	2.870	3.000	15.000
	高一	45	6.978	2.904	3.000	14.000
	高二	77	7.545	2.985	3.000	15.000
	高三	71	8.056	3.238	3.000	15.000
F			4.126			
p			0.000			

表4-15的分析结果表明，不同年级的中学生在学习拖延中的执行不足上存在非常显著的差异，各年级中学生的执行不足均表现出了不一样的特点，有些年级之间中学生的执行不足差异还较大。首先以各年级的执行不足平均值为纵轴，以年级为横轴绘制平均值图，以观测各年级学习拖延的变化情况，各年级执行不足平均值变化趋势如图4-10所示。

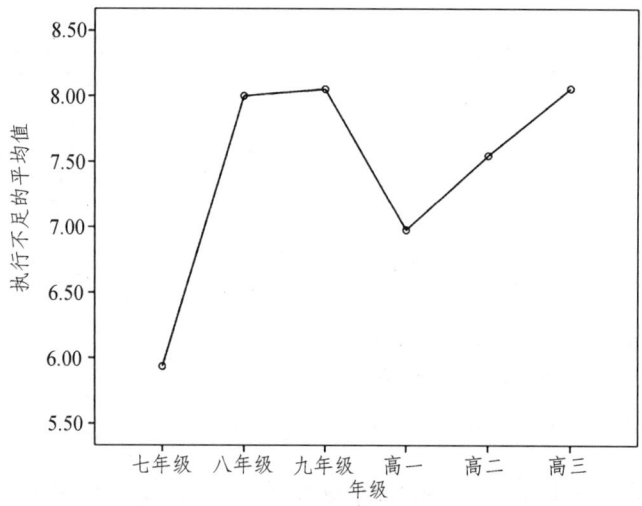

图 4-10 不同年级的中学生执行不足平均值变化趋势图

图 4-10 所显示的不同年级的中学生的执行不足、呈现一种增高再降低再升高的趋势。其中高三学生的执行不足最高,但八年级、九年级和高三年级学生的执行不足非常接近,而七年级学生的执行不足最低。另外,高一年级的执行不足也较低。为了具体了解各年级中学生在执行不足上的具体差异情况,本研究对各年级中学生的执行不足进行了多重事后比较,具体分析结果见表 4-16。

表 4-16 不同年级中学生执行不足的两两事后比较分析

因变量	(I)年级	(J)年级	均值差(I-J)	标准误差	显著性
执行不足	七年级	八年级	-2.065	0.606	0.001
		九年级	-2.116	0.540	0.000
		高一	-1.043	0.633	0.100
		高二	-1.610	0.563	0.004
		高三	-2.121	0.572	0.000
	八年级	九年级	-0.051	0.512	0.921
		高一	1.022	0.610	0.094
		高二	0.455	0.536	0.397
		高三	-0.056	0.545	0.918
	九年级	高一	1.073	0.544	0.049
		高二	0.506	0.460	0.272
		高三	-0.005	0.471	0.991

续表

因变量	（I）年级	（J）年级	均值差（I-J）	标准误差	显著性
执行不足	高一	高二	-0.568	0.567	0.317
	高一	高三	-1.079	0.576	0.062
	高二	高三	-0.511	0.497	0.305

表 4-16 的多重事后检验表明，在执行不足上，七年级学生的执行不足显著低于八年级、九年级、高一、高二和高三的，说明在各年级中学生当中，七年级学生的执行不足是最少的，并且与其他年级中学生的执行不足差别非常大。

二、是否担任班干部的中学生的学习拖延差异分析

本研究以计划缺乏、状态不佳、执行不足、行为迟滞及学习拖延总分为因变量，以是否担任班干部为自变量，对中学生学习拖延进行独立样本 t 检验，结果如表 4-17 所示。

表 4-17　是否担任班干部的中学生学习拖延差异

因变量	是否为班干部	n	平均值	标准偏差	t	p
计划缺乏	不是班干部	253	14.170	4.795	2.137	0.033
	班干部	138	13.116	4.406		
状态不佳	不是班干部	253	11.225	3.588	0.747	0.315
	班干部	138	10.841	3.665		
行为迟滞	不是班干部	253	13.328	4.724	2.390	0.017
	班干部	138	12.138	4.675		
执行不足	不是班干部	253	7.814	3.097	2.107	0.036
	班干部	138	7.130	3.013		
学习拖延总分	不是班干部	253	46.538	14.703	2.161	0.031
	班干部	138	43.225	14.083		

表 4-17 表明，担任班干部和未担任班干部的中学生在学习拖延上表现出显著的差异，从具体表现情况来看，计划缺乏、行为迟滞和执行不足三个方面也均因是否担任班干部而有明显差异。并且未担任班干部的中学生在学习拖延程度上均显著高于担任班干部的中学生的学习拖延水平。

三、不同学习成绩的中学生的学习拖延差异分析

为了分析学习成绩对中学生学习拖延的影响情况,以学习成绩为自变量,分别对学习拖延总体、计划缺乏、状态不佳、行为迟滞及执行不足进行差异检验。

(一)不同学习成绩的中学生在学习拖延总分上的具体变化差异

首先以学习拖延总分为因变量,以学习成绩为自变量,进行描述统计和单因素方差分析,结果见表 4-18 所示。

表 4-18 不同学习成绩的中学生学习拖延的单因素方差分析

因变量	学习成绩	n	平均值	标准偏差	最小值	最大值
学习拖延总分	好	52	40.404	13.838	17.000	69.000
	中	188	43.303	13.796	17.000	79.000
	差	151	49.649	14.702	17.000	81.000
F			12.098			
p			0.000			

表 4-18 的分析结果表明,不同学习成绩的中学生在学习拖延总分上存在非常显著的差异,不同成绩的中学生在学习拖延上表现出了不一样的特点。以不同学习成绩中学生的学习拖延总分平均值为纵轴,以学习成绩为横轴,绘制平均值图,以观测不同学习成绩中学生在学习拖延总体上的变化情况,不同学习成绩中学生学习拖延总体的变化趋势如图 4-11 示。

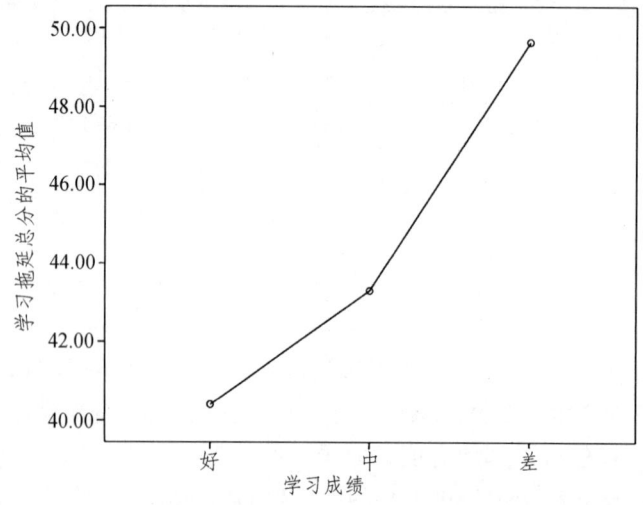

图 4-11 不同学习成绩的中学生学习拖延总分的平均值变化趋势图

从图 4-11 可看出，不同学习成绩的中学生在学习拖延总分上，成绩差的学生的学习拖延最严重，而成绩好的学生的学习拖延最少，总体上表现出成绩越差、中学生的学习拖延情况越严重的变化趋势。为了具体了解不同学习成绩中学生在学习拖延总体上的具体差异情况，本研究对不同学习成绩的中学生学习拖延总分进行多重事后检验，具体分析结果见表 4-19。

表 4-19　不同学习成绩的中学生学习拖延总分的两两事后比较分析

因变量	（I）学习成绩	（J）学习成绩	均值差（I-J）	标准误差	显著性
学习拖延总分	好	中	-2.899	2.218	0.192
	好	差	-9.245***	2.277	0.000
	中	差	-6.345***	1.547	0.000

表 4-19 的多重事后检验表明，在学习拖延总分上，成绩较好的中学生的学习拖延显著低于成绩较差的中学生的学习拖延，并且成绩中等的中学生的学习拖延也显著低于成绩差的中学生的学习拖延。这说明在不同学习成绩的中学生当中，成绩差的学生学习拖延是最严重的，学习成绩差是中学生产生严重学习拖延的一个重要因素。

（二）不同学习成绩的中学生学习拖延中计划缺乏方面的具体变化差异

以学习拖延中的计划缺乏为因变量，以学习成绩为自变量进行描述统计和单因素方差分析，结果见表 4-20 所示。

表 4-20　不同学习成绩的中学生计划缺乏的单因素方差分析

因变量	学习成绩	n	平均值	标准偏差	最小值	最大值
计划缺乏	好	52	12.481	4.634	5.000	22.000
	中	188	13.223	4.493	5.000	24.000
	差	151	14.967	4.708	5.000	25.000
F			8.490***			
p			0.000			

表 4-20 的分析结果表明，不同学习成绩的中学生在学习拖延中的计划缺乏方面存在着显著的差异，不同学习成绩的中学生的计划缺乏表现出了不一样的特点。以不同学习成绩中学生的计划缺乏平均值为纵轴，以学习成绩为横轴绘制平均值图，以观测不同学习成绩的中学生计划缺乏上的变化情况，具体的变化趋势如图 4-12 所示。

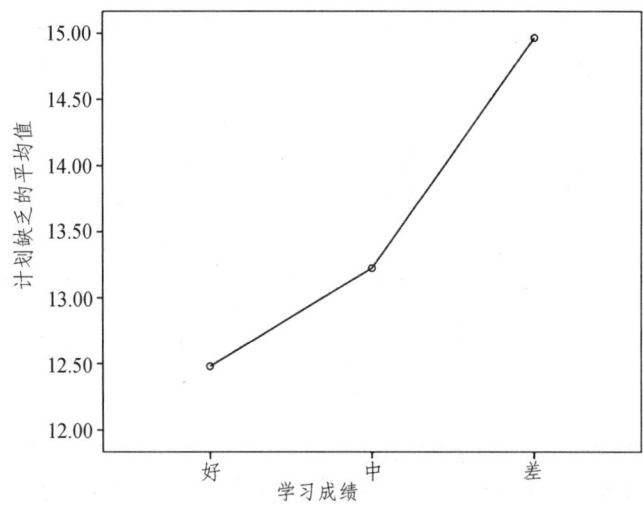

图 4-12　不同学习成绩的中学生计划缺乏平均值变化趋势图

图 4-12 表明，不同学习成绩中学生在计划缺乏方面，仍然是成绩较差的中学生的计划缺乏最严重，而成绩较好的中学生的学习拖延最轻，成绩一般的中学生的计划缺乏处于中间水平，表现出了成绩越差，计划缺乏越严重的非常直观的变化趋势。为了具体了解不同学习成绩的中学生在计划缺乏方面的具体差异情况，本研究对不同学习成绩的中学生的计划缺乏进行多重事后检验，具体检验结果见表 4-21。

表 4-21　不同学习成绩中学生计划缺乏的两两事后比较分析

因变量	（I）学习成绩	（J）学习成绩	均值差(I-J)	标准误差	显著性
计划缺乏	好	中	-0.743	0.720	0.303
	好	差	-2.486	0.739	0.001
	中	差	-1.743	0.502	0.001

表 4-21 的多重事后检验表明，在学习拖延的计划缺乏方面，学习成绩好的中学生的计划缺乏显著少于学习成绩差的中学生的计划缺乏，并且成绩中等的中学生的计划缺乏也显著少于成绩差的中学生，说明在不同学习成绩水平中学生当中，成绩较差的学生计划缺乏是最严重的。学习成绩较差是中学生计划严重缺乏的一个重要因素。

（三）不同学习成绩的中学生学习拖延中状态不佳方面的具体变化差异

本研究以学习拖延中的状态不佳为因变量，以中学生的学习成绩为自变量进行描述统计和单因素方差分析，结果见表 4-22 所示。

表 4-22 不同学习成绩的中学生状态不佳的单因素方差分析

因变量	学习成绩	n	平均值	标准偏差	最小值	最大值
状态不佳	好	52	9.942	3.363	4.000	19.000
	中	188	10.702	3.400	4.000	19.000
	差	151	11.967	3.783	4.000	20.000
F		8.454				
p		0.000				

表 4-22 的分析结果表明，不同学习成绩的中学生在学习拖延中的状态不佳方面存在极其显著的差异，不同学习成绩的中学生的状态不佳表现出了较大变化。本研究以不同学习成绩的中学生的状态不佳平均值为纵轴，以学习成绩水平为横轴绘制平均值图，以观测不同学习成绩的中学生状态不佳方面的变化情况，具体的变化趋势如图 4-13 所示。

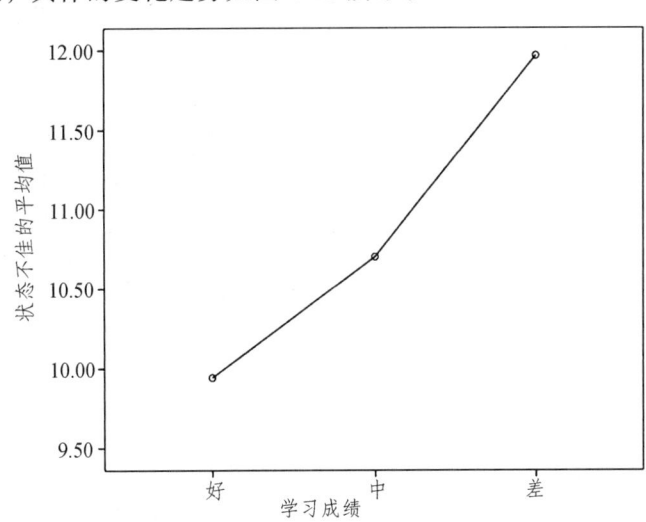

图 4-13 不同学习成绩的中学生状态不佳平均值变化趋势图

图 4-13 表明，不同学习成绩的中学生的状态不佳变化趋势较明显，中学生在状态不佳方面的表现存在较大的差异，特别是成绩较差的中学生状态不佳情况最严重，变化非常大，整体上也表现出学习成绩越差，状态不佳现象越严重的情况。为了深入了解不同学习成绩的中学生在状态不佳方面的具体差异情况，本研究对不同学习成绩的中学生的状态不佳进行多重事后检验，具体分析结果见表 4-23。

表 4-23　不同学习成绩的中学生状态不佳的两两事后比较分析

因变量	（I）学习成绩	（J）学习成绩	均值差（I-J）	标准误差	显著性
状态不佳	好	中	-0.760	0.556	0.173
	好	差	-2.024	0.571	0.000
	中	差	-1.264	0.388	0.001

表 4-23 的多重事后检验表明，在学习拖延的状态不佳方面，成绩较好和成绩中等的中学生的状态不佳情况均显著少于成绩较差的中学生的状态不佳。这说明在学习成绩不同中学生中，成绩较差的中学生的状态不佳状况是最严重的，并且成绩较差的中学生的状态不佳情况远多于另两类中学生，说明成绩较差的中学生在学习拖延中的状态不佳方面是比较突出的。

（四）不同学习成绩中学生在学习拖延中执行不足方面的具体变化趋势

本研究以学习拖延中的执行不足为因变量，以学习成绩为自变量，进行描述统计和单因素方差分析，结果见表 4-24 所示。

表 4-24　不同学习成绩的中学生执行不足的单因素方差分析

因变量	学习成绩	n	平均值	标准偏差	最小值	最大值
执行不足	好	52	6.654	2.983	3.000	13.000
	中	188	7.218	3.050	3.000	15.000
	差	151	8.331	3.004	3.000	15.000
F	8.444					
p	0.000					

表 4-24 的分析结果表明，不同学习成绩的中学生在学习拖延中的执行不足方面存在极其显著的差异。以不同学习成绩的中学生的执行不足平均值为纵轴，以学习成绩为横轴绘制平均值图，以观测不同学习成绩的中学生执行不足的变化情况，具体的变化趋势如图 4-14 所示。

图 4-14 表明，中学生在执行不足方面的表现同样存在着较大差异，变化规律与学习拖延各方面表现出的特点一致，成绩越好，执行不足的情况越少。成绩较差的中学生的执行不足情况最多。为了具体了解不同学习成绩的中学生在执行不足方面的具体差异情况，本研究对不同学习成绩的中学生的执行不足进行多重事后检验，具体分析结果见表 4-25。

第四章　中学生学习拖延现状及与班级环境的关系

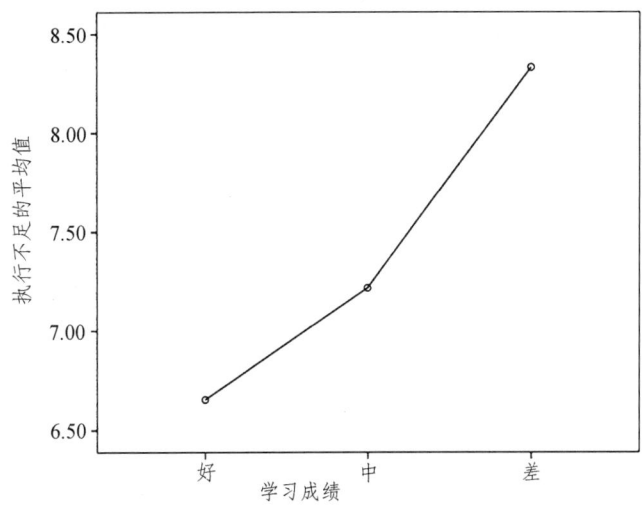

图 4-14　不同学习成绩的中学生执行不足平均值变化趋势图

表 4-25　不同学习成绩的中学生执行不足的两两事后比较分析

因变量	（I）学习成绩	（J）学习成绩	均值差（I-J）	标准误差	显著性
执行不足	好	中	-0.564	0.474	0.234
	好	差	-1.677	0.486	0.001
	中	差	-1.113	0.330	0.001

表 4-25 的多重事后检验表明，在学习拖延的执行不足方面，成绩较差的中学生的执行不足均显著多于成绩好和成绩一般的中学生的执行不足。

（五）不同学习成绩的中学生学习拖延中行为迟滞方面的具体变化差异

本研究以学习拖延中的行为迟滞为因变量，以学习成绩为自变量，进行描述统计和单因素方差分析，结果见表 4-26 所示。

表 4-26　不同学习成绩的中学生行为迟滞的单因素方差分析

因变量	学习成绩	n	平均值	标准偏差	最小值	最大值
行为迟滞	好	52	11.327	4.549	5.000	23.000
	中	188	12.160	4.366	5.000	25.000
	差	151	14.384	4.871	5.000	25.000
F				13.383		
p				0.000		

表 4-26 的分析结果表明，不同学习成绩的中学生在学习拖延中的行为迟滞上存在极其显著的差异。以不同学习成绩的中学生的行为迟滞平均值为纵轴，以学习成绩水平为横轴绘制平均值图，以观测不同学习成绩中学生行为迟滞的变化情况，具体的变化趋势如图 4-15 所示。

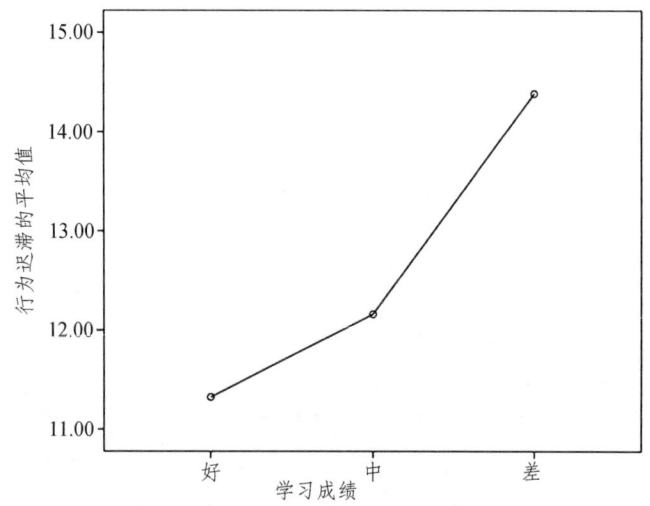

图 4-15 不同学习成绩的中学生行为迟滞平均值变化趋势图

图 4-15 表明，不同学习成绩的中学生的行为迟滞变化规律与学习拖延各方面表现的特点一致，成绩越好，行为迟滞的情况越少，成绩较差的中学生行为迟滞情况最多。为了具体了解不同学习成绩的中学生在行为迟滞方面的具体差异情况，本研究对不同学习成绩的中学生的行为迟滞进行多重事后检验，具体分析结果见表 4-27。

表 4-27 不同学习成绩的中学生行为迟滞的两两事后比较分析

因变量	（I）学习成绩	（J）学习成绩	均值差（I-J）	标准误差	显著性
行为迟滞	好	中	-0.833	0.719	0.248
	好	差	-3.057	0.738	0.000
	中	差	-2.224	0.502	0.000

表 4-27 的多重事后检验表明，在学习拖延的行为迟滞方面，成绩较差的中学生的行为迟滞均显著多于成绩好的和成绩一般的学生的。

四、不同学习压力的中学生的学习拖延差异分析

本研究以计划缺乏、状态不佳、行为迟滞、执行不足及学习拖延总分为

因变量，以学习压力情况为自变量，对中学生学习拖延进行独立样本 t 检验。结果如表 4-28 所示。

表 4-28　不同学习压力的中学生的学习拖延差异

因变量	学习压力	n	平均值	标准偏差	t	p
计划缺乏	压力较小	159	13.535	4.802	-0.920	0.358
	压力较大	232	13.978	4.601		
状态不佳	压力较小	159	10.723	3.572	-1.661	0.097
	压力较大	232	11.341	3.631		
行为迟滞	压力较小	159	12.459	4.549	-1.554	0.121
	压力较大	232	13.216	4.844		
执行不足	压力较小	159	7.264	3.139	-1.644	0.101
	压力较大	232	7.784	3.029		
学习拖延总分	压力较小	159	43.981	14.558	-1.562	0.119
	压力较大	232	46.319	14.509		

表 4-28 表明，压力较大和压力较小的中学生在学习拖延总分及各个方面均没有太显著的差异。但从具体的平均得分来看，压力较大的中学生在学习拖延各方面的得分均略高于压力较小的中学生的得分。

第三节　家庭因素对中学生学习拖延的影响分析

一、是否为独生子女的中学生的学习拖延差异分析

以计划缺乏、状态不佳、执行不足、行为迟滞及学习拖延总分为因变量，以是否为独生子女为自变量，对中学生的学习拖延进行独立样本 t 检验。结果如表 4-29 所示。

表 4-29　是否为独生子女的中学生的学习拖延差异

因变量	是否为独生子女	n	平均值	标准偏差	t	p
计划缺乏	独生子女	60	14.533	5.303	1.323	0.187
	非独生子女	331	13.665	4.558		
状态不佳	独生子女	60	11.617	3.915	1.228	0.220
	非独生子女	331	10.994	3.556		

续表

因变量	是否为独生子女	n	平均值	标准偏差	t	p
行为迟滞	独生子女	60	13.483	4.935	1.023	0.307
	非独生子女	331	12.804	4.698		
执行不足	独生子女	60	8.033	3.189	1.259	0.209
	非独生子女	331	7.489	3.058		
学习拖延总分	独生子女	60	47.667	16.043	1.331	0.184
	非独生子女	331	44.952	14.256		

表 4-29 表明，独生子女和非独生子女中学生在学习拖延总分及各维度上均无太显著的差异，但从具体的平均得分来看，是独生子女的中学生在学习拖延各方面的得分均略高于非独生子女中学生的得分。

二、不同居住地的中学生的学习拖延差异分析

本研究以居住地为自变量，以计划缺乏、状态不佳、执行不足、行为迟滞及学习拖延总分为因变量，对分别来自城区和乡村的中学生的学习拖延进行独立样本 t 检验。结果如表 4-30 所示。

表 4-30 不同居住地的中学生的学习拖延差异

因变量	居住地情况	n	平均值	标准偏差	t	p
计划缺乏	城区	191	14.178	4.869	1.571	0.117
	农村	200	13.435	4.481		
状态不佳	城区	191	11.293	3.841	1.086	0.277
	农村	200	10.895	3.384		
行为迟滞	城区	191	13.361	4.893	1.856	0.064
	农村	200	12.475	4.550		
执行不足	城区	191	7.853	3.182	1.764	0.078
	农村	200	7.305	2.964		
学习拖延总分	城区	191	46.686	15.304	1.754	0.080
	农村	200	44.110	13.724		

表 4-30 表明，来自乡村和来自城区的中学生在学习拖延总分及各具体方面均无太显著的差异，但从具体的平均得分来看，城区的中学生在学习拖延各方面的得分均略高于乡村中学生的得分。

三、不同家庭经济状况的中学生的学习拖延差异分析

为了深入了解家庭经济状况对中学生学习拖延的影响，本研究分别以中学生的家庭经济状况为自变量，中学生的计划缺乏、状态不佳、执行不足、行为迟滞及学习拖延总分为因变量进行方差检验。

（一）不同家庭经济状况的中学生学习拖延总体上的具体变化趋势

首先以学习拖延总体为因变量，以家庭经济状况为自变量，进行描述统计和单因素方差分析，结果见表4-31所示。

表4-31 不同家庭经济状况的中学生学习拖延总分的单因素方差分析

因变量	家庭经济状况	n	平均值	标准偏差	最小值	最大值
学习拖延总分	较富裕	37	44.78	16.22	17.00	81.00
	一般	229	45.13	14.54	17.00	80.00
	较差	125	45.98	14.16	17.00	80.00
F	0.172					
p	0.842					

表4-31的分析结果表明，不同家庭经济状况的中学生在学习拖延总分上不存在显著的差异，即家庭经济状况对中学生的学习拖延总分影响较小。以不同家庭经济状况的中学生的学习拖延总分平均值为纵轴，以家庭经济状况为横轴绘制平均值图，以观测不同家庭经济状况的中学生学习拖延总分的基本变化趋势，具体变化情况如图4-16所示。

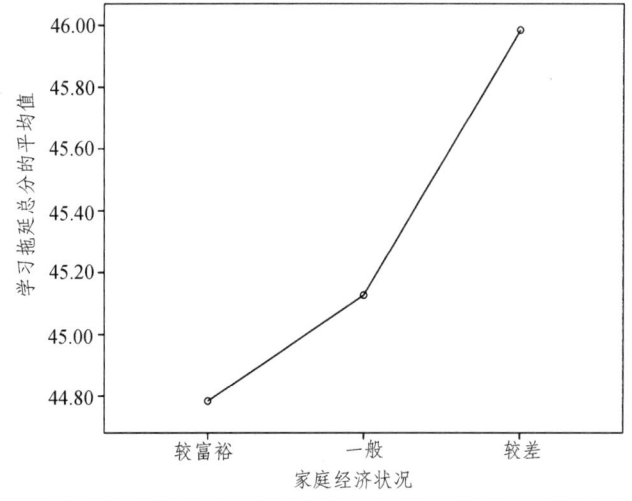

图4-16 不同家庭经济状况的中学生学习拖延总分平均值变化趋势图

由图 4-16 所示，中学生的学习拖延总分虽然不因家庭经济状况的不同而存在显著差异，但是仍表现出家庭经济状况越差的中学生的学习拖延越多的变化趋势，家庭经济状况较富裕的中学生的学习拖延情况较少。

（二）不同家庭经济状况的中学生学习拖延中计划缺乏方面的具体变化趋势

以学习拖延中的计划缺乏为因变量，以家庭经济状况为自变量，进行描述统计和单因素方差分析，结果见表 4-32 所示。

表 4-32　不同家庭经济状况的中学生计划缺乏的单因素方差分析

因变量	家庭经济状况	n	平均值	标准偏差	最小值	最大值
计划缺乏	较富裕	37	13.70	4.90	5.00	25.00
	一般	229	13.74	4.61	5.00	25.00
	较差	125	13.93	4.79	5.00	25.00
F			0.072			
p			0.931			

表 4-32 的分析结果表明，不同家庭经济状况的中学生在计划缺乏上不存在显著的差异，即家庭经济状况对中学生的学习拖延中的计划缺乏影响较小。以不同家庭经济状况中学生的计划缺乏平均值为纵轴，以家庭经济状况为横轴绘制平均值图，以观测不同家庭经济状况的中学生计划缺乏的基本变化趋势，具体情况如图 4-17 所示。

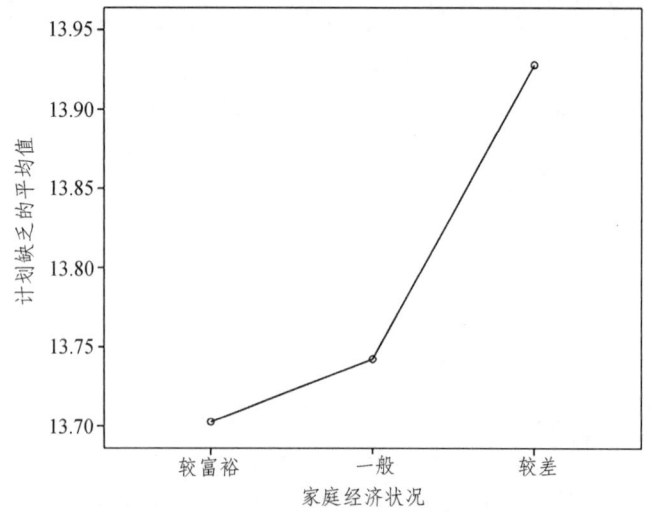

图 4-17　不同家庭经济状况的中学生计划缺乏平均值变化趋势图

由图 4-17 所示，中学生的计划缺乏虽然不因家庭经济状况的不同而存在显著差异，但是该变化趋势仍表现出家庭经济状况越差，中学生的计划缺乏越严重的变化趋势，家庭经济状况较好的中学生出现计划缺乏的情况较少。

（三）不同家庭经济状况的中学生在学习拖延中状态不佳方面的具体变化趋势

以学习拖延中的状态不佳为因变量，以家庭经济状况为自变量，进行描述统计和单因素方差分析，结果见表 4-33 所示。

表 4-33　不同家庭经济状况的中学生状态不佳的单因素方差分析

因变量	家庭经济状况	n	平均值	标准偏差	最小值	最大值
状态不佳	较富裕	37	10.65	4.17	4.00	20.00
	一般	229	10.92	3.58	4.00	19.00
	较差	125	11.53	3.50	4.00	19.00
F	1.445					
p	0.237					

表 4-33 的分析结果表明，不同家庭经济状况的中学生在状态不佳方面不存在显著的差异，不同家庭经济状况的中学生在状态不佳方面表现出的变化不大，即家庭经济状况对中学生学习拖延中的状态不佳影响较小。以不同家庭经济状况下中学生的状态不佳平均值为纵轴，以家庭经济状况为横轴绘制平均值图，以观测不同家庭经济状况的中学生状态不佳的变化趋势，具体变化情况如图 4-18 所示。

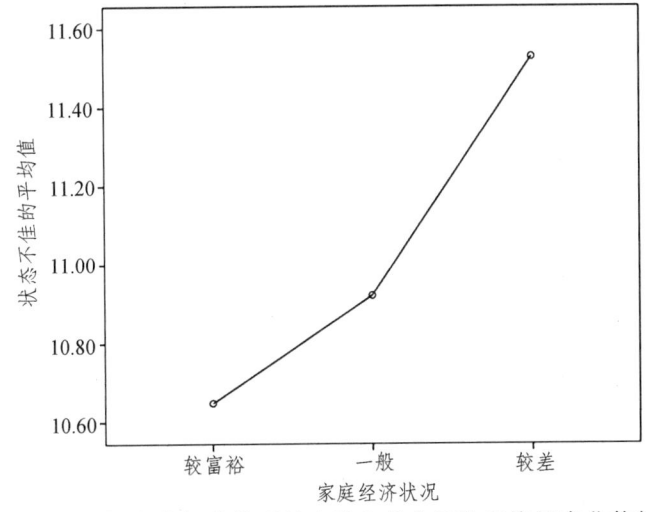

图 4-18　不同家庭经济状况的中学生状态不佳平均值变化趋势图

由图 4-18 所示，中学生的状态不佳虽然不因家庭经济状况的不同而存在显著差异，但是仍表现出家庭经济状况越差，中学生的状态不佳越严重的变化趋势，家庭经济状况较好的中学生状态不佳的情况较少。

（四）不同家庭经济状况的中学生学习拖延中行为迟滞方面的具体变化趋势

以学习拖延中的行为迟滞为因变量，以家庭经济状况为自变量进行描述统计和单因素方差分析，结果见表 4-34 所示。

表 4-34 不同家庭经济状况的中学生行为迟滞的单因素方差分析

因变量	家庭经济状况	n	平均值	标准偏差	最小值	最大值
行为迟滞	较富裕	37	13.05	5.15	5.00	25.00
	一般	229	12.85	4.76	5.00	25.00
	较差	125	12.97	4.61	5.00	24.00
F			0.044			
p			0.957			

表 4-34 的分析结果表明，不同家庭经济状况的中学生在学习拖延的行为迟滞方面不存在显著的差异，即家庭经济状况对中学生在行为迟滞方面的影响较小。以不同经济状况的中学生的行为迟滞平均值为纵轴，以家庭经济状况为横轴绘制平均值图，以观测不同家庭经济状况中学生行为迟滞的变化趋势，如图 4-19 所示。

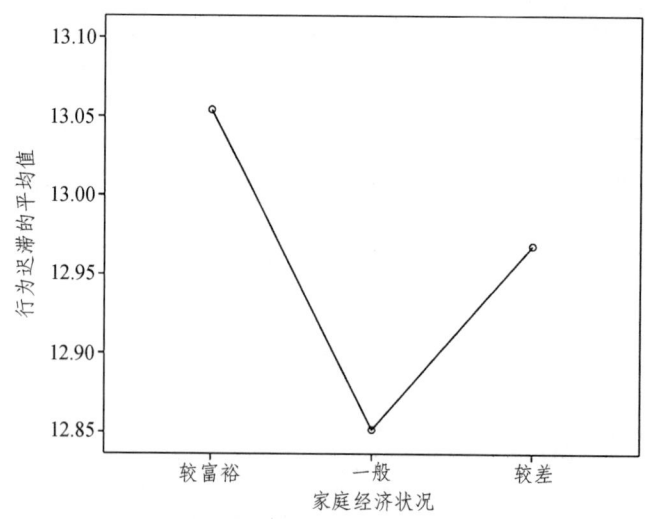

图 4-19 不同家庭经济状况的中学生行为迟滞平均值变化趋势图

由图 4-19 所示，中学生的行为迟滞不仅不因家庭经济状况的不同而存在显著差异，而且具体变化也没有一定规律，具体表现为家庭经济状况一般的中学生的行为迟滞的情况最少，家庭经济状况较差的中学生的行为迟滞一般，家庭经济状况较好的中学生的行为迟滞最严重。

（五）不同家庭经济状况的中学生学习拖延中执行不足方面的具体变化趋势

以学习拖延中的执行不足为因变量，以家庭经济状况为自变量进行描述统计和单因素方差分析，结果见表 4-35 所示。

表 4-35　不同家庭经济状况的中学生执行不足的单因素方差分析

因变量	家庭经济状况	n	平均值	标准偏差	最小值	最大值
执行不足	较富裕	37	7.38	3.20	3.00	15.00
	一般	229	7.61	3.10	3.00	15.00
	较差	125	7.56	3.04	3.00	15.00
F			0.092			
p			0.912			

表 4-35 的分析结果表明，不同家庭经济状况的中学生在学习拖延的执行不足方面不存在显著的差异，即家庭经济状况对中学生在学习拖延中执行不足的影响较小。以不同经济状况的中学生的执行不足平均值为纵轴，以家庭经济状况为横轴绘制平均值图，以观测不同家庭经济状况中学生执行不足的变化趋势，如图 4-20 所示。

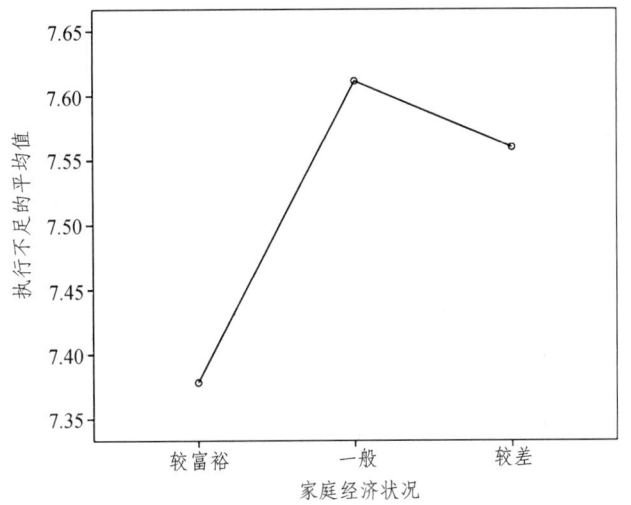

图 4-20　不同家庭经济状况的中学生执行不足平均值变化趋势图

由图 4-20 所示，中学生的执行不足不仅不因家庭经济状况而存在显著差异，而且没有一定的变化规律，具体表现为家庭经济状况较好的中学生的执行不足情况最少，家庭经济状况一般的中学生的执行不足最多。

四、不同家庭氛围下的中学生的学习拖延差异分析

为了深入分析家庭氛围对中学生学习拖延的影响，本研究以不同家庭氛围为自变量，分别对中学生的学习拖延总分、计划缺乏、状态不佳、行为迟滞及执行不足进行差异检验。

（一）不同家庭氛围下的中学生学习拖延总分的具体变化趋势

以学习拖延总分为因变量，以家庭氛围为自变量进行描述统计和单因素方差分析，结果见表 4-36 所示。

表 4-36 不同家庭氛围下的中学生学习拖延总分的单因素方差分析

因变量	家庭氛围	n	平均值	标准偏差	最小值	最大值
学习拖延总分	非常融洽	152	42.15	14.47	17.00	79.00
	比较融洽	210	46.91	13.78	17.00	80.00
	经常吵架	29	51.03	17.28	19.00	81.00
F	\multicolumn{6}{	c	}{7.324^{**}}
p	\multicolumn{6}{	c	}{0.001}

表 4-36 的分析结果表明，不同家庭氛围下的中学生在学习拖延总分上存在显著的差异。首先以不同家庭氛围下的学生的学习拖延总分平均值为纵轴，以家庭氛围为横轴绘制平均值图，以观测不同家庭氛围下学生学习拖延总分的变化情况，具体的变化趋势如图 4-21 所示。

图 4-21 表明了在不同家庭氛围中下的中学生学习拖延总分的变化趋势，家里经常吵架的中学生的学习拖延最多，而家庭氛围非常融洽的中学生的学习拖延最少，表现出家庭氛围越融洽、中学生的学习拖延情况越少的变化趋势。为了具体了解不同家庭氛围下中学生在学习拖延上的具体差异，本研究对各种家庭氛围下的中学生的学习拖延总分进行多重事后检验，具体分析结果见表 4-37。

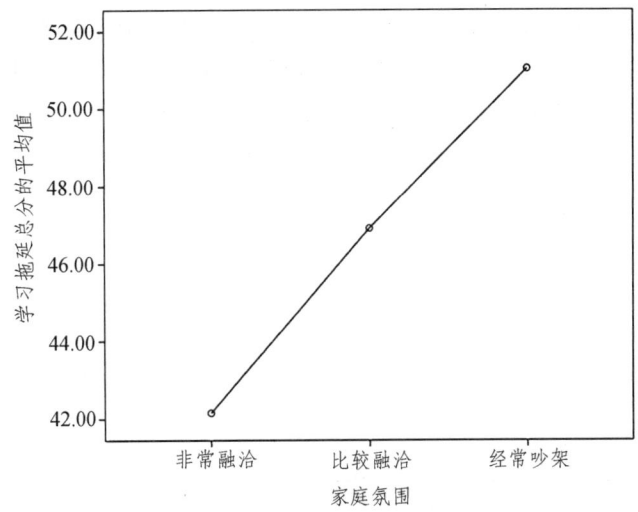

图 4-21　不同家庭氛围下的中学生的学习拖延总分平均值变化趋势图

表 4-37　不同家庭氛围下的中学生的学习拖延的两两事后比较分析

因变量	（I）家庭氛围	（J）家庭氛围	均值差（I-J）	标准误差	显著性
学习拖延总分	非常融洽	比较融洽	-4.762**	1.526	0.002
		经常吵架	-8.883**	2.903	0.002
	比较融洽	经常吵架	-4.120	2.838	0.147

表 4-37 的多重事后检验表明，在学习拖延总体上，家庭氛围非常融洽的中学生的学习拖延显著少于家庭氛围比较融洽和家里经常吵架的中学生的学习拖延。

（二）不同家庭氛围下的中学生学习拖延中计划缺乏方面的具体变化趋势

以学习拖延中的计划缺乏为因变量，以不同家庭氛围为自变量进行描述统计和单因素方差分析，结果见表 4-38 所示。

表 4-38　不同家庭氛围下的中学生计划缺乏的单因素方差分析

因变量	家庭氛围	n	平均值	标准偏差	最小值	最大值
计划缺乏	非常融洽	152	12.82	4.49	5.00	23.00
	比较融洽	210	14.30	4.56	5.00	25.00
	经常吵架	29	15.31	5.64	5.00	25.00
F	6.153**					
p	0.002					

表 4-38 的分析结果表明，不同家庭氛围下的中学生在学习拖延中的计划缺乏方面存在显著的差异。以不同家庭氛围下的中学生的计划缺乏平均值为纵轴，以家庭氛围为横轴绘制平均值图，以观测不同家庭氛围下的中学生计划缺乏的变化情况，具体变化趋势如图 4-22 所示。

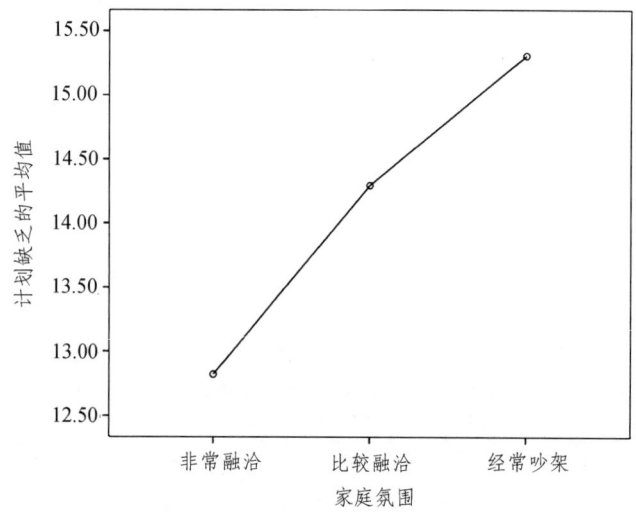

图 4-22　不同家庭氛围下的中学生计划缺乏平均值变化趋势图

图 4-22 表明，不同家庭氛围下的中学生在计划缺乏方面，仍然是家庭非常融洽的中学生的计划缺乏最少，而家庭氛围比较融洽和家里经常吵架的中学生的计划缺乏情况稍微多些。为了具体了解不同家庭氛围下的中学生在计划缺乏方面的具体差异情况，对不同家庭氛围下的中学生的计划缺乏进行多重事后检验，具体分析结果见表 4-39。

表 4-39　不同家庭氛围中学生计划缺乏的两两事后比较分析

因变量	（I）家庭氛围	（J）家庭氛围	均值差（I-J）	标准误差	显著性
计划缺乏	非常融洽	比较融洽	-1.472**	0.492	0.003
		经常吵架	-2.487**	0.937	0.008
	比较融洽	经常吵架	-1.015	0.916	0.268

表 4-39 的多重事后检验表明，在计划缺乏方面，家庭氛围非常融洽的中学生在计划缺乏方面显著低于家庭氛围比较融洽和经常吵架的中学生的计划缺乏，家庭氛围比较融洽的中学生与家中经常吵架的中学生在计划缺乏方面不存在显著差异。

（三）不同家庭氛围下的中学生学习拖延中状态不佳方面的具体变化趋势

以学习拖延中的状态不佳为因变量，以中学生的不同家庭氛围环境为自变量，进行描述统计和单因素方差分析，结果见表 4-40 所示。

表 4-40　不同家庭氛围下的中学生状态不佳的单因素方差分析

因变量	家庭氛围	n	平均值	标准偏差	最小值	最大值
状态不佳	非常融洽	152	10.20	3.60	4.00	19.00
	比较融洽	210	11.56	3.43	4.00	19.00
	经常吵架	29	12.34	4.11	5.00	20.00
F	8.369***					
p	0.000					

表 4-40 的分析结果表明，不同家庭氛围下的中学生在学习拖延中的状态不佳方面存在极其显著的差异。以不同家庭氛围中学生的状态不佳平均值为纵轴，以家庭氛围情况为横轴绘制平均值图，以观测不同家庭氛围中学生状态不佳方面的变化情况，具体变化趋势如图 4-23 所示。

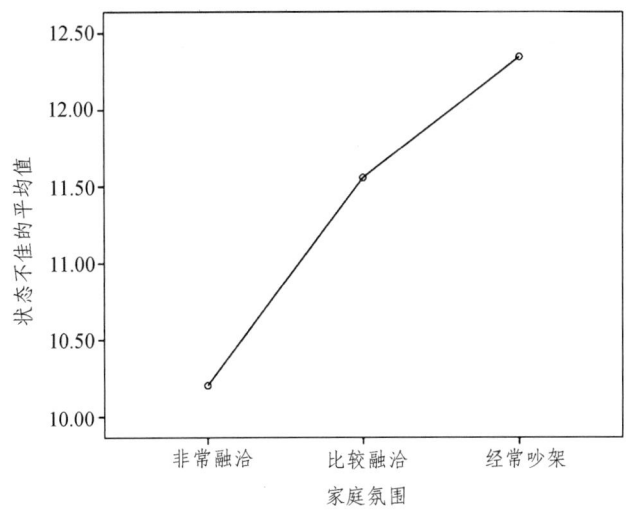

图 4-23　不同家庭氛围下的中学生状态不佳平均值变化趋势图

图 4-23 表明，不同家庭氛围下中学生状态不佳变化趋势较明显，中学生在状态不佳方面表现出较大的差异，特别是家庭氛围差即家庭成员经常吵架的中学生的状态不佳情况最严重，变化非常大，整体上也表现出家庭氛围情

况越糟糕的中学生状态不佳现象越严重的情况。为了具体了解不同家庭氛围下中学生在状态不佳方面的差异情况，对不同家庭氛围中学生的状态不佳进行多重事后检验，具体分析结果见表4-41。

表4-41　不同家庭氛围下的中学生状态不佳的两两事后比较分析

因变量	（I）家庭氛围	（J）家庭氛围	均值差（I-J）	标准误差	显著性
状态不佳	非常融洽	比较融洽	-1.353***	0.378	0.000
	非常融洽	经常吵架	-2.140**	0.719	0.003
	比较融洽	经常吵架	-0.788	0.703	0.263

表4-41的多重事后检验表明，在学习拖延的状态不佳方面，家庭氛围比较融洽和家里经常吵架的中学生的状态不佳情况均显著高于家庭氛围非常融洽的中学生，家庭氛围比较融洽的中学生与家里经常吵架的中学生在状态不佳方面不存在显著差异。说明不同家庭氛围下的中学生里，家庭氛围非常融洽的学生的状态不佳状况是最少的。

（四）不同家庭氛围下的中学生学习拖延中行为迟滞方面的具体变化趋势

以学习拖延中的行为迟滞为因变量，以不同家庭氛围情况为自变量进行描述统计和单因素方差分析，结果见表4-42所示。

表4-42　不同家庭氛围下的中学生行为迟滞的单因素方差分析

因变量	家庭氛围	n	平均值	标准偏差	最小值	最大值
行为迟滞	非常融洽	152	12.10	4.69	5.00	24.00
	比较融洽	210	13.19	4.54	5.00	25.00
	经常吵架	29	15.14	5.55	5.00	25.00
F			5.944**			
p			0.003			

表4-42的分析结果表明，不同家庭氛围下的中学生在学习拖延中的行为迟滞方面存在着非常显著的差异。以不同家庭氛围下的中学生的行为迟滞平均值为纵轴，以家庭氛围为横轴绘制平均值图，以观测不同家庭氛围中学生行为迟滞的变化情况，具体的变化趋势如图4-24所示。

第四章　中学生学习拖延现状及与班级环境的关系

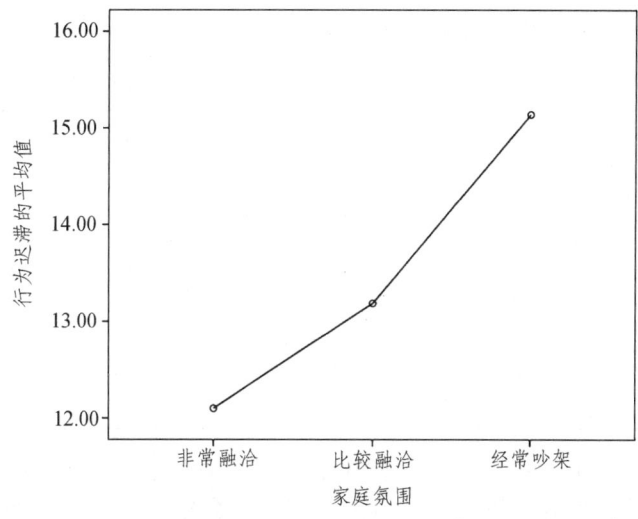

图 4-24　不同家庭氛围下的中学生行为迟滞平均值变化趋势图

图 4-24 表明，不同家庭氛围下的中学生在行为迟滞方面的表现存在着较大差异，变化规律与学习拖延各方面表现的特点一致，家庭氛围越好，中学生的行为迟滞的状态越少，家里经常吵架的中学生的行为迟滞情况最多。为了具体了解不同家庭氛围下的中学生在行为迟滞方面的具体差异情况，对不同家庭氛围下的中学生的行为迟滞进行多重事后检验，具体分析结果见表 4-43。

表 4-43　不同家庭氛围下的中学生行为迟滞的两两事后比较分析

因变量	（I）家庭氛围	（J）家庭氛围	均值差（I-J）	标准误差	显著性
行为迟滞	非常融洽	比较融洽	-1.087*	0.498	0.030
		经常吵架	-3.039**	0.948	0.001
	比较融洽	经常吵架	-1.952*	0.926	0.036

表 4-43 的多重事后检验表明，在学习拖延的行为迟滞方面，家庭氛围非常融洽的中学生的行为迟滞均显著少于家里经常吵架和家庭氛围比较融洽的学生的，家庭氛围比较融洽的中学生的行为迟滞也显著少于家里经常吵架的中学生的。

（五）不同家庭氛围下的中学生学习拖延中执行不足方面的具体变化趋势

以学习拖延中的执行不足为因变量，以不同家庭氛围为自变量进行描述统计和单因素方差分析，结果见表 4-44 所示。

表 4-44　不同家庭氛围下的中学生执行不足的单因素方差分析

因变量	家庭氛围	n	平均值	标准偏差	最小值	最大值
执行不足	非常融洽	152	7.03	3.09	3.00	15.00
	比较融洽	210	7.88	2.95	3.00	15.00
	经常吵架	29	8.24	3.55	3.00	15.00
F	4.159*					
p	0.016					

表 4-44 的分析结果表明，不同家庭氛围下的中学生在学习拖延中的执行不足方面存在着极其显著的差异。以不同家庭氛围下的中学生的执行不足平均值为纵轴，以家庭氛围为横轴绘制平均值图，以观测不同家庭氛围下的中学生执行不足的变化情况，具体的变化趋势如图 4-25 所示。

图 4-25 表明，不同家庭氛围下的中学生的执行不足方面存在着较大差异，变化规律与学习拖延各方面表现的特点一致，家庭氛围越好，中学生的执行不足的情况越少，家里经常吵架的中学生的执行不足情况最为严重。为了具体了解不同家庭氛围下的中学生在执行不足上的具体差异情况，对不同家庭氛围下的中学生的执行不足进行多重事后检验，具体分析结果见表 4-45。

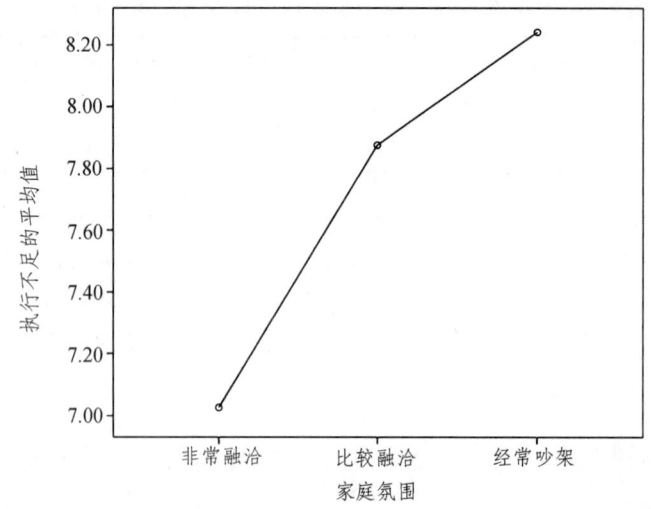

图 4-25　不同家庭氛围下的中学生执行不足平均值变化趋势图

表 4-45　不同家庭氛围下的中学生执行不足的两两事后比较分析

因变量	（I）家庭氛围	（J）家庭氛围	均值差（I-J）	标准误差	显著性
执行不足	非常融洽	比较融洽	-0.849**	0.325	0.009
	非常融洽	经常吵架	-1.215	0.619	0.050
	比较融洽	经常吵架	-0.365	0.605	0.547

表 4-45 的多重事后检验表明，在学习拖延的执行不足方面，家庭氛围非常融洽的中学生的执行不足显著少于家庭氛围比较融洽和家里经常吵架的中学生的执行不足。

五、父亲重视学习程度不同的中学生的学习拖延差异分析

以计划缺乏、状态不佳、行为迟滞、执行不足及学习拖延总分为因变量，对父亲重视和不重视学习的中学生学习拖延进行独立样本 t 检验，结果如表 4-46 所示。

表 4-46　父亲重视学习程度不同的中学生的学习拖延差异（M±SD）

因变量	父亲对学习的重视程度	n	平均值	标准偏差	t	p
计划缺乏	重视	342	13.380	4.508	-4.970	0.000
	不重视	49	16.714	4.886		
状态不佳	重视	342	10.798	3.518	-4.302	0.000
	不重视	49	13.122	3.666		
行为迟滞	重视	342	12.456	4.563	-5.144	0.000
	不重视	49	16.061	4.758		
执行不足	重视	342	7.339	2.957	-3.597	0.000
	不重视	49	9.204	3.452		
学习拖延总分	重视	342	43.974	13.947	-5.167	0.000
	不重视	49	55.102	15.132		

表 4-46 表明，父亲重视学习程度不同，中学生的计划缺乏、状态不佳、行为迟滞、执行不足及学习拖延上也存在非常显著的差异，具体表现为父亲对学习重视的中学生的学习拖延各方面均显著少于父亲对学习不重视的中学生。

六、母亲重视学习程度不同的中学生的学习拖延差异分析

以计划缺乏、状态不佳、执行不足、执行不足及学习拖延总分为因变量，对母亲重视学习程度不同的中学生学习拖延进行独立样本 t 检验，结果如表4-47 所示。

表 4-47　母亲重视学习程度不同的中学生学习拖延差异（M±SD）

因变量	母亲对学习的重视程度	n	平均值	标准偏差	t	p
计划缺乏	重视	354	13.528	4.556	-3.575***	0.000
	不重视	37	16.378	5.144		
状态不佳	重视	354	10.910	3.581	-3.076**	0.002
	不重视	37	12.811	3.534		
行为迟滞	重视	354	12.627	4.639	-3.685***	0.000
	不重视	37	15.595	4.867		
执行不足	重视	354	7.432	3.023	-2.818**	0.005
	不重视	37	8.919	3.336		
学习拖延总分	重视	354	44.497	14.232	-3.720***	0.000
	不重视	37	53.703	15.173		

表 4-47 表明，母亲重视学习程度不同，中学生在学习拖延各个方面和总分上均存在显著差异，具体表现为母亲重视学习的中学生的学习拖延各方面均显著少于母亲不重视学习的中学生的学习拖延，说明母亲对中学生学习的重视程度对中学生的学习拖延影响较大。

七、父亲文化程度不同的中学生的学习拖延差异分析

为了深入分析父亲文化程度对中学生学习拖延的影响，以中学生的父亲文化程度为自变量，分别以中学生的计划缺乏、状态不佳、行为迟滞、执行不足和学习拖延总分为因变量进行方差检验。

（一）父亲文化程度不同的中学生学习拖延总体上的具体变化趋势

首先以学习拖延总分为因变量，以父亲文化程度为自变量进行描述统计和单因素方差分析，结果见表4-48 所示。

表 4-48　父亲文化程度不同的中学生学习拖延总分的单因素方差分析

因变量	父亲文化程度	n	平均值	标准偏差	最小值	最大值
学习拖延总分	未上过学	17	53.65	14.92	34.00	81.00
	小学	87	44.94	13.75	17.00	73.00
	初中	178	44.84	14.30	17.00	80.00
	高中	71	45.37	15.52	18.00	79.00
	大专以上	38	45.13	15.20	18.00	67.00
F			1.462			
p			0.213			

表 4-48 的分析结果表明，父亲文化程度不同，中学生在学习拖延总分上不存在显著的差异，即父亲文化程度对中学生的学习拖延影响较小。以父亲文化程度不同的中学生的学习拖延总分平均值为纵轴，以父亲文化程度为横轴绘制平均值图，以观测父亲文化程度不同的中学生学习拖延总分的变化趋势，具体情况如图 4-26 所示。

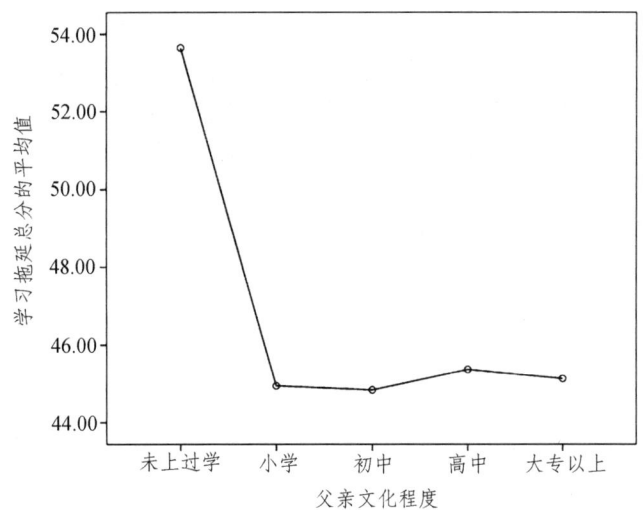

图 4-26　父亲文化程度不同的中学生学习拖延平均值变化趋势图

由图 4-26 所示，父亲文化程度不同的中学生的学习拖延虽然不存在显著差异，但是变化趋势却表现为父亲文化程度为"未上过学"的中学生的学习拖延情况最多，而父亲文化程度为"小学""初中""高中""大专以上"的中学生的学习拖延情况均相对要少得多，且相互间差别不大。

（二）父亲文化程度不同的中学生学习拖延中计划缺乏上的具体变化趋势

以学习拖延中的计划缺乏为因变量，以父亲文化程度为自变量进行描述统计和单因素方差分析，结果见表 4-49 所示。

表 4-49 父亲文化程度不同的中学生计划缺乏的单因素方差分析

因变量	父亲文化程度	n	平均值	标准偏差	最小值	最大值
计划缺乏	未上过学	17	16.41	4.91	10.00	25.00
	小学	87	13.66	4.60	5.00	24.00
	初中	178	13.58	4.53	5.00	25.00
	高中	71	13.69	4.97	5.00	24.00
	大专以上	38	14.16	4.82	5.00	21.00
F			1.510			
p			0.198			

表 4-49 的分析结果表明，父亲文化程度不同的中学生在学习拖延的计划缺乏方面不存在显著的差异，即父亲文化程度对中学生的计划缺乏影响较小。以父亲文化程度不同的中学生的计划缺乏平均值为纵轴，以父亲文化程度为横轴绘制平均值图，以观测父亲文化程度不同的中学生计划缺乏的变化趋势，具体变化趋势如图 4-27 所示。

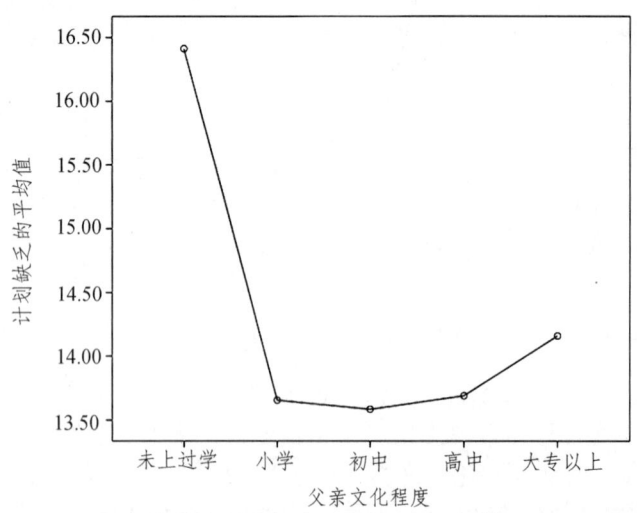

图 4-27 父亲文化程度不同的中学生计划缺乏平均值变化趋势图

由图 4-27 所示，中学生的计划缺乏虽然不因父亲文化程度的不同而存在显著差异，但是也没有具体一致的变化趋势，具体表现为父亲文化程度为"未上过学"的中学生的计划缺乏仍然是最严重的，这些中学生的计划缺乏相对于父亲文化程度为其他几项的中学生的计划缺乏要多许多；而父亲文化程度为其他几项的中学生的计划缺乏情况相对要少得多，并且差异不大。

（三）父亲文化程度不同的中学生学习拖延中状态不佳方面的具体变化趋势

以学习拖延中的状态不佳为因变量，以父亲文化程度为自变量进行描述统计和单因素方差分析，结果见表 4-50 所示。

表 4-50　父亲文化程度不同的中学生状态不佳的单因素方差分析

因变量	父亲文化程度	n	平均值	标准偏差	最小值	最大值
状态不佳	未上过学	17	13.06	3.05	8.00	19.00
	小学	87	11.07	3.49	4.00	20.00
	初中	178	10.99	3.62	4.00	19.00
	高中	71	11.04	3.77	5.00	19.00
	大专以上	38	10.79	3.73	4.00	17.00
F			1.366			
p			0.245			

表 4-50 的分析结果表明，父亲文化程度不同的中学生在状态不佳上不存在显著的差异。以父亲文化程度不同的中学生的状态不佳平均值为纵轴，父亲文化程度为横轴绘制平均值图，以观测父亲文化程度不同的中学生状态不佳的变化趋势，如图 4-28 所示。

由图 4-28 所示，中学生的状态不佳不因父亲文化程度的差异而存在显著差异，父亲文化程度为"未上过学"的中学生的状态不佳情况仍然是最多的，而父亲文化程度为"小学""初中""高中"和"大专以上"的中学生的状态不佳相对要少很多，并且彼此差别不大。

（四）父亲文化程度不同的中学生学习拖延中行为迟滞方面的具体变化趋势

以学习拖延中的行为迟滞为因变量，以父亲文化程度为自变量进行描述统计和单因素方差分析，结果见表 4-51 所示。

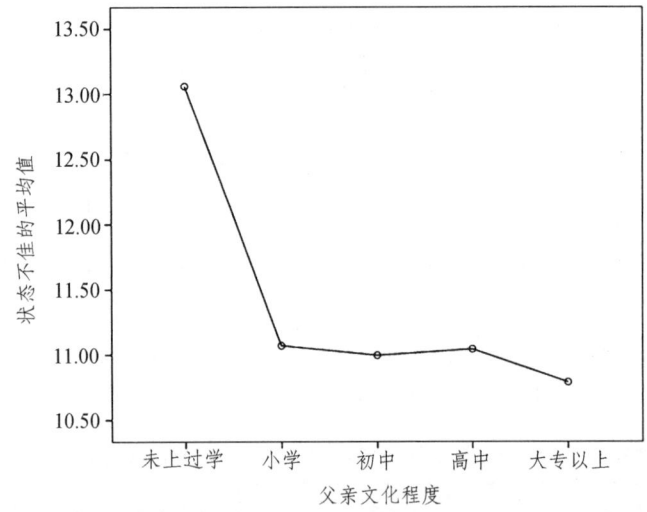

图 4-28　父亲文化程度不同的中学生状态不佳平均值变化趋势图

表 4-51　父亲文化程度不同的中学生行为迟滞的单因素方差分析

因变量	父亲文化程度	n	平均值	标准偏差	最小值	最大值
行为迟滞	未上过学	17	15.41	5.20	9.00	25.00
	小学	87	12.48	4.57	5.00	25.00
	初中	178	12.88	4.66	5.00	25.00
	高中	71	13.00	4.99	5.00	24.00
	大专以上	38	12.74	4.66	5.00	20.00
F				1.390		
p				0.237		

表 4-51 的分析结果表明，父亲文化程度不同的中学生在行为迟滞上不存在显著的差异，父亲文化程度对中学生的行为迟滞影响不大。以父亲文化程度不同的中学生的行为迟滞平均值为纵轴，以父亲文化程度为横轴绘制平均值图，以观测父亲文化程度不同的中学生行为迟滞的变化趋势，如图 4-29 所示。

由图 4-29 所示，中学生行为迟滞虽然不因父亲文化程度不同而存在显著差异，但是父亲文化程度为"小学"的中学生的行为迟滞情况是最少的，父亲文化程度为"未上过学"的中学生的行为迟滞是最多的，且相对其他中学生要多得多，而父亲文化程度为"大专以上""初中"和"高中"的中学生的行为迟滞差别比较小。

第四章　中学生学习拖延现状及与班级环境的关系

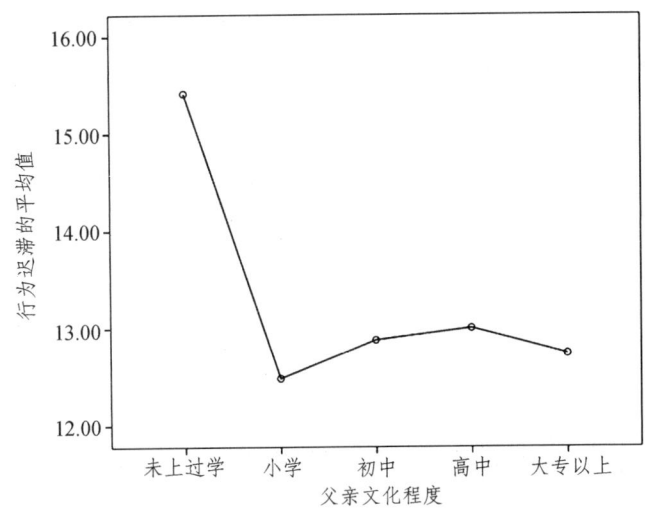

图 4-29　父亲文化程度不同的中学生行为迟滞平均值变化趋势图

（五）父亲文化程度不同的中学生学习拖延中执行不足方面的具体变化趋势

以学习拖延中的执行不足为因变量，以父亲文化程度为自变量进行描述统计和单因素方差分析，结果见表 4-52 所示。

表 4-52　父亲文化程度不同的中学生执行不足的单因素方差分析

因变量	父亲文化程度	n	平均值	标准偏差	最小值	最大值
执行不足	未上过学	17	8.76	3.27	5.00	15.00
	小学	87	7.74	2.98	3.00	15.00
	初中	178	7.38	3.02	3.00	15.00
	高中	71	7.63	3.30	3.00	15.00
	大专以上	38	7.45	3.13	3.00	13.00
F				0.889		
p				0.470		

表 4-52 的分析结果表明，父亲文化程度不同的中学生在执行不足上也不存在显著的差异，父亲文化程度对中学生的执行不足的影响不大。以父亲文化程度不同的中学生的执行不足平均值为纵轴，以父亲文化程度为横轴绘制平均值图，以观测父亲文化程度不同的中学生执行不足的变化趋势，如图 4-30 所示。

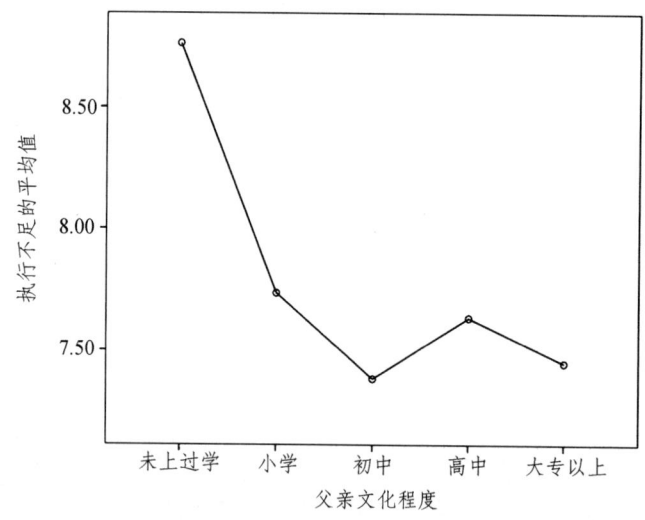

图 4-30　父亲文化程度不同的中学生执行不足平均值变化趋势图

由图 4-30 所示，中学生执行不足虽然不因父亲文化程度的不同而存在显著差异，但是变化趋势却与学习拖延其他几个方面存在一定差异，父亲文化程度为"初中"和"大专以上"的中学生的执行不足情况是最少的，父亲文化程度为"未上过学"的中学生的执行不足是最多的。

八、母亲文化程度不同的中学生的学习拖延差异分析

为了深入分析母亲文化程度对中学生学习拖延的影响情况，以母亲文化程度为自变量，分别对学习拖延总分、计划缺乏、状态不佳、行为迟滞及执行不足进行差异检验。

（一）母亲文化程度不同的中学生学习拖延总分的具体变化趋势

首先以学习拖延总分为因变量，以母亲文化程度为自变量进行描述统计和单因素方差分析，结果见表 4-53 所示。

表 4-53 的分析结果表明，母亲文化程度不同的中学生在学习拖延总分上不存在显著的差异，母亲文化程度对中学生的学习拖延影响不大。以母亲文化程度不同的中学生的学习拖延平均值为纵轴，以母亲文化程度为横轴绘制平均值图，以观测不同母亲文化程度中学生学习拖延总分的变化趋势，如图 4-31 所示。

表 4-53　母亲文化程度不同的中学生学习拖延的单因素方差分析

因变量	母亲文化程度	n	平均值	标准偏差	最小值	最大值
学习拖延总分	未上过学	97	44.37	13.93	18.00	81.00
	小学	124	44.45	13.84	17.00	80.00
	初中	103	47.48	15.52	17.00	79.00
	高中	41	44.12	17.11	17.00	75.00
	大专以上	26	47.08	11.62	19.00	66.00
F			0.941			
p			0.440			

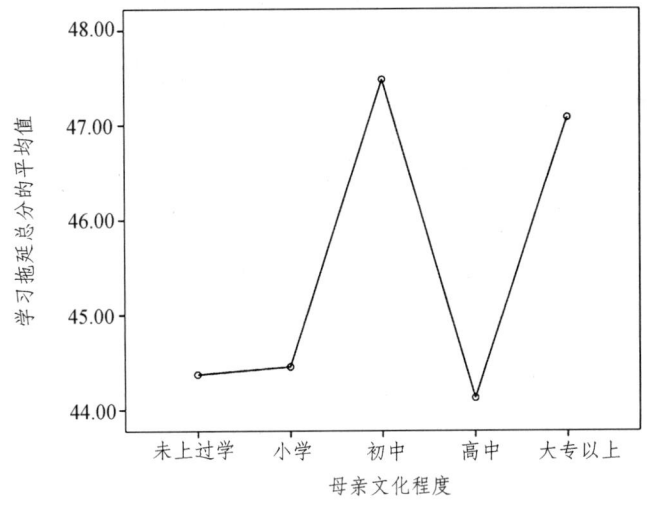

图 4-31　母亲文化程度不同的中学生学习拖延总分平均值变化趋势图

由图 4-31 所示，中学生的学习拖延总体不因母亲文化程度不同而存在显著差异，并且没有具体的变化趋势，而且具体的表现情况也与父亲文化程度不同的中学生的学习拖延差异情况不一致。具体来看，母亲文化程度为"高中"的中学生的学习拖延是最低的，而母亲文化程度为"初中"和"大专以上"的中学生的学习拖延总体是最高的，母亲文化程度为"未上过学"和"小学"的中学生的学习拖延也相对较低。

（二）母亲文化程度不同的中学生学习拖延中计划缺乏方面的具体变化趋势

以学习拖延中的计划缺乏为因变量，以母亲文化程度为自变量，进行描述统计和单因素方差分析，结果见表 4-54 所示。

表 4-54 母亲文化程度不同的中学生计划缺乏的单因素方差分析

因变量	母亲文化程度	n	平均值	标准偏差	最小值	最大值
计划缺乏	未上过学	97	13.72	4.59	5.00	25.00
	小学	124	13.41	4.51	5.00	24.00
	初中	103	14.24	4.77	5.00	24.00
	高中	41	13.54	5.41	5.00	24.00
	大专以上	26	14.58	4.37	5.00	21.00
F			0.659			
p			0.620			

表 4-54 的分析结果表明，母亲文化程度不同的中学生在学习拖延的计划缺乏方面不存在显著的差异，母亲文化程度不同的中学生计划缺乏的表现特点变化不大，即母亲文化程度不同对中学生学习拖延的计划缺乏方面的影响较小。以母亲文化程度不同的中学生的学习拖延平均值为纵轴，以母亲文化程度为横轴绘制平均值图，以观测母亲文化程度不同的中学生计划缺乏的变化趋势，如图 4-32 所示。

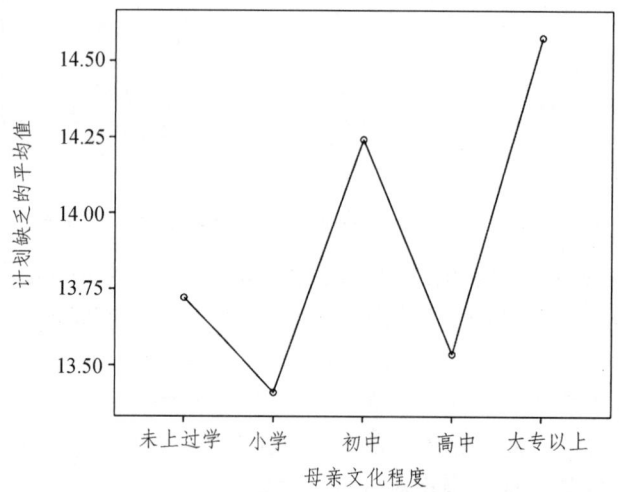

图 4-32 母亲文化程度不同的中学生计划缺乏平均值变化趋势图

由图 4-32 所示，中学生学习拖延的计划缺乏不因母亲文化程度不同而存在显著差异，而且没有具体的变化趋势。母亲文化程度为"小学"和"高中"的中学生的计划缺乏程度最低，而母亲文化程度为"大专以上"的中学生计划缺乏是最高的,母亲文化程度为"初中"的中学生的计划缺乏也相对要高。

(三)母亲文化程度不同的中学生学习拖延中状态不佳方面的具体变化趋势

以学习拖延中的状态不佳为因变量,以母亲文化程度为自变量进行描述统计和单因素方差分析,结果见表 4-55 所示。

表 4-55　母亲文化程度不同的中学生状态不佳的单因素方差分析

因变量	母亲文化程度	n	平均值	标准偏差	最小值	最大值
状态不佳	未上过学	97	10.87	3.33	4.00	19.00
	小学	124	10.95	3.44	4.00	19.00
	初中	103	11.61	3.99	4.00	20.00
	高中	41	10.61	4.23	4.00	19.00
	大专以上	26	11.27	2.72	4.00	16.00
F	0.870					
p	0.482					

表 4-55 的分析结果表明,母亲文化程度不同的中学生在学习拖延的状态不佳方面不存在显著的差异,母亲文化程度对中学生的状态不佳影响较小。以母亲文化程度不同的中学生的状态不佳平均值为纵轴,以母亲文化程度为横轴绘制平均值图,以观测母亲文化程度不同的中学生状态不佳的变化趋势,如图 4-33 所示。

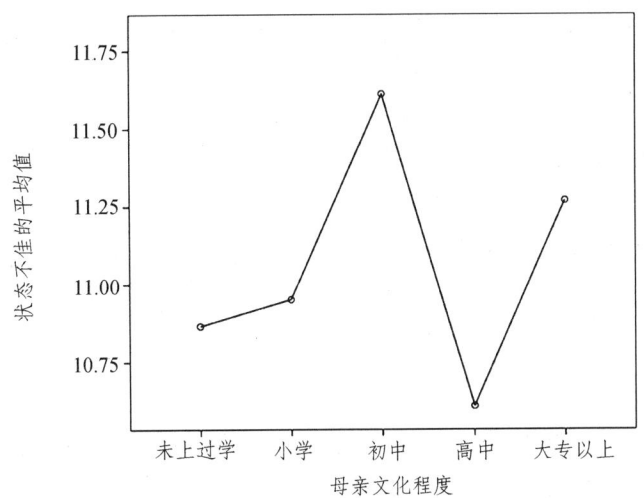

图 4-33　母亲文化程度不同的中学生状态不佳的平均值变化趋势图

由图 4-33 所示，母亲文化程度不同的中学生的状态不佳没有一定的变化规律，而且与计划缺乏及学习拖延总体的变化情况也不一样。具体来看，母亲文化程度为"高中"的中学生的状态不佳是最少的，而母亲文化程度为"初中"的中学生的状态不佳是最多的，母亲文化程度为"大专以上"的中学生的状态不佳也相对较多。

（四）母亲文化程度不同的中学生学习拖延中行为迟滞方面的具体变化趋势

以学习拖延中的行为迟滞为因变量，以母亲文化程度为自变量进行描述统计和单因素方差分析，结果见表 4-56 所示。

表 4-56　母亲文化程度不同的中学生行为迟滞的单因素方差分析

因变量	母亲文化程度	n	平均值	标准偏差	最小值	最大值
行为迟滞	未上过学	97	12.58	4.63	5.00	25.00
	小学	124	12.55	4.52	5.00	25.00
	初中	103	13.68	5.01	5.00	24.00
	高中	41	12.56	5.32	5.00	23.00
	大专以上	26	13.35	3.87	6.00	19.00
F	1.093					
p	0.360					

表 4-56 的分析结果表明，母亲文化程度不同的中学生在行为迟滞上不存在显著的差异，即母亲的文化程度对中学生在学习上的行为迟滞影响较小。以母亲文化程度不同的中学生行为迟滞平均值为纵轴，以母亲文化程度为横轴绘制平均值图，以观测母亲文化程度不同的中学生行为迟滞的变化趋势，如图 4-34 所示。

由图 4-34 所示，中学生学习拖延上的行为迟滞不仅不因母亲文化程度不同而存在显著差异，而且没有一定的变化规律，具体表现为母亲文化程度为"初中"和"大专以上"的中学生行为迟滞较多，而母亲文化程度为"小学"的中学生的行为迟滞情况最少。

（五）母亲文化程度不同的中学生学习拖延中执行不足方面的具体变化趋势

以学习拖延中的执行不足为因变量，以母亲文化程度为自变量进行描述统计和单因素方差分析，结果见表 4-57 所示。

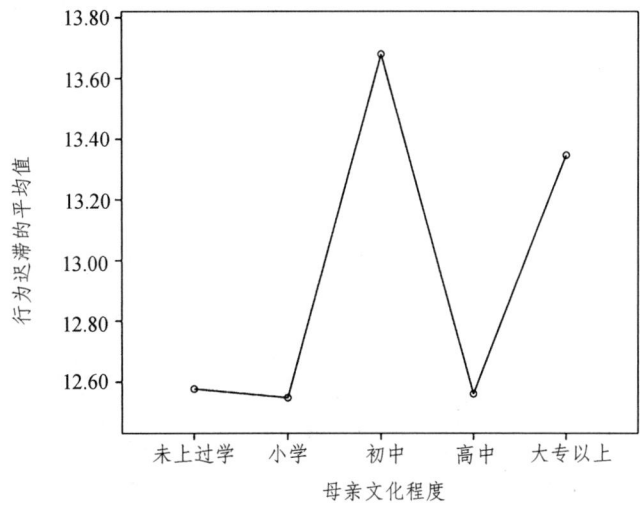

图 4-34 母亲文化程度不同的中学生行为迟滞平均值变化趋势图

表 4-47 母亲文化程度不同的中学生执行不足的单因素方差分析

因变量	母亲文化程度	n	平均值	标准偏差	最小值	最大值
执行不足	未上过学	97	7.21	2.96	3.00	15.00
	小学	124	7.54	3.13	3.00	15.00
	初中	103	7.94	3.17	3.00	15.00
	高中	41	7.41	3.33	3.00	14.00
	大专以上	26	7.88	2.49	3.00	12.00
F	0.808						
p	0.521						

表 4-57 的分析结果表明，母亲文化程度不同的中学生在执行不足上不存在显著的差异，即母亲的文化程度对中学生在学习上的执行不足影响较小。以母亲文化程度不同的中学生的执行不足平均值为纵轴，以母亲文化程度为横轴绘制平均值图，以观测母亲文化程度不同的中学生执行不足的变化趋势，如图 4-35 所示。

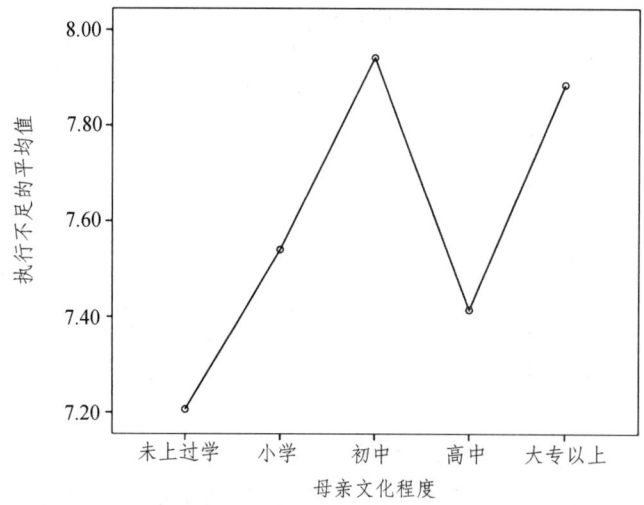

图 4-35　母亲文化程度不同的中学生的执行不足平均值变化趋势图

由图 4-35 所示，中学生学习拖延上的执行不足不仅不因母亲文化程度的不同而存在显著差异，而且没有一定的变化规律，具体表现为母亲文化程度为"未上过学"的中学生在执行不足上最少，而母亲文化程度为"初中"和"大专以上"的中学生的执行不足情况最多。

九、留守情况不同的中学生的学习拖延差异分析

为了深入分析留守情况对中学生学习拖延的影响，本研究首先分析留守中学生和非留守中学生在学习拖延总分及各方面的差异情况；然后以留守中学生为统计分析对象，以留守中学生的留守类型为自变量，再分别以留守中学生的计划缺乏、状态不佳、行为迟滞、执行不足和学习拖延总分为因变量进行方差检验。

（一）留守中学生与非留守中学生在学习拖延方面的差异分析

以计划缺乏、状态不佳、行为迟滞、执行不足和学习拖延总分为因变量，对留守中学生和非留守中学生进行独立样本 t 检验，结果如表 4-58 所示。

表 4-58 表明，留守和非留守中学生在计划缺乏、状态不佳、行为迟滞、执行不足和学习拖延总分上均不存在显著差异，留守家庭因素并没有对中学生的学习拖延产生较大的影响。

表 4-58　中学生学习拖延的是否留守差异（M±SD）

维度	是否留守	n	平均值	标准偏差	t	p
计划缺乏	非留守	47	13.70	4.91	-0.149	0.881
	留守	344	13.81	4.66		
状态不佳	非留守	47	11.30	3.32	0.421	0.674
	留守	344	11.06	3.66		
行为迟滞	非留守	47	12.81	4.48	-0.153	0.878
	留守	344	12.92	4.78		
执行不足	非留守	47	7.87	3.08	0.71	0.478
	留守	344	7.53	3.08		
学习拖延总分	非留守	47	45.68	14.29	0.157	0.876
	留守	344	45.33	14.61		

（二）留守类型不同的中学生在学习拖延上的差异分析

为了深入了解留守类型情况对留守中学生学习拖延产生的具体影响，本研究分别分析不同留守类型对留守中学生在学习拖延各个方面的具体差异。

1. 留守类型不同的中学生在学习拖延总分的具体变化趋势

首先以留守中学生的学习拖延总体为因变量，以留守类型为自变量，进行描述统计和单因素方差分析，结果见表 4-59 所示。

表 4-59　留守类型不同的中学生学习拖延的单因素方差分析

因变量	留守类型	n	平均值	标准偏差	最小值	最大值
学习拖延总分	父母亲均外出	235	44.95	14.59	17.00	81.00
	父亲外出	94	45.34	14.93	17.00	75.00
	母亲外出	15	51.07	12.48	32.00	73.00
F	1.236					
p	0.292					

表 4-59 表明，留守类型不同的中学生在学习拖延总体上不存在显著的差异，对于留守中学生来说，留守类型对其学习拖延的影响较小。以留守类型不同中学生的学习拖延总分平均值为纵轴，以留守类型为横轴绘制平均值图，以观测留守类型不同的中学生的学习拖延的变化趋势，如图 4-36 所示。

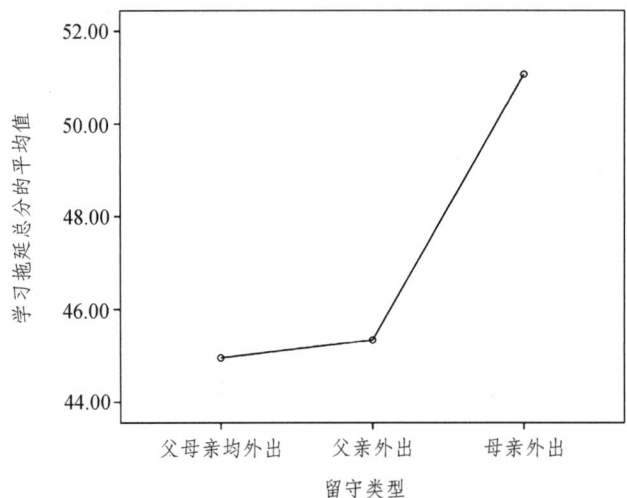

图 4-36　留守类型不同的中学生学习拖延平均值变化趋势图

由图 4-36 所示，留守中学生的学习拖延虽然在不同留守类型上不存在显著差异，但母亲外出的中学生的学习拖延相对于父亲外出和父母亲均外出的中学生的学习拖延来说还是要多一些。

2. 留守类型不同的中学生在学习拖延中计划缺乏方面的具体变化趋势

以留守中学生学习拖延中的计划缺乏为因变量，以留守类型为自变量进行描述统计和单因素方差分析，结果见表 4-60 所示。

表 4-60　留守类型不同的中学生计划缺乏的单因素方差分析

因变量	留守类型	n	平均值	标准偏差	最小值	最大值
计划缺乏	父母亲均外出	235	13.77	4.54	5.00	25.00
	父亲外出	94	13.61	5.01	5.00	24.00
	母亲外出	15	15.73	3.95	9.00	24.00
F			1.380			
p			0.253			

表 4-60 表明，留守类型不同的中学生在学习拖延的计划缺乏方面不存在显著的差异，留守类型不同的中学生在计划缺乏方面表现出的特点变化不大，即留守类型对中学生的计划缺乏影响较小。以留守中学生的计划缺乏平均值为纵轴，以留守类型为横轴绘制平均值图，以观测不同留守类型中学生计划缺乏的变化趋势，如图 4-37 所示。

第四章 中学生学习拖延现状及与班级环境的关系

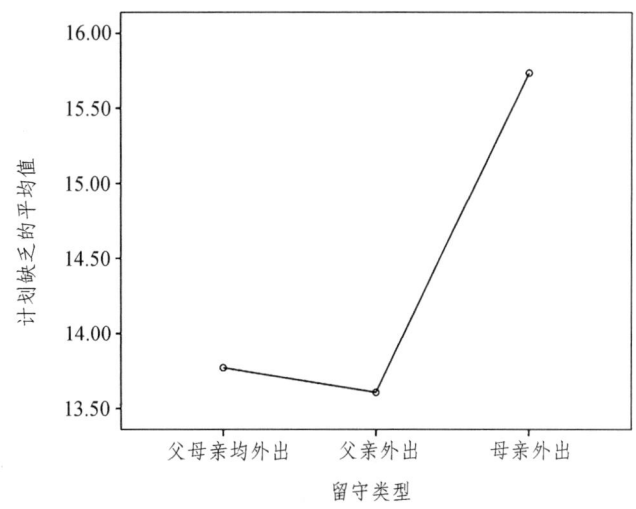

图 4-37 留守类型不同的中学生计划缺乏的平均值变化趋势图

由图 4-37 所示，留守中学生的计划缺乏虽然在不同的留守类型上不存在显著差异，但是留守类型不同的中学生在计划缺乏上还是存在一定的差异，母亲外出的中学生计划缺乏相对是最多的，父亲外出的中学生的计划缺乏是最少的，而父母均外出的中学生的计划缺乏相对也较少。

3. 留守类型不同的中学生学习拖延中状态不佳方面的具体变化趋势

以留守中学生学习拖延中的状态不佳为因变量，以留守类型为自变量进行描述统计和单因素方差分析，结果见表 4-61 所示。

表 4-61 留守类型不同的中学生状态不佳的单因素方差分析

因变量	留守类型	n	平均值	标准偏差	最小值	最大值
状态不佳	父母亲均外出	235	10.94	3.69	4.00	19.00
	父亲外出	94	11.12	3.70	4.00	20.00
	母亲外出	15	12.53	2.72	7.00	17.00
F	1.348					
p	0.261					

表 4-61 表明，留守类型不同的中学生在学习拖延的状态不佳方面不存在显著的差异，留守类型对中学生的状态不佳影响较小。以留守中学生的状态不佳平均值为纵轴、留守类型为横轴绘制平均值图，以观测不同留守类型中学生状态不佳的变化趋势，如图 4-38 所示。

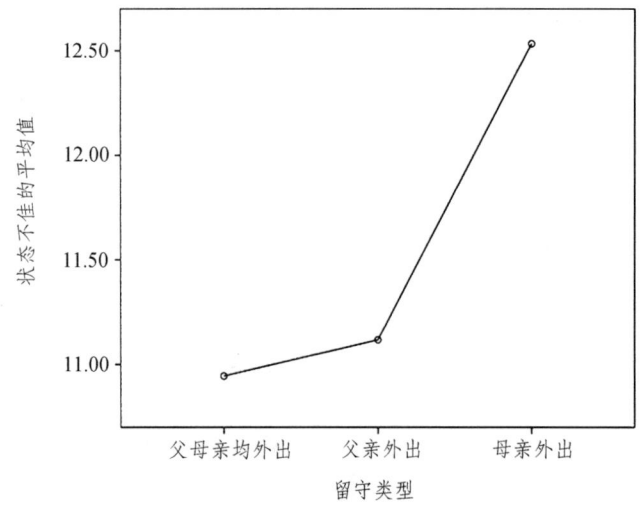

图 4-38 留守类型不同的中学生状态不佳平均值变化趋势图

由图 4-38 所示，留守中学生的状态不佳方面，父母亲均外出的中学生的状态不佳是最少的，母亲外出的中学生的状态不佳情况相对较多。

4. 留守类型不同的中学生学习拖延中行为迟滞方面的具体变化趋势

以留守中学生学习拖延中的行为迟滞为因变量、留守类型为自变量进行描述统计和单因素方差分析，结果见表 4-62 所示。

表 4-62 留守类型不同的中学生行为迟滞的单因素方差分析

因变量	留守类型	n	平均值	标准偏差	最小值	最大值
行为迟滞	父母亲均外出	235	12.78	4.85	5.00	25.00
	父亲外出	94	12.97	4.65	5.00	23.00
	母亲外出	15	14.80	4.20	7.00	22.00
F	1.266					
p	0.283					

表 4-62 表明，留守类型不同的中学生在学习拖延的行为迟滞方面不存在显著的差异，即留守类型对中学生的行为迟滞影响较小。以留守中学生的行为迟滞平均值为纵轴、留守类型为横轴绘制平均值图，以观测留守类型不同的中学生行为迟滞的变化趋势，如图 4-39 所示。

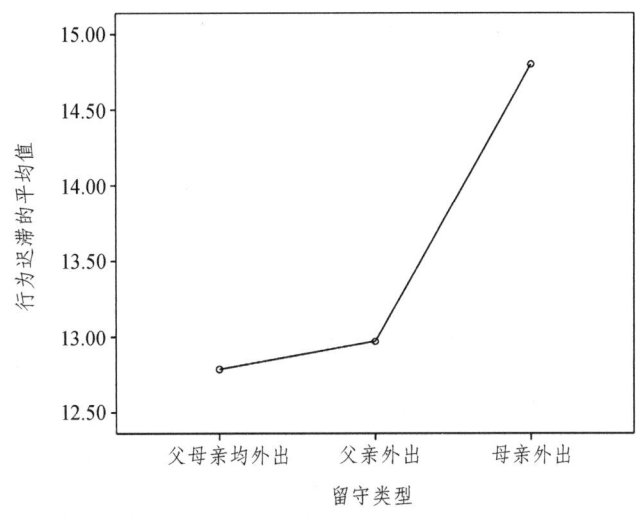

图 4-39　留守类型不同的中学生行为迟滞平均值变化趋势图

由图 4-39 所示，留守类型不同的中学生在行为迟滞上的变化趋势与学习拖延其他几个方面的变化趋势是一致的。父母亲均外出的中学生的行为迟滞情况是最少的，其次为父亲外出的中学生，母亲外出的中学生的行为迟滞仍然是最严重的。

5. 留守类型不同的中学生学习拖延中执行不足方面的具体变化趋势

以留守中学生学习拖延中的执行不足为因变量，以留守类型为自变量进行描述统计和单因素方差分析，结果见表 4-63 所示。

表 4-63　留守类型不同的中学生执行不足的单因素方差分析

因变量	留守类型	n	平均值	标准偏差	最小值	最大值
执行不足	父母亲均外出	235	7.46	3.00	3.00	15.00
	父亲外出	94	7.65	3.24	3.00	15.00
	母亲外出	15	8.00	3.51	3.00	15.00
F	0.312					
p	0.732					

表 4-63 表明，留守类型不同的中学生在学习拖延的执行不足方面不存在显著的差异，即留守类型对中学生的执行不足影响较小。以留守中学生的执行不足平均值为纵轴，以留守类型为横轴绘制平均值图，以观测留守类型不

同的留守中学生执行不足的变化趋势，如图4-40所示。

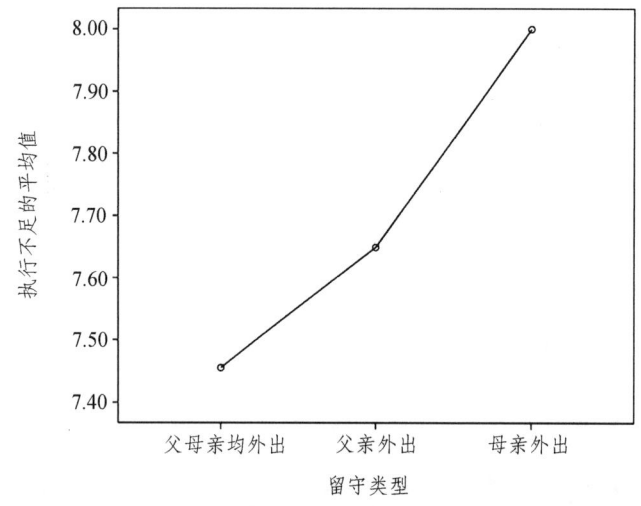

图4-40 留守类型不同的中学生执行不足平均值变化趋势图

由图4-40所示，留守类型不同的中学生在执行不足方面的变化趋势与学习拖延其他几个方面一致，父母亲均外出的中学生的执行不足情况是最少的，父亲外出的中学生的执行不足也相对较少，母亲外出的中学生的执行不足仍然是最多的。

第四节 班级环境对中学生学习拖延的影响分析

一、不同班级环境中的中学生学习拖延差异

为了深入了解不同班级环境中中学生学习拖延的具体差异，将聚类分析得到的班级环境分类作为自变量，分别以学习拖延总体、计划缺乏、状态不佳、行为迟滞和执行不足为因变量进行方差检验。

（一）不同班级环境中中学生学习拖延总体上的具体变化趋势

为了探讨不同班级环境中中学生学习拖延总体上的差异，以班级环境为自变量、学习拖延总体为因变量进行单因素方差分析，结果如表4-64所示。

表 4-64　不同班级环境中中学生的学习拖延差异

因变量	班级环境	n	平均值	标准偏差	最小值	最大值
学习拖延总分	团结奋进型	127	40.20	15.11	17.00	79.00
	一般型	176	46.07	12.70	17.00	74.00
	自由散漫型	88	51.43	14.75	17.00	81.00
F		17.169***				
p		0.000				

表 4-64 表明，中学生的学习拖延在不同班级环境中存在极其显著的差异，以不同班级环境中中学生的学习拖延总分平均值为纵轴，以班级环境为横轴绘制平均值图，以观测不同班级环境中中学生学习拖延的变化情况，具体的变化趋势如图 4-41 所示。

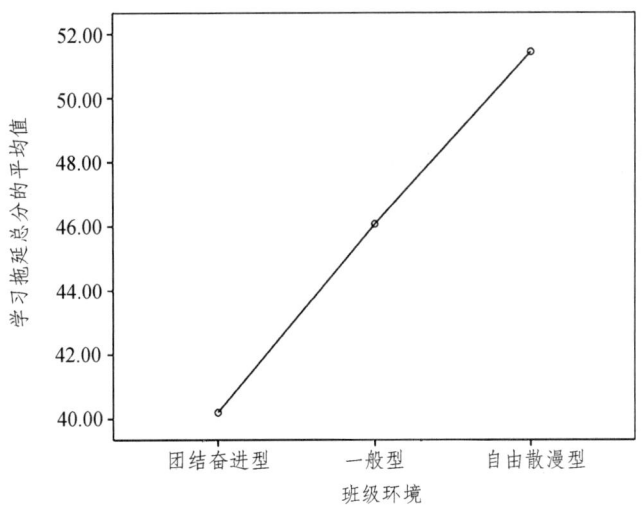

图 4-41　不同班级环境中中学生的学习拖延趋势图

由图 4-41 可见，总的来说，自由散漫型班级环境中的中学生学习拖延最多，其次是一般型的中学生，团结奋进型班级环境中学生的学习拖延的情况相对较少。班级环境越好越积极，中学生的学习拖延越少；而班级环境越自由散漫，中学生的学习拖延越多。为了具体了解不同班级环境中中学生在学习拖延方面的具体差异情况，本研究对不同班级环境中学生的学习拖延总分进行事后多重检验，具体分析结果如下 4-65 所示。

表 4-65　不同班级环境中中学生学习拖延的两两事后比较分析

因变量	（I）班级环境	（J）班级环境	均值差（I-J）	标准误差	显著性
学习拖延总分	一般型	团结奋进型	5.87	1.629	0.000
		自由散漫型	-5.36	1.826	0.004
	团结奋进型	自由散漫型	-11.23	1.940	0.000

表 4-65 中多重事后检验表明，在执行不足方面，不同班级环境中的中学生两两之间均存在非常显著的差异，且表现为团结奋进型班级环境中中学生学习拖延显著少于班级环境一般和自由散漫型班级中中学生的学习拖延，同时班级环境一般的中学生的学习拖延也显著少于自由散漫型班级环境中的中学生的学习拖延。

（二）不同班级环境中中学生学习拖延中计划缺乏上的具体变化趋势

为了探讨不同班级环境中中学生学习拖延中的计划缺乏方面的差异，以班级环境为自变量、学习拖延中的计划缺乏为因变量进行单因素方差分析，结果如表 4-66 所示。

表 4-66　不同班级环境中中学生学习拖延的计划缺乏差异

因变量	班级环境	n	平均值	标准偏差	最小值	最大值
计划缺乏	团结奋进型	127	12.17	4.65	5	24
	一般型	176	13.95	4.12	5	23
	自由散漫型	88	15.84	4.97	5	25
F			17.469***			
p			0.000			

表 4-66 表明，中学生的计划缺乏因班级环境的不同存在极其显著的差异，以不同班级环境中中学生的计划缺乏平均值为纵轴，以班级环境类型为横轴绘制平均值图，以观测不同班级环境中中学生计划缺乏的变化情况，具体情况如图 4-42 所示。

图 4-42 可见，总的来说，自由散漫型班级环境中的中学生计划缺乏最多，其次是一般型班级环境中的中学生，团结奋进型班级环境中中学生的计划缺乏的情况相对较少。班级环境越好越积极，中学生的计划缺乏较少；班级环

境越自由散漫，中学生的计划缺乏越多。为了具体了解不同班级环境中中学生在计划缺乏方面的具体差异情况，本研究对不同班级环境中中学生的计划缺乏进行事后多重检验，具体分析结果如下表 4-67。

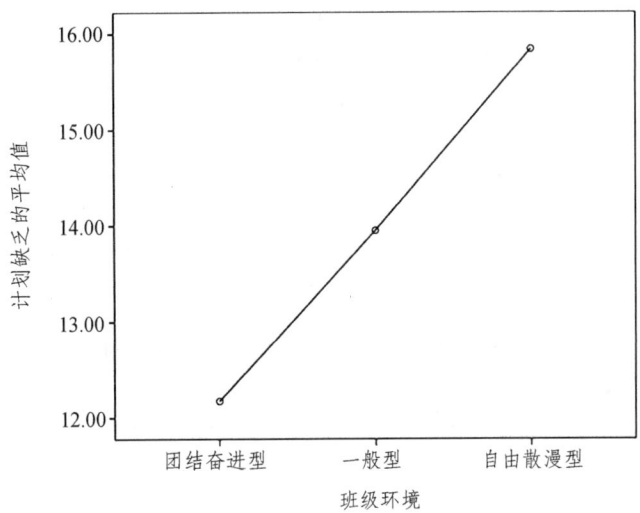

图 4-42　不同班级环境中中学生计划缺乏平均值变化趋势图

表 4-67　不同班级环境中中学生计划缺乏的两两事后比较分析

因变量	（I）班级环境	（J）班级环境	均值差（I-J）	标准误差	显著性
计划缺乏	一般型	团结奋进型	1.77	0.524	0.001
		自由散漫型	-1.89	0.587	0.001
	团结奋进型	自由散漫型	-3.66	0.624	0.000

表 4-67 中多重事后检验表明，在计划缺乏上，不同班级环境类型中的中学生两两之间均存在非常显著的差异，且表现为团结奋进型班级环境中中学生计划缺乏程度显著低于班级环境一般和自由散漫型的中学生，同时班级环境为一般的中学生的计划缺乏程度也显著低于班级环境为自由散漫型的中学生。

（三）不同班级环境中中学生学习拖延中状态不佳方面的具体变化趋势

为了探讨不同班级环境中中学生学习拖延中状态不佳方面的差异，本研究以不同班级环境为自变量，以状态不佳为因变量进行描述统计和单因素方差分析，结果如表 4-68 所示。

表 4-68　不同班级环境中中学生状态不佳的差异

因变量	班级环境	n	平均值	标准偏差	最小值	最大值
状态不佳	团结奋进型	127	9.89	3.61	4.00	19.00
	一般型	176	11.31	3.34	4.00	20.00
	自由散漫型	88	12.39	3.65	4.00	19.00
F	13.825***					
p	0.000					

表 4-68 表明,中学生的状态不佳因班级环境的不同存在极其显著的差异,班级环境对中学生状态不佳的影响非常大,不同班级环境中的中学生状态不佳的差异较大。以不同班级环境的状态不佳平均值为纵轴,以班级环境为横轴绘制平均值图,以观测不同班级环境中中学生状态不佳的变化情况,具体的变化趋势如图 4-43 所示。

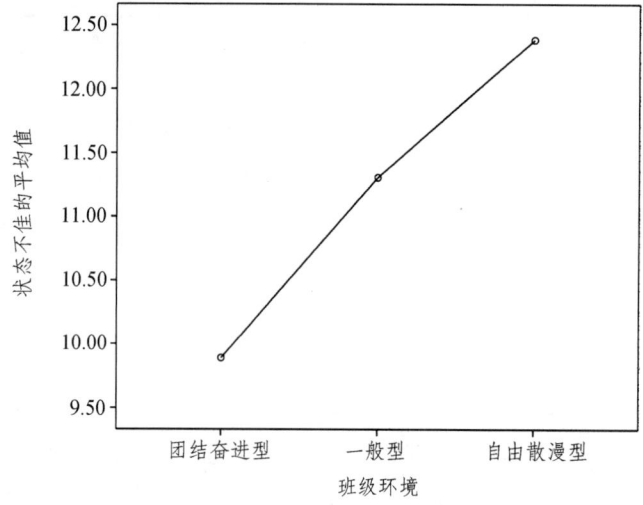

图 4-43　不同班级环境中学生状态不佳平均值变化趋势图

由图 4-43 可见,状态不佳的变化与不同班级环境中中学生的学习拖延总分的变化是一致的,即团结奋进型班级环境中的中学生状态不佳的情况是最少的,其次是一般型班级环境中的中学生,而自由散漫型班级环境中的中学生状态不佳最多。班级环境越好越积极,中学生的状态不佳就越少;而班级环境越自由散漫,中学生的状态不佳越多。为了具体了解不同班级环境中中学生在状态不佳方面的具体差异情况,对不同班级环境中中学生的状态不佳进行事后多重比较,具体分析结果如表 4-69 所示。

表 4-69　不同班级环境中中学生状态不佳的两两事后比较分析

因变量	（I）班级环境	（J）班级环境	均值差（I-J）	标准误差	显著性
状态不佳	一般型	团结奋进型	1.41	0.408	0.001
	一般型	自由散漫型	-1.07	0.457	0.019
	团结奋进型	自由散漫型	-2.49	0.486	0.000

表 4-69 所示，多重事后检验表明，不同班级环境中的中学生状态不佳两两之间均存在非常显著的差异，且表现为自由散漫型班级环境中中学生的状态不佳均显著多于班级环境为"一般型"和"团结奋进型"的中学生。同时，班级环境为"一般型"的中学生的状态不佳也显著多于班级环境为"团结奋进型"的中学生。

（四）不同班级环境中中学生学习拖延中行为迟滞方面的具体变化趋势

为了探讨不同班级环境中中学生学习拖延中行为迟滞方面的差异，本研究以不同班级环境为自变量，以行为迟滞为因变量进行描述统计和单因素方差分析，结果如表 4-70 所示。

表 4-70　不同班级环境中中学生行为迟滞的差异

因变量	班级环境	n	平均值	标准偏差	最小值	最大值
行为迟滞	团结奋进型	127	11.46	4.94	5.00	24.00
	一般型	176	12.98	4.02	5.00	24.00
	自由散漫型	88	14.84	5.08	5.00	25.00
F			14.148***			
p			0.000			

表 4-70 表明，中学生的行为迟滞因班级环境的不同而存在非常显著的差异，班级环境对中学生产生行为迟滞的影响非常大。以不同班级环境中中学生的行为迟滞平均值为纵轴，以班级环境为横轴绘制平均值图，以观测不同班级环境中中学生行为迟滞的变化情况，具体情况如图 4-44 所示。

图 4-44 表明，中学生行为迟滞的变化与不同班级环境中中学生的学习拖延其他方面的变化是一致的，即团结奋进型班级环境中的中学生的行为迟滞的是最少的，其次是一般型班级环境中的中学生，而自由散漫型班级环境中

的中学生行为迟滞最多。班级环境越好越积极，中学生的行为迟滞越少；班级环境越自由散漫，中学生行为迟滞越多。为了具体了解不同型班级环境中中学生在行为迟滞方面的具体差异情况，本研究对不同型班级环境中中学生的行为迟滞进行事后多重检验，具体分析结果如表 4-71 所示。

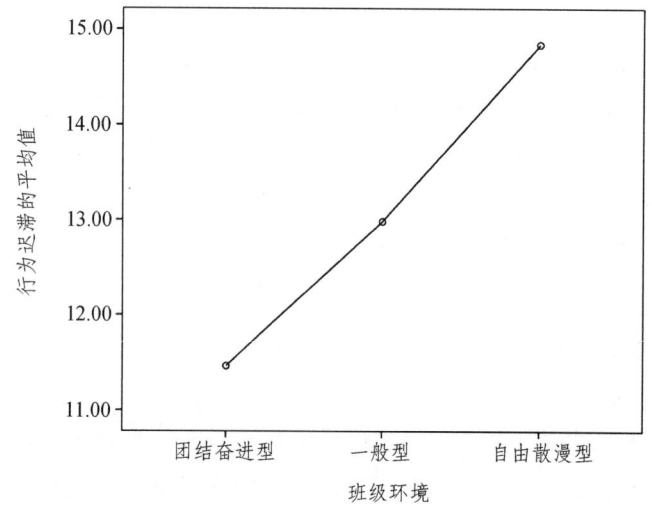

图 4-44　不同班级环境中中学生行为迟滞平均值变化趋势图

表 4-71　不同班级环境中中学生行为迟滞的两两事后比较分析

因变量	（I）班级环境	（J）班级环境	均值差（I-J）	标准误差	显著性
行为迟滞	一般型	团结奋进型	1.518*	0.534	0.005
		自由散漫型	-1.858*	0.598	0.002
	团结奋进型	自由散漫型	-3.376*	0.636	0.000

表 4-71 中多重事后检验表明，不同班级环境中的中学生行为迟滞两两之间均存在非常显著的差异，自由散漫型班级环境中中学生的行为迟滞情况均显著多于班级环境为"一般型"和"团结奋进型"的中学生，同时班级环境为"一般型"的中学生的行为迟滞情况也显著多于班级环境为"团结奋进型"的中学生。

（五）不同班级环境中中学生学习拖延中执行不足上的具体变化趋势

为了探讨不同班级环境类型中中学生学习拖延中执行不足方面的差异，本研究以各班级环境类型为自变量、执行不足为因变量进行描述统计和单因素方差分析，结果如表 4-72 所示。

第四章　中学生学习拖延现状及与班级环境的关系

表 4-72　不同班级环境中中学生执行不足的差异

因变量	班级环境	n	平均值	标准偏差	最小值	最大值
执行不足	团结奋进型	127	6.67	3.15	3.00	15.00
	一般型	176	7.83	2.93	3.00	15.00
	自由散漫型	88	8.36	2.99	3.00	15.00
F	9.356***						
p	0.000						

表 4-72 表明，中学生的执行不足因班级环境的不同而存在非常显著的差异，班级环境对中学生执行不足的影响非常大，不同班级环境中的中学生执行不足情况的差异较大。以不同班级环境中中学生的执行不足平均值为纵轴，以班级环境为横轴绘制平均值图，以观测不同班级环境中中学生执行不足的变化情况，具体情况如图 4-45 所示。

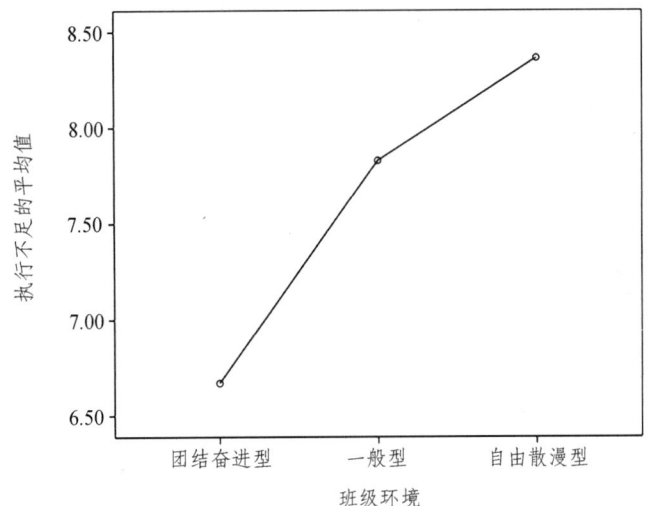

图 4-45　各类型班级环境中中学生执行不足平均值变化趋势图

由图 4-45 可知，不同班级环境中的中学生的执行不足的变化与学习拖延其他方面的变化是一致的，即团结奋进型班级环境中的中学生执行不足的情况是最少的，其次是一般型班级环境中的中学生，而自由散漫型班级环境的中学生执行不足状况最多。班级环境越好越积极，中学生的执行不足情况越少；班级环境越自由散漫，中学生执行不足情况越多。为了具体了解不同班级环境中中学生在执行不足方面的具体差异情况，本研究对不同班级环境中中学生的执行不足进行事后多重检验，具体分析结果如表 4-73 所示。

表 4-73 不同班级环境中中学生执行不足的两两事后比较分析

因变量	（I）班级环境	（J）班级环境	均值差（I-J）	标准误差	显著性
执行不足	一般型	团结奋进型	1.16025*	0.351	0.001
	一般型	自由散漫型	−0.534	0.394	0.176
	团结奋进型	自由散漫型	−1.69435*	0.418	0.000

表 4-73 中多重事后检验表明，自由散漫型和一般型班级中中学生的执行不足均显著多于班级环境为"团结奋进型"的中学生的。

二、中学生学习拖延与班级环境的相关分析

为了探讨班级环境对中学生学习拖延的具体影响，本研究将中学生学习拖延总分、计划缺乏、状态不佳、行为迟滞及执行不足与班级环境中的师生关系、同学关系、秩序和纪律、竞争、学习负担等分别做皮尔逊积差相关分析，结果如表 4-74 所示。

表 4-74 班级环境与中学生学习拖延的相关分析（r）

变量	计划缺乏	状态不佳	行为迟滞	执行不足	学习拖延	师生关系	同学关系	秩序和纪律	竞争	学习负担
计划缺乏	1									
状态不佳	0.753**	1								
行为迟滞	0.790**	0.749**	1							
执行不足	0.744**	0.689**	0.752**	1						
学习拖延	0.923**	0.880**	0.925**	0.867**	1					
师生关系	−0.184**	−0.158**	−0.212**	−0.175**	−0.204**	1				
同学关系	−0.231**	−0.216**	−0.249**	−0.213**	−0.254**	0.371**	1			
秩序和纪律	−0.182**	−0.170**	−0.160**	−0.124**	−0.179**	0.317**	0.537**	1		
竞争	−0.220**	−0.159**	−0.207**	−0.147**	−0.209**	0.333**	0.528**	0.472**	1	
学习负担	0.051	0.092	0.057	0.143**	0.088	0.035	0.111*	0.116*	0.292**	1

表 4-74 表明，中学生知觉到的班级环境中的师生关系、同学关系、秩序和纪律、竞争四个方面与计划缺乏、状态不佳、行为迟滞、执行不足、学习拖延总分均呈显著负相关；班级环境中的学习负担与中学生学习拖延中的执行不足呈显著正相关，而与计划缺乏、状态不佳、行为迟滞、学习拖延总体不存在显著相关。换言之，班级环境中的师生关系、同学关系、秩序和纪律越好，则中学生的学习拖延就越少；班级环境中的竞争越大，中学生的学习拖延情况也越少；班级环境中的学习负担越大，则中学生的学习拖延也越多。

三、班级环境对中学生学习拖延的回归预测分析

为了进一步分析中学生知觉到的班级环境对其学习拖延的具体影响方向，以知觉到的班级环境的五个具体方面为自变量，分别以计划缺乏、状态不佳、执行不足、行为迟滞和学习拖延总分为因变量进行回归分析。

（一）班级环境对中学生学习拖延总分的预测分析

首先以学习拖延总分为因变量，以班级环境中的师生关系、同学关系、秩序和纪律、竞争、学习负担五个方面为自变量进行逐步回归分析，回归分析的结果如表 4-75 所示。

表 4-75 班级环境对中学生学习拖延的回归预测分析

因变量	预测变量	R	R^2	F	B	β	t
学习拖延总分	同学关系	0.321	0.081	11.087***	-0.374	-0.162	-2.761**
	师生关系				-0.228	-0.106	-2.005*
	学习负担				0.501	0.148	2.921**
	竞争				-0.366	-0.131	-2.180*

表 4-75 表明，班级环境中的同学关系、学习负担、师生关系和竞争四个维度进入了回归方程，对学习拖延总分变异的共同解释率为 0.081，说明同学关系、学习负担、师生关系和竞争能共同显著预测中学生的学习拖延。具体来看，班级环境中的同学关系、师生关系和竞争能显著负向预测中学生的学习拖延，而学习负担则能显著正向预测中学生学习拖延。换言之，中学生在班级环境中的同学关系越好，其学习拖延越少；班级中的师生关系越好，中学生的学习拖延也越少；班级中的竞争越大，中学生的学习拖延也越少；学

习负担增加会导致中学生有较多的学习拖延。

（二）班级环境对中学生学习拖延中计划缺乏的预测分析

以计划缺乏为因变量，以班级环境中的师生关系、同学关系、秩序和纪律、竞争、学习负担五个方面为自变量进行逐步回归分析，回归分析的结果如表 4-76 所示。

表 4-76　班级环境对中学生计划缺乏的回归分析

因变量	预测变量	R	R^2	F	B	β	t
计划缺乏	同学关系	0.282	0.079	11.127***	-0.113	-0.152	-2.642**
	竞争				-0.156	-0.174	-2.913**
	学习负担				0.129	0.118	2.314*

表 4-76 表明，班级环境中的同学关系、竞争、学习负担三个维度进入了回归方程，对计划缺乏变异的共同解释率为 0.079，说明同学关系、竞争、学习负担能共同显著预测中学生的计划缺乏。具体来看，班级环境中的同学关系、竞争能显著负向预测中学生的计划缺乏，而学习负担则能显著正向预测中学生的计划缺乏。换言之，班级环境中的同学关系越好、竞争越大，中学生的计划缺乏就越少；学习负担增大会导致中学生更多的计划缺乏。

（三）班级环境对中学生学习拖延中状态不佳的预测分析

以学习拖延中的状态不佳为因变量，以班级环境中的师生关系、同学关系、秩序和纪律、竞争、学习负担五个方面为自变量进行逐步回归分析，回归分析的结果如表 4-77 所示。

表 4-77　班级环境对中学生状态不佳的回归分析

因变量	预测变量	R	R^2	F	B	β	t
状态不佳	同学关系	0.245	0.060	12.386***	-0.131	-0.229	-4.615***
	学习负担				0.099	0.042	2.363*

表 4-77 表明，班级环境中的同学关系、学习负担两个维度进入了回归方程，对状态不佳变异的共同解释率为 0.06，说明同学关系、学习负担能共同显著预测中学生的状态不佳。具体来看，班级环境中的同学关系能显著负向预测中学生的状态不佳，而学习负担则能显著正向预测中学生的状态不佳。换言之，中学生在班级环境中的同学关系越好，其状态不佳就越少；学习负

担增加会导致中学生更多的状态不佳。

（四）班级环境对中学生学习拖延中行为迟滞的预测分析

以学习拖延中的行为迟滞为因变量，以班级环境中的师生关系、同学关系、秩序和纪律、竞争、学习负担五个方面为自变量进行逐步回归分析，回归分析的结果如表4-78所示。

表4-78 班级环境对中学生行为迟滞的回归分析

因变量	预测变量	R	R^2	F	B	β	t
行为迟滞	同学关系	0.281	0.079	16.578***	-0.149	-0.198	-3.766***
	师生关系				-0.098	-0.139	-2.650**

表4-78表明，班级环境中的同学关系、师生关系进入了回归方程，对行为迟滞变异的共同解释率为0.079，说明同学关系、师生关系能共同显著预测中学生的行为迟滞。具体来看，班级环境中的同学关系、师生关系均能显著负向预测中学生的行为迟滞。换言之，中学生在班级环境中的同学关系、师生关系越好，其行为迟滞情况就越少。

（五）班级环境对中学生学习拖延中执行不足的预测分析

以学习拖延中的执行不足为因变量，以班级环境中的师生关系、同学关系、秩序和纪律、竞争、学习负担五个方面为自变量进行逐步回归分析，回归分析的结果如表4-79所示。

表4-79 班级环境对中学生执行不足的回归分析

因变量	预测变量	R	R^2	F	B	β	t
执行不足	同学关系	0.289	0.084	11.795***	-0.093	-0.190	-3.612***
	学习负担				0.120	0.168	3.425**
	师生关系				-0.050	-0.110	-2.109*

表4-79表明，班级环境中的同学关系、学习负担、师生关系三个维度进入了回归方程，对执行不足变异的共同解释率为0.084，说明同学关系、学习负担、师生关系能共同显著预测中学生的执行不足。具体来看，班级环境中的同学关系、师生关系均为显著负向预测中学生的执行不足，而学习负担则能显著正向预测中学生的状态不佳。换言之，中学生在班级环境中的同学关系、师生关系越好，其执行不足情况就越少；学习负担越重，其执行不足情况也越多。

第五节 讨 论

一、中学生学习拖延的基本状况的讨论

本研究结果显示，中学生的学习拖延情况总体上接近中间值（2.760），说明中学生存在一定程度的学习拖延，突出表现在计划缺乏和执行不足两个维度上，与国内学者注重从心理角度来看待学习拖延相一致。由此可见，学生的学习拖延主要是由于身体和心理两方面遭受双重的折磨而造成的。在心理方面，他们的情绪易因学习而产生波动，睡眠质量差，平时注意力难以集中；而在生理方面，他们可能会出现消化系统紊乱。因此，教师平时除了正常的传道授业解惑，还应在平时关注学生的身心健康，只有以身心健康为前提，学习才会有保证。

不同性别的中学生在学习拖延总体上不存在差异。具体表现为在计划缺乏、行为迟滞、执行不足三个维度上均不存在显著差异，但是在状态不佳上存在显著差异。齐丹（2011）的研究表明，中学生学业拖延在男女性别上有非常显著的差异，男生的学业拖延程度高于女生。这与我们的研究结果不相一致。朱晓斌、朱金晶、张莉渺的研究表明，初中生在学习拖延上不存在差异，与我们的研究结果也是一致的。

二、学校因素对中学生学习拖延影响情况的讨论

研究结果表明，各年级中学生在学习拖延上均存在显著差异，这说明各年级的中学生在学习拖延这一问题上存在不同的状况，这与齐丹和胥兴春等的研究结果一致。由于不同年级的中学生在学习任务和学习压力等方面均不一样，因此不同年级的中学生在学习拖延上也表现出不一样的状况。从研究结果来看，七年级学生的学习拖延状况最乐观，这说明七年级学生对学习还非常认真，他们没有过多的学习压力，自己的学习计划和老师给予的学习任务都能按时执行不拖延。本研究结果还显示，不管是初中生还是高中生，都呈现出高年级学生的学习拖延显著多于低年级学生的学习拖延，这表明随着年级的增高，中学生的学习任务越来越重，学习压力也越来越大，高年级中学生对自己的学习计划也越来越难以按时执行，老师给的学习任务也总是拖延，特别是毕业班学生在较大的升学压力上，他们的学习状态也变得比较糟

糕，学习不再轻松，从而导致较严重的学习拖延状况。

不同学习成绩水平的中学生在学习拖延上存在显著差异，这与其他研究的结果是一致的，即学习拖延与中学生的学习成绩存在密切关系，严重的学习拖延会导致中学生学习成绩严重下降，而学习成绩差的学生由于觉得自己成绩差，会慢慢对学习失去兴趣，导致了更严重的学习拖延。但学习成绩好的中学生由于成就感高，对学习的兴趣也会更加浓厚，因此会更好地计划和安排自己的学习任务与时间，出现学习拖延的情况会少得多。

本研究发现，中学生学习拖延结果在本人是否担任班干部问题上，学习拖延总分、计划缺乏、行为迟滞三个方面存在显著的差异，在状态不佳上不存在显著差异。未担任班干部的中学生在学习拖延程度上显著重于担任班干部的中学生。担任班干部的中学生各方面都比较优秀，自律性较强。同时作为班干部要以身作则，老师和同学的期盼使他们不得不对自己的要求更高，因此，他们的学习拖延较少。

三、家庭因素对中学生学习拖延的影响讨论

研究结果表明，家庭因素中，是否为独生子女、家庭居住地、家庭经济状况、父亲文化程度、母亲文化程度、留守情况等因素均没有对中学生的学习拖延产生显著的影响，说明中学生的学习拖延受家庭中的这些因素影响较小。对这方面的分析研究还需作进一步的探讨。

不同的家庭气氛类型下的中学生在学习拖延上存在显著差异，家庭气氛非常融洽的中学生的学习拖延程度显著轻于家庭气氛比较融洽的中学生，家庭气氛比较融洽的中学生的学习拖延程度显著轻于家庭气氛较差的中学生。家庭气氛紧张，孩子得不到家长的关心帮助，或者家长不擅于和孩子交流沟通，越发让孩子产生逆反心理，从而产生学习拖延。研究还表明，父母平时存在拖延行为的，孩子也会通过模仿而产生拖延行为。同时，父母对中学生的学习重视，积极关注，学生往往能按时完成作业，学习拖延也较少。父母对中学生的学习不重视，缺乏积极关注，学生的学习拖延程度也会较高。

四、班级环境对中学生学习拖延的影响的讨论

研究结果表明，不同班级环境中的中学生在学习拖延和学业自我效能感上均存在显著差异，这与以往的研究基本一致。团结奋进型班级环境中的中学生学习拖延较少而学业自我效能感较高。这说明这类班级环境中，人际关

系较好，老师对学生不管在学习上还是生活上都关爱有加。这类班级环境中的中学生能经常得到老师的提醒与帮助，能与老师们经常交流与互动。同学之间的关系也较好，同学之间会相互学习、相互照应。在有竞争的氛围里，同学们都争先恐后，这样中学生的学习兴趣就会非常高。自然而然，中学生的学业自我效能感也就非常高，其学习拖延也就少了。而在自由散漫型的班级环境中，由于人际关系较差，老师对学生漠不关心，同学之间关系冷淡，不存在竞争与压力的氛围，秩序和纪律较差。这类班级环境中的中学生往往自由散漫，学习成绩不高，这样他们的学业自我效能感水平较低，在学习拖延上也就比较多。

师生、同学关系有其特殊性，教师对学生的学业成绩有很高的期望，学生对自己学业的期望值与他们对教师对自己期望的认识有着密切关系。亲密和谐的师生关系可以使学生感受到教师对自己的支持和关怀，有利于减轻学习负担。而学习负担越低，学生的学习拖延程度也越轻。良好的同学关系有利于促进学生的学习，同学之间本来应该互相帮助，可是难免会由于性格、背景等原因出现离群、排挤现象。这些学生如果不能及时得到老师的帮助，那么产生学习拖延的可能性就会增大。

第五章
中学生学习倦怠现状及与班级环境的关系

第一节 中学生学习倦怠的基本状况

一、中学生学习倦怠的总体情况

通过描述统计对中学生学习倦怠总体情况及倦怠各方面的平均得分进行分析，基本状况如表 5-1 所示。

表 5-1 中学生学习倦怠的基本状况

因变量	平均值	每题平均得分
身心耗竭	12.08	3.02
学业疏离	9.60	2.40
低成就感	21.83	3.12
学习倦怠总分	43.52	2.72

描述统计分析表明，中学生学习倦怠的总体情况居于中等水平，学习倦怠总分的题平均得分为 2.72，总分的平均分为 43.52。表 5-1 表明，在学习倦怠的三个表现中，中学生的低成就感分数最高（平均得分为 3.12），学业疏离分数最低（平均得分为 2.4）。换言之，中学生在学习上感到较低的成就感的情况比较常见。

根据中学生学习倦怠的总分绘制柱形分布图，结果如图 5-1 所示。

从图 5-1 中学生学习倦怠的总体分布图表明，中学生的学习倦怠属于正态分布，大多数中学生的学习倦怠处于中等水平。

二、中学生学习倦怠的身心耗竭情况

通过描述统计对中学生学习倦怠中身心耗竭的具体情况进行分析，结果

如表 5-2 所示。

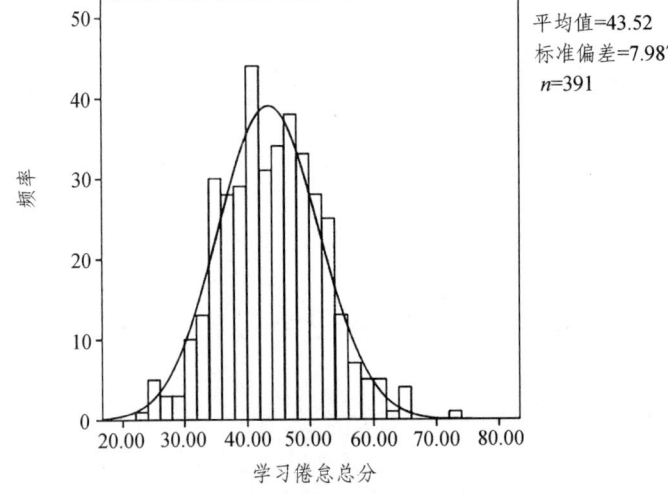

图 5-1　中学生学习倦怠的分布图

表 5-2　中学生身心耗竭的基本状况

因变量	n	平均值	标准偏差	最大值	最小值	每题平均得分
身心耗竭	391	12.08	3.724	20.00	4.00	3.02

从表 5-2 的分析结果可以发现，中学生的身心耗竭处于中等水平，题平均得分为 3.02，根据中学生身心耗竭的具体得分情况绘制中学生身心耗竭的柱形分布图，结果如图 5-2 所示。

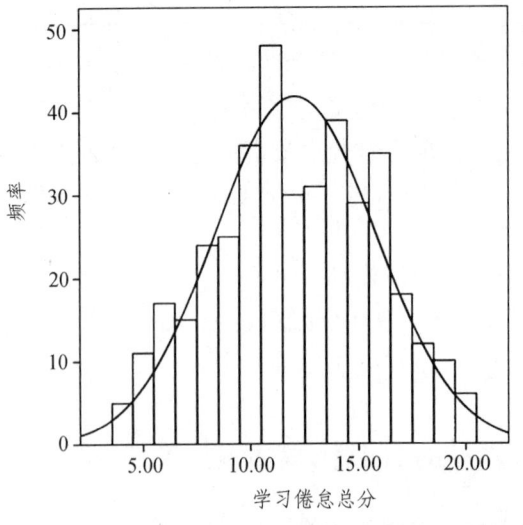

图 5-2　中学生身心耗竭分布图

从图 5-2 中学生学习倦怠中身心耗竭的具体分布图可以看出，中学生的身心耗竭基本服从正态分布，绝大多数中学生在学习上存在一定的身心耗竭情况。

三、中学生学习倦怠中学业疏离基本情况

通过描述统计对中学生学习倦怠中学业疏离的具体情况进行分析，结果如表 5-3 所示。

表 5-3　中学生学业疏离的基本状况

因变量	n	平均值	标准偏差	最大值	最小值	每题平均得分
学业疏离	391	9.60	3.541	25.00	5.00	2.40

从表 5-3 的分析结果可以发现，中学生的学业疏离处于中等偏下水平，题平均得分较低，仅为 2.4，根据中学生学业疏离的具体得分情况绘制中学生学业疏离的分布图，结果如图 5-3 所示。

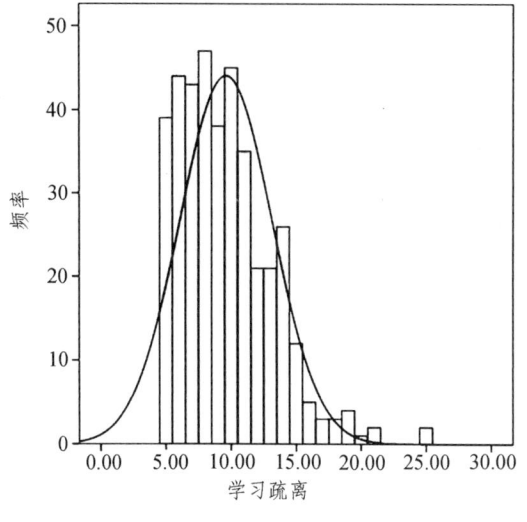

图 5-3　中学生学业疏离的分布图

从图 5-3 中学生学习倦怠中学业疏离的具体分布图可以看出，中学生的学业疏离呈正偏态分布，绝大多数中学生在学习倦怠上存在较轻的学业疏离，而仅有少部分中学生存在较严重的学业疏离。

四、中学生学习倦怠中低成就感基本情况

通过描述统计对中学生学习倦怠中低成就感的具体情况进行分析，结果如表 5-4 所示。

表 5-4　中学生低成就感的基本状况

因变量	n	平均值	标准偏差	最大值	最小值	每题平均得分
低成就感	391	21.83	3.613	31.00	12.00	3.12

从表 5-4 的分析结果可以发现，中学生的低成就感处于中等以上水平，题平均得分较高，为 3.12，说明中学生低成就感的情况比较常见。根据中学生低成就感的具体得分情况绘制中学生低成就感的柱形分布图，结果如图 5-4 所示。

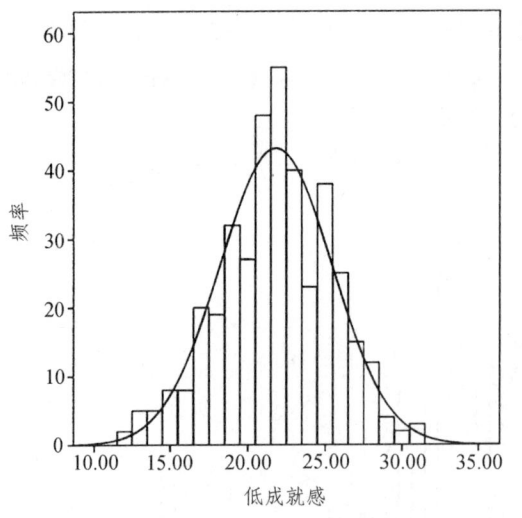

图 5-4　中学生低成就感分布图

图 5-4 中学生学习倦怠中低成就感的具体分布图表明，中学生的低成就感呈正态分布，绝大多数中学生存在一定的低成就感，较轻和较严重的情况都非常少。

五、男生和女生中学生的学习倦怠状况分析

以身心耗竭、学业疏离、低成就感及学习倦怠总分为因变量，以性别为自变量进行独立样本 t 检验。结果如表 5-5 所示。

第五章 中学生学习倦怠现状及与班级环境的关系

表 5-5 中学生学习倦怠的性别差异

因变量	性别	n	平均值	标准偏差	t	p
身心耗竭	男	258	12.155	3.837	0.560	0.576
	女	133	11.932	3.504		
学业疏离	男	258	9.771	3.718	1.306	0.192
	女	133	9.278	3.156		
低成就感	男	258	21.849	3.684	0.115	0.909
	女	133	21.805	3.485		
学习倦怠总分	男	258	43.775	8.344	0.891	0.373
	女	133	43.015	7.249		

表 5-5 表明,中学生在学习倦怠总分上不存在显著的性别差异,同时,男中学生和女中学生在身心耗竭、学业疏离和低成就感三个方面也均不存在显著的差异。具体从得分来看,男生的学习倦怠各方面均要略高于女生的学习倦怠。

第二节 学校因素对中学生学习倦怠的影响分析

一、不同年级中学生的学习倦怠差异分析

为了探讨不同年级中学生学习倦怠各方面的差异,本研究依次以学习倦怠各维度和总分为因变量,以年级为自变量进行单因素方差分析,并进行多重事后检验。

（一）不同年级中学生学习倦怠总体上的具体变化趋势

首先以学习倦怠总分为因变量,以年级为自变量进行描述统计和单因素方差分析,结果见表 5-6 所示。

表 5-6 不同年级中学生学习倦怠的单因素方差分析

因变量	年级	n	平均值	标准偏差	极小值	极大值
学习倦怠总分	七年级	46	36.74	6.31	24.00	52.00
	八年级	54	43.96	8.19	23.00	61.00
	九年级	98	45.00	7.85	31.00	73.00

续表

因变量	年级	n	平均值	标准偏差	极小值	极大值
学习倦怠总分	高一	45	43.42	6.08	29.00	59.00
	高二	77	43.83	7.74	24.00	61.00
	高三	71	45.24	8.30	29.00	64.00
F			8.824			
p			0.000			

表 5-6 的分析结果表明，不同年级的中学生在学习倦怠总体上存在非常显著的差异，首先以各年级的学习倦怠总分平均值为纵轴，以年级为横轴绘制平均值图以观测各年级学习倦怠总体的变化情况，各年级学习倦怠平均值变化趋势如图 5-5 所示。

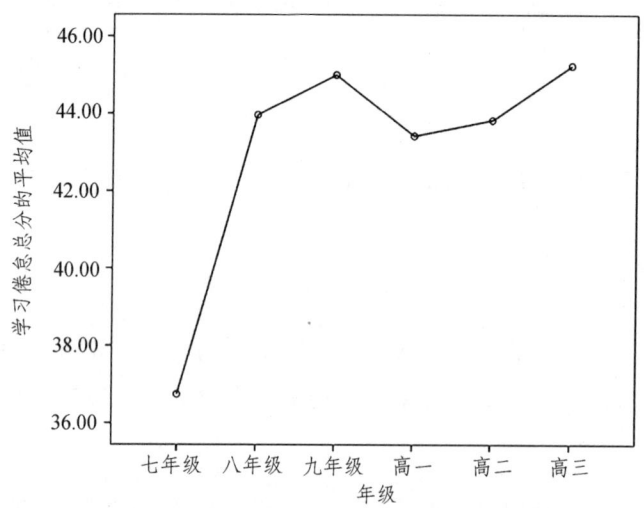

图 5-5 不同年级中学生学习倦怠总体平均值变化趋势图

图 5-5 表明，在不同年级中学生的学习倦怠总体方面，高三学生的学习倦怠最多，而七年级学生的学习倦怠最少，其他年级学生的学习倦怠水平变化不是特别大，与高三学生差不多。为了具体了解各年级中学生在学习倦怠上的具体差异情况，本研究对各年级中学生的学习倦怠总体进行多重事后比较，具体分析结果见表 5-7。

第五章　中学生学习倦怠现状及与班级环境的关系

表 5-7　不同年级中学生学习倦怠的两两事后比较分析

因变量	（I）年级	（J）年级	均值差（I-J）	标准误差	显著性
学习倦怠总分	七年级	八年级	-7.22	1.53	0.000
		九年级	-8.26	1.36	0.000
		高一	-6.68	1.60	0.000
		高二	-7.09	1.42	0.000
		高三	-8.50	1.44	0.000
	八年级	九年级	-1.04	1.29	0.422
		高一	0.54	1.54	0.725
		高二	0.13	1.35	0.922
		高三	-1.28	1.37	0.354
	九年级	高一	1.58	1.37	0.251
		高二	1.17	1.16	0.314
		高三	-0.24	1.19	0.840
		七年级	6.68	1.60	0.000
		八年级	-0.54	1.54	0.725
		九年级	-1.58	1.37	0.251
	高一	高二	-0.41	1.43	0.775
		高三	-1.82	1.45	0.211
	高二	高三	-1.41	1.25	0.262

表 5-7 的多重事后检验表明，在学习倦怠总体上，七年级学生的学习倦怠显著低于八年级、九年级、高一、高二和高三的，说明在不同年级中学生当中，七年级学生的学习倦怠水平要低得多，并且与其他年级中学生的学习倦怠总体水平差别非常大。

（二）不同年级中学生学习倦怠中身心耗竭上的具体变化趋势

以学习倦怠中的身心耗竭为因变量，以年级为自变量进行描述统计和单因素方差分析，结果见表 5-8 所示。

表 5-8　不同年级中学生身心耗竭的单因素方差分析

因变量	年级	n	平均值	标准偏差	极小值	极大值
身心耗竭	七年级	46	9.93	3.71	4.00	17.00
	八年级	54	12.20	3.94	4.00	19.00
	九年级	98	12.58	3.50	5.00	20.00

续表

因变量	年级	n	平均值	标准偏差	极小值	极大值
身心耗竭	高一	45	12.53	3.75	4.00	20.00
	高二	77	11.65	3.47	4.00	20.00
	高三	71	12.86	3.67	5.00	20.00
F	4.583					
p	0.000					

表 5-8 的分析结果表明，不同年级的中学生在学习倦怠中的身心耗竭上存在非常显著的差异，各年级中学生的身心耗竭表现出的特点并不一致。以各年级身心耗竭平均值为纵轴，以年级为横轴绘制平均值图，以观测不同年级中学生身心耗竭的变化情况，不同年级中学生身心耗竭变化趋势如图 5-6 所示。

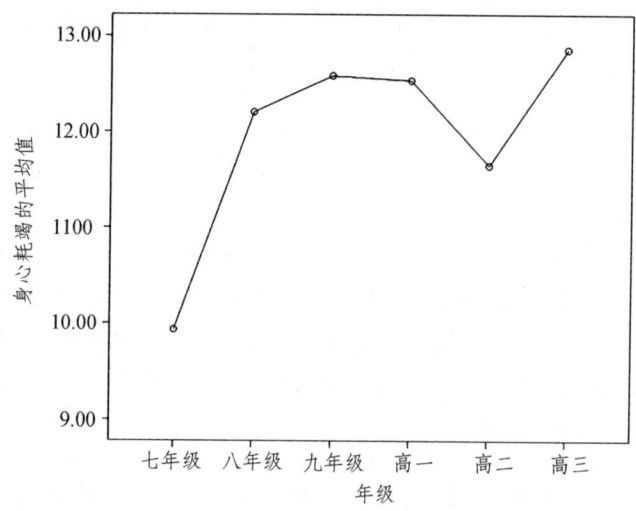

图 5-6　不同年级中学生身心耗竭平均值变化趋势图

图 5-6 表明，在不同年级中学生的身心耗竭方面，仍然是高三学生的身心耗竭最多，而七年级学生学习倦怠的身心耗竭最少，高二学生身心耗竭也较少，而八年级、九年级和高一年级的身心耗竭相对不少。为了具体了解不同年级中学生在身心耗竭上的具体差异情况，对不同年级中学生的身心耗竭进行两两多重比较，具体分析结果见表 5-9。

第五章 中学生学习倦怠现状及与班级环境的关系

表 5-9 不同年级中学生身心耗竭的两两事后比较分析

因变量	（I）年级	（J）年级	均值差（I-J）	标准误差	显著性
身心耗竭	七年级	八年级	-2.27	0.73	0.002
		九年级	-2.65	0.65	0.000
		高一	-2.60	0.76	0.001
		高二	-1.71	0.68	0.012
		高三	-2.92	0.69	0.000
	八年级	九年级	-0.38	0.62	0.541
		高一	-0.33	0.73	0.654
		高二	0.55	0.65	0.392
		高三	-0.66	0.66	0.319
	九年级	高一	0.05	0.66	0.941
		高二	0.93	0.55	0.094
		高三	-0.28	0.57	0.625
	高一	高二	0.88	0.68	0.197
		高三	-0.33	0.69	0.639
	高二	高三	-1.21	0.60	0.044

表 5-9 的多重事后检验表明，在学习倦怠的身心耗竭方面，七年级学生的身心耗竭显著低于八年级、九年级、高一、高二和高三的，这说明在各年级中学生当中，七年级学生的身心耗竭仍然是最少的，并且与其他年级中学生差别较大。分析结果还表现出高二年级学生的身心耗竭显著少于高三年级学生的。

（三）不同年级中学生学习倦怠的学业疏离方面的具体变化趋势

以学习倦怠中的学业疏离为因变量，以年级为自变量进行描述统计和单因素方差分析，结果见表 5-10 所示。

表 5-10 不同年级中学生学业疏离的单因素方差分析

因变量	年级	n	平均值	标准偏差	极小值	极大值
学业疏离	七年级	46	7.22	2.31	5.00	14.00
	八年级	54	9.35	3.31	5.00	18.00
	九年级	98	10.66	3.75	5.00	25.00
	高一	45	9.07	2.51	5.00	15.00

续表

因变量	年级	n	平均值	标准偏差	极小值	极大值
学业疏离	高二	77	9.66	3.27	5.00	20.00
	高三	71	10.15	4.14	5.00	25.00
F			7.052			
p			0.000			

表 5-10 的分析结果表明，不同年级的中学生在学习倦怠中的学业疏离方面存在非常显著的差异，不同年级中学生的学业疏离表现的特点存在较大变化，说明各年级学生对学业的重视和兴趣存在较大的差别。以不同年级中学生的学业疏离平均值为纵轴，以年级为横轴绘制平均值图以观测不同年级中学生学业疏离的变化情况，不同年级中学生学业疏离变化趋势如图 5-7 所示。

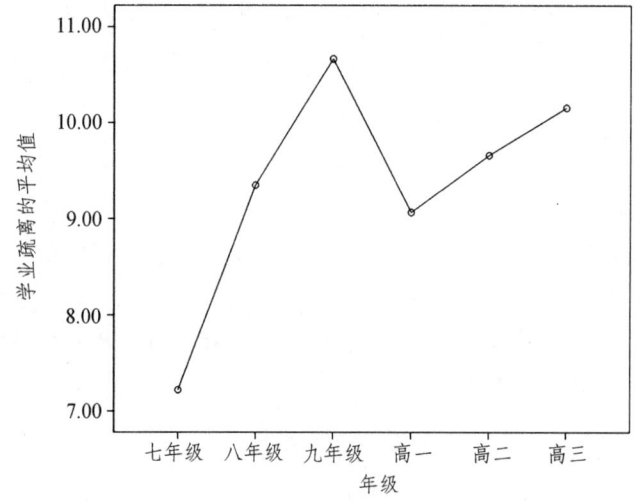

图 5-7 不同年级中学生学业疏离平均值变化趋势图

图 5-7 不同年级中学生的学业疏离变化趋势表明，中学生在学业疏离方面的表现存在初中和高中随年级变化一致的规律，九年级学生的学业疏离最多，而七年级学生的学业疏离最少，但是高中学生的学业疏离均不少，都表现出了较严重的学业疏离；而初中学生和高中学生均表现出年级越高，学业疏离现象越多的情况。为了具体了解不同年级中学生在学业疏离上的具体差异情况，本研究对不同年级中学生的学业疏离进行两两事后比较，具体分析结果见表 5-11。

表 5-11 不同年级中学生学业疏离的两两事后比较分析

因变量	（I）年级	（J）年级	均值差（I-J）	标准误差	显著性
学业疏离	七年级	八年级	-2.13	0.68	0.002
		九年级	-3.45	0.61	0.000
		高一	-1.85	0.72	0.010
		高二	-2.44	0.64	0.000
		高三	-2.94	0.65	0.000
	八年级	九年级	-1.31	0.58	0.024
		高一	0.29	0.69	0.679
		高二	-0.31	0.61	0.608
		高三	-0.80	0.62	0.193
	九年级	高一	1.60	0.61	0.010
		高二	1.00	0.52	0.055
		高三	0.51	0.53	0.340
	高一	高二	-0.60	0.64	0.353
		高三	-1.09	0.65	0.095
	高二	高三	-0.49	0.56	0.381

表 5-11 的多重事后检验表明，在学习倦怠的学业疏离方面上，七年级学生的学业疏离均显著少于八年级、九年级、高一、高二和高三的，这说明在不同年级中学生当中，七年级学生的学业疏离程度仍然是最轻的。并且还表现出九年级学生的学业疏离均显著多于高一年级学生和八年级学生，这说明九年级学生的学习倦怠中学业疏离方面是比较突出的。

（四）不同年级中学生学习倦怠中低成就感上的具体变化趋势

以学习倦怠中的低成就感为因变量，以年级为自变量进行描述统计和单因素方差分析，结果见表 5-12 所示。

表 5-12 不同年级中学生低成就感的单因素方差分析

因变量	年级	n	平均值	标准偏差	极小值	极大值
低成就感	七年级	46	19.59	3.05	13.00	26.00
	八年级	54	22.41	3.21	13.00	28.00
	九年级	98	21.76	3.32	13.00	30.00

续表

因变量	年级	n	平均值	标准偏差	极小值	极大值
低成就感	高一	45	21.82	3.29	16.00	31.00
	高二	77	22.52	3.68	13.00	29.00
	高三	71	22.23	4.23	12.00	31.00
F	4.783					
p	0.000					

表 5-12 的分析结果表明，不同年级的中学生在学习倦怠中的低成就感方面存在非常显著的差异，不同年级中学生的低成就感表现出的特点并不一致，以不同年级的低成就感平均值为纵轴，以年级为横轴绘制平均值图，以观测不同年级中学生低成就感的变化情况，不同年级低成就感变化趋势如图 5-8 所示。

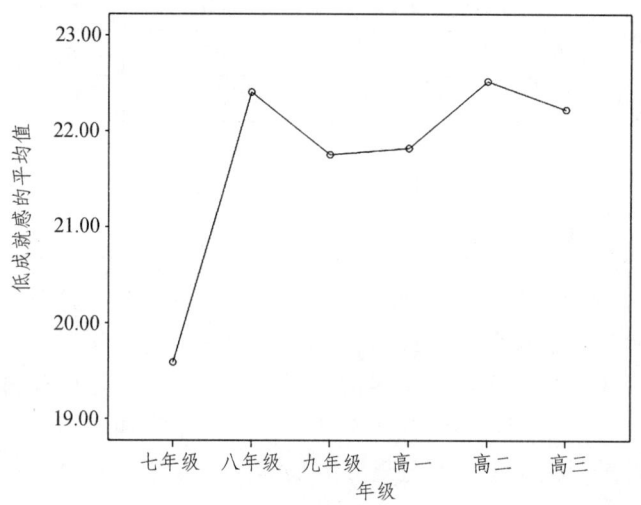

图 5-8　不同年级中学生低成就感平均值变化趋势图

图 5-8 中不同年级中学生的低成就感变化趋势表明，中学生在低成就感方面的表现存在着较大差异，变化没有具体的规律。高二和八年级学生的低成就感最多，七年级学生的低成就感仍然是最少的，九年级和高一年级学生的低成就感都表现出了较高的水平。而从变化趋势来看，初中学生和高中学生均表现出倒 V 型的低成就感现象，七年级和九年级学生、高一和高三学生的低成就感均分别少于八年级、高二学生的低成就感。这说明中间年级的学生在学习上的成就体验有突出的特点。为了具体了解不同年级中学生在低成就感上的具体差异情况，对不同年级中学生的低成就感进行多重事后比较，

具体分析结果见表5-13。

表5-13 不同年级中学生低成就感的两两事后比较分析

因变量	（I）年级	（J）年级	均值差（I-J）	标准误差	显著性
低成就感	七年级	八年级	-2.82	0.71	0.000
		九年级	-2.17	0.63	0.001
		高一	-2.24	0.74	0.003
		高二	-2.93	0.66	0.000
		高三	-2.64	0.67	0.000
	八年级	九年级	0.65	0.60	0.276
		高一	0.59	0.71	0.412
		高二	-0.11	0.63	0.858
		高三	0.18	0.64	0.775
	九年级	高一	-0.07	0.64	0.916
		高二	-0.76	0.54	0.156
		高三	-0.47	0.55	0.393
	高一	高二	-0.70	0.66	0.293
		高三	-0.40	0.67	0.549
	高二	高三	0.29	0.58	0.613

表5-13的多重事后检验表明，在学习倦怠的低成就感方面，七年级学生的低成就感显著少于八年级、九年级、高一、高二和高三的，这说明在不同年级中学生当中，七年级学生的低成就感情况仍然是最少的。而其他年级学生并不存在显著差异。

二、是否担任班干部的中学生在学习倦怠方面的差异分析

以身心耗竭、学业疏离、低成就感及学习倦怠总分为因变量，以是否担任班干部为自变量对中学生学习倦怠进行独立样本t检验。结果如表5-14所示。

表5-14 中学生学习倦怠的是否担任班干部差异分析

因变量	是否为班干部	n	平均值	标准偏差	t	p
身心耗竭	不是班干部	253	12.269	3.704	1.364	0.173
	班干部	138	11.732	3.749		

续表

因变量	是否为班干部	n	平均值	标准偏差	t	p
学业疏离	不是班干部	253	10.040	3.593	3.339	0.001
	班干部	138	8.804	3.309		
低成就感	不是班干部	253	22.138	3.570	2.269	0.024
	班干部	138	21.275	3.636		
学习倦怠总分	不是班干部	253	44.447	8.034	3.153	0.002
	班干部	138	41.812	7.639		

表 5-14 表明，担任班干部和未担任班干部的中学生在学习倦怠总分上表现出显著的差异，具体从表现情况来看，学业疏离和低成就感两个方面也因是否担任班干部而存在显著差异。并且都表现出未担任班干部的中学生的学习倦怠显著多于担任班干部的中学生的。

三、学习成绩不同的中学生的学习倦怠差异分析

为了分析学习成绩水平对中学生学习倦怠的影响情况，本研究以学习成绩为自变量，分别对学习倦怠总分、身心耗竭、学业疏离及低成就感进行差异检验。

（一）不同学习成绩水平中学生学习倦怠总分的具体变化趋势

以学习倦怠总分为因变量，以学习成绩水平为自变量进行描述统计和单因素方差分析，结果见表 5-15 所示。

表 5-15　不同学习成绩中学生学习倦怠的单因素方差分析

因变量	学习成绩	n	平均值	标准偏差	极小值	极大值
学习倦怠总分	好	52	39.35	6.95	26.00	61.00
	中	188	41.98	7.53	23.00	62.00
	差	151	46.87	7.64	27.00	73.00
F	27.048					
p	0.000					

表 5-15 的分析结果表明，不同学习成绩水平的中学生在学习倦怠总分上存在显著差异，不同成绩的学生在学习倦怠方面表现出了不一样的特点，并且学习成绩不同的中学生在学习倦怠总分上差异较大。以不同学习成绩中学

生的学习倦怠总分平均值为纵轴，以学习成绩水平为横轴绘制平均值图，以观测不同学习成绩水平中学生学习倦怠总分的变化情况，具体变化趋势如图5-9所示。

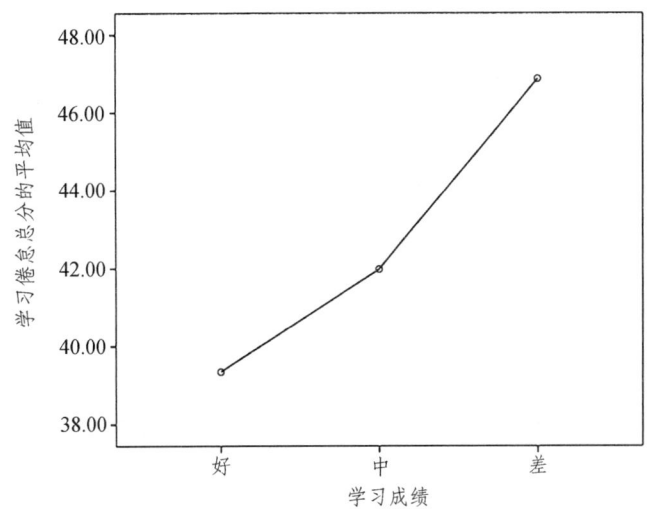

图 5-9 不同学习成绩中学生学习倦怠总分平均值变化趋势图

图 5-9 表明，不同学习成绩的中学生，成绩较差的学生学习倦怠最多，而成绩较好的学生的学习倦怠最少。总体上表现出成绩越差、中学生的学习倦怠越多的变化趋势。为了具体了解不同学习成绩的中学生在学习倦怠总分上的具体差异情况，本研究对不同学习成绩的中学生的学习倦怠进行多重事后检验，具体分析结果见表5-16。

表 5-16 不同学习成绩中学生学习倦怠的两两事后比较分析

因变量	（I）学习成绩	（J）学习成绩	均值差（I-J）	标准误差	显著性
学习倦怠总分	好	中	-2.633	1.175	0.026
	好	差	-7.521	1.206	0.000
	中	差	-4.889	0.820	0.000

表 5-16 的多重事后检验表明，成绩较好的学生的学习倦怠显著少于成绩中等和成绩较差的中学生，成绩中等的中学生的学习倦怠也显著少于成绩较差的中学生，说明在学习成绩不同的中学生当中，成绩较差的学生的学习倦怠是最严重的，并且与成绩较好的中学生的差别还比较大。

（二）学习成绩不同的中学生学习倦怠中身心耗竭方面的具体变化趋势

以学习倦怠中的身心耗竭为因变量，以学习成绩为自变量进行描述统计和单因素方差分析，结果见表5-17所示。

表5-17　不同学习成绩中学生身心耗竭的单因素方差分析

因变量	学习成绩	n	平均值	标准偏差	极小值	极大值
身心耗竭	好	52	11.15	4.15	5.00	20.00
	中	188	11.94	3.79	4.00	20.00
	差	151	12.58	3.42	4.00	20.00
F	3.122					
p	0.045					

表5-17的分析结果表明，学习成绩不同的中学生在学习倦怠中身心耗竭方面存在着显著的差异，不同学习成绩中学生的身心耗竭表现出了不一样的特点。以不同学习成绩中学生的身心耗竭平均值为纵轴，以学习成绩水平为横轴绘制平均值图以观测不同学习成绩中学生学习倦怠的变化情况，具体的变化趋势如图5-10所示。

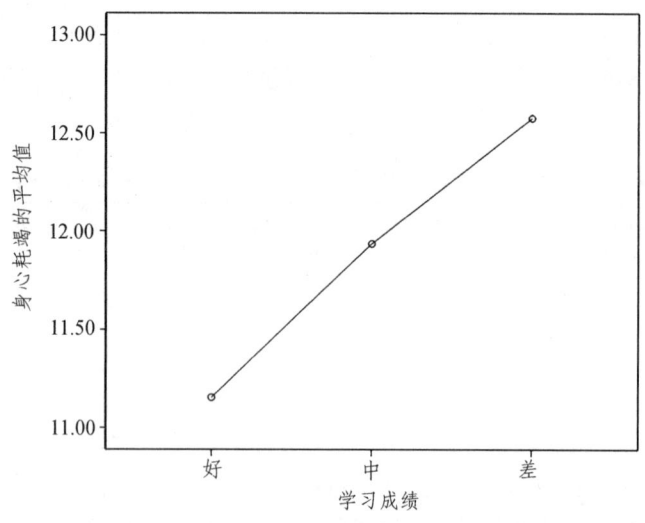

图5-10　不同学习成绩中学生身心耗竭平均值变化趋势图

图5-10在不同学习成绩中学生的身心耗竭方面，仍然是成绩差的中学生

的身心耗竭最多，而成绩好的中学生的身心耗竭情况最少，成绩一般的中学生的身心耗竭处于中间水平，表现出了成绩越差、身心耗竭越多的变化趋势。为了具体了解不同学习成绩的中学生在身心耗竭方面的具体差异情况，对不同学习成绩中学生的身心耗竭进行多重事后检验，具体检验结果见表5-18。

表5-18 不同学习成绩中学生身心耗竭的两两事后比较分析

因变量	（I）学习成绩	（J）学习成绩	均值差（I-J）	标准误差	显著性
身心耗竭	好	中	-0.782	0.580	0.178
	好	差	-1.422	0.596	0.017
	中	差	-0.640	0.405	0.115

表5-18的多重事后检验表明，在学习倦怠的身心耗竭方面，学习成绩好的中学生的身心耗竭显著少于学习成绩差的中学生的身心耗竭情况，学习成绩差是中学生产生严重身心耗竭的一个重要因素。

（三）不同学习成绩水平中学生学习倦怠中学业疏离方面的具体变化趋势

以学习倦怠中的学业疏离为因变量，以中学生的学习成绩水平为自变量进行描述统计和单因素方差分析，结果见表5-19所示。

表5-19 不同学习成绩中学生学业疏离的单因素方差分析

因变量	学习成绩	n	平均值	标准偏差	极小值	极大值
学业疏离	好	52	8.08	2.68	5.00	16.00
	中	188	8.91	2.98	5.00	19.00
	差	151	10.99	3.97	5.00	25.00
F			22.266			
p			0.000			

表5-19的分析结果表明，不同学习成绩的中学生在学习倦怠中的学业疏离方面存在极其显著的差异，不同学习成绩的中学生在学业疏离方面表现出较大变化。以学业疏离平均值为纵轴，以学习成绩水平为横轴绘制平均值图，以观测不同学习成绩中学生学业疏离上的变化情况，具体的变化趋势如图5-11所示。

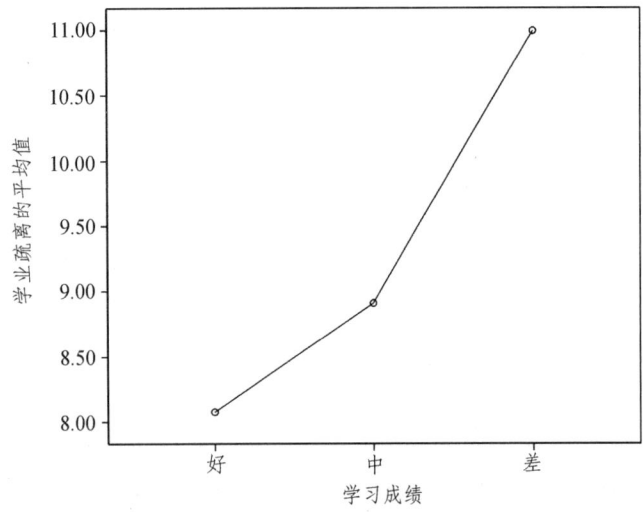

图 5-11　不同学习成绩中学生学业疏离平均值变化趋势图

图 5-11 表明，不同学习成绩中学生的学业疏离变化趋势较明显，中学生在学业疏离上面的表现存在较大的差异，特别是成绩较差的中学生的学业疏离情况最严重。整体上表现出学习成绩越差、学业疏离现象越严重的情况。为了深入了解不同学习成绩中学生在学业疏离上的具体差异情况，本研究对不同学习成绩中学生的学业疏离进行多重事后检验，具体分析结果见表 5-20。

表 5-20　不同学习成绩中学生学业疏离的两两事后比较分析

因变量	（I）学习成绩	（J）学习成绩	均值差（I-J）	标准误差	显著性
学业疏离	好	中	-0.833	0.527	0.115
	好	差	-2.916	0.541	0.000
	中	差	-2.084	0.367	0.000

表 5-20 的多重事后检验表明，在学习倦怠的学业疏离方面，成绩较好和成绩中等的中学生的学业疏离情况均显著好于成绩较差的中学生的学业疏离，说明在不同学习成绩水平的中学生中，成绩较差的学生的学业疏离状况是最严重的，并且表现出成绩较差的中学生的学业疏离水平远高于其他中学生，说明成绩较差的中学生在学习倦怠中的学业疏离方面是比较突出的。

（四）不同学习成绩中学生学习倦怠中低成就感上的具体变化趋势

以学习倦怠中的低成就感为因变量，以学习成绩水平为自变量进行描述统计和单因素方差分析，结果见表 5-21 所示。

表 5-21 不同学习成绩中学生低成就感的单因素方差分析

因变量	学习成绩	n	平均值	标准偏差	极小值	极大值
低成就感	好	52	20.12	3.18	14.00	27.00
	中	188	21.13	3.54	12.00	29.00
	差	151	23.30	3.32	12.00	31.00
F	24.445***					
p	0.000					

表 5-21 的分析结果表明，不同学习成绩的中学生在学习倦怠中的低成就感方面存在极其显著的差异。以低成就感平均值为纵轴、学习成绩为横轴绘制平均值图，以观测不同学习成绩中学生低成就感的变化情况，具体的变化趋势如图 5-12 所示。

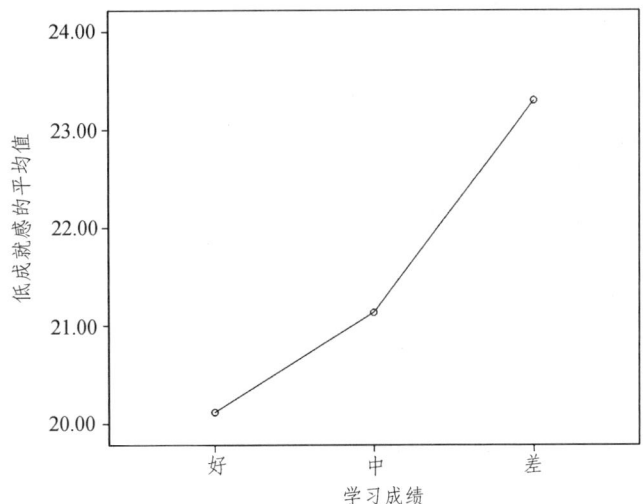

图 5-12 不同学习成绩中学生低成就感平均值变化趋势图

图 5-12 表明，中学生在低成就感方面的表现同样存在着较大差异，变化规律与学习倦怠各方面表现的特点一致，即成绩越好，低成就感越少。成绩较差的中学生的低成就感最多。为了具体了解不同学习成绩中学生在低成就感方面的具体差异情况，对不同学习成绩中学生的低成就感进行多重事后检验，具体分析结果见表 5-22。

表 5-22　不同学习成绩中学生低成就感的两两事后比较分析

因变量	（I）学习成绩	（J）学习成绩	均值差（I-J）	标准误差	显著性
低成就感	好	中	-1.018	0.535	0.058
	好	差	-3.183	0.549	0.000
	中	差	-2.165	0.373	0.000

表 5-22 的多重事后检验表明，成绩较差的中学生的低成就感显著多于成绩好和成绩一般的学生，说明在不同学习成绩的中学生当中，成绩较差的中学生在学习上获得的成就感是最低的，且与其他两类学生的差距还比较大。

四、不同学习压力下的中学生的学习倦怠差异分析

以身心耗竭、学业疏离、低成就感及学习倦怠总分为因变量，以学习压力情况为自变量，对中学生学习倦怠进行独立样本 t 检验。结果如表 5-23 所示。

表 5-23　不同学习压力下的中学生的学习倦怠的差异

因变量	学习压力程度	n	平均值	标准偏差	t	p
身心耗竭	压力较小	159	11.145	3.818	-4.195	0.000
	压力较大	232	12.720	3.525		
学业疏离	压力较小	159	9.226	3.609	-1.748	0.081
	压力较大	232	9.862	3.478		
低成就感	压力较小	159	21.226	3.697	-2.776	0.006
	压力较大	232	22.250	3.501		
学习倦怠总分	压力较小	159	41.597	7.941	-4.008	0.000
	压力较大	232	44.832	7.766		

表 5-23 表明，压力较大和压力较小的中学生在学习倦怠总体上表现出显著的差异，学习压力较小的中学生的学习倦怠显著少于学习压力较大的中学生。换言之，学习压力越大，中学生的学习倦怠越严重。另外，不同学习压力下的中学生在身心耗竭、低成就感两个维度上均存在显著的差异。

第三节 家庭因素对中学生学习倦怠的影响分析

一、是否为独生子女中学生的学习倦怠差异分析

以身心耗竭、学业疏离、低成就感及学习倦怠总分为因变量，以是否为独生子女为自变量，对中学生的学习倦怠进行独立样本 t 检验。结果如表5-24所示。

表5-24 是否为独生子女的中学生学习倦怠的差异

因变量	是否为独生子女	n	平均值	标准偏差	t	p
身心耗竭	独生子女	60	12.217	3.992	0.310	0.757
	非独生子女	331	12.054	3.679		
学业疏离	独生子女	60	10.267	4.054	1.580	0.115
	非独生子女	331	9.483	3.433		
低成就感	独生子女	60	22.000	3.728	0.387	0.699
	非独生子女	331	21.804	3.596		
学习倦怠总分	独生子女	60	44.483	9.221	1.019	0.309
	非独生子女	331	43.341	7.746		

表5-24表明，独生子女和非独生子女中学生在学习倦怠总分及各维度上均无显著的差异，但从具体的平均得分来看，独生子女中学生的学习倦怠各方面得分均略高于非独生子女中学生的学习倦怠得分。

二、不同居住地的中学生学习倦怠差异分析

以身心耗竭、学业疏离、低成就感及学习倦怠总分为因变量，对分别来自城区和乡村的中学生的学习倦怠进行独立样本 t 检验。结果如表5-25所示。

表5-25 中学生学习倦怠的家庭居住地差异

因变量	居住地情况	n	平均值	标准偏差	t	p
身心耗竭	城区	191	12.466	3.585	2.014	0.045
	乡村	200	11.710	3.825		
学业疏离	城区	191	10.079	3.636	2.611	0.009
	乡村	200	9.150	3.395		

续表

因变量	居住地情况	n	平均值	标准偏差	t	p
低成就感	城区	191	22.168	3.484	1.790	0.074
	乡村	200	21.515	3.712		
学习倦怠总分	城区	191	44.712	7.834	2.920	0.004
	乡村	200	42.375	7.985		

表 5-25 表明，来自乡村和来自城区的中学生在身心耗竭、学业疏离及学习倦怠上均存在显著的差异，且来自城区的中学生在身心耗竭、学业疏离及学习倦怠的数值均显著高于来自乡村的中学生，说明来自乡村的中学生的学习倦怠情况显著更少。

三、不同家庭经济状况下中学生的学习倦怠差异分析

为了深入了解家庭经济状况对中学生学习倦怠的影响，以中学生的家庭经济状况为自变量，分别以中学生的学习倦怠总分、身心耗竭、学业疏离和低成就感为因变量进行方差检验。

（一）不同家庭经济状况下中学生学习倦怠的具体变化趋势

以学习倦怠总分为因变量，以家庭经济状况为自变量进行描述统计和单因素方差分析，结果见表 5-26 所示。

表 5-26　不同家庭经济状况下中学生学习倦怠的单因素方差分析

因变量	家庭经济状况	n	平均值	标准偏差	极小值	极大值
学习倦怠总分	较富裕	37	42.76	9.84	25.00	64.00
	一般	229	43.20	7.60	23.00	61.00
	较差	125	44.32	8.09	27.00	73.00
F	0.979					
p	0.377					

表 5-26 的分析结果表明，不同家庭经济状况下中学生的学习倦怠不存在显著的差异，不同家庭经济状况下中学生的学习倦怠总体上的表现特点差异不大，即家庭经济状况对中学生的学习倦怠影响较小。以学习倦怠总分平均值为纵轴，以家庭经济状况为横轴绘制平均值图，以观测不同家庭经济状况下中学生学习倦怠的基本变化趋势，具体变化情况如图 5-13 所示。

第五章 中学生学习倦怠现状及与班级环境的关系

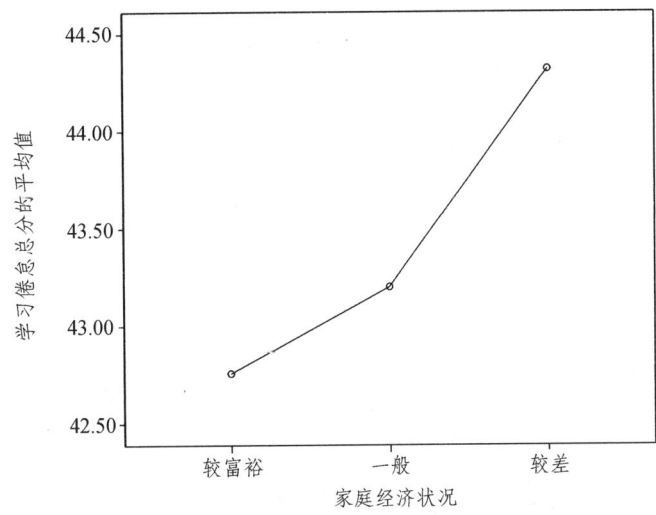

图 5-13 不同家庭经济状况下中学生学习倦怠平均值变化趋势图

由图 5-13 所示，中学生的学习倦怠虽然不因家庭经济状况的不同而存在显著差异，但是变化趋势仍表现出家庭经济状况越差，中学生的学习倦怠情况越多的变化趋势，家庭经济状况较富裕的中学生的学习倦怠情况较少。

（二）不同家庭经济状况下中学生学习倦怠中身心耗竭方面的具体变化趋势

以学习倦怠中的身心耗竭为因变量，以家庭经济状况为自变量进行描述统计和单因素方差分析，结果见表 5-27 所示。

表 5-27 不同家庭经济状况下中学生身心耗竭的单因素方差分析

因变量	家庭经济状况	n	平均值	标准偏差	极小值	极大值
身心耗竭	较富裕	37	12.08	3.74	4.00	20.00
	一般	229	11.94	3.54	4.00	20.00
	较差	125	12.33	4.05	4.00	20.00
F			0.430			
p			0.651			

表 5-27 的分析结果表明，不同家庭经济状况的中学生在身心耗竭上不存在显著差异，不同家庭经济状况下中学生在身心耗竭方面的表现特点仍然差别不大，即家庭经济状况对中学生的学习倦怠中身心耗竭方面的影响较小。以身心耗竭平均值为纵轴，以家庭经济状况为横轴绘制平均值图，以观测不同家庭经济状况下中学生身心耗竭的基本变化趋势，具体情况如图 5-14 所示。

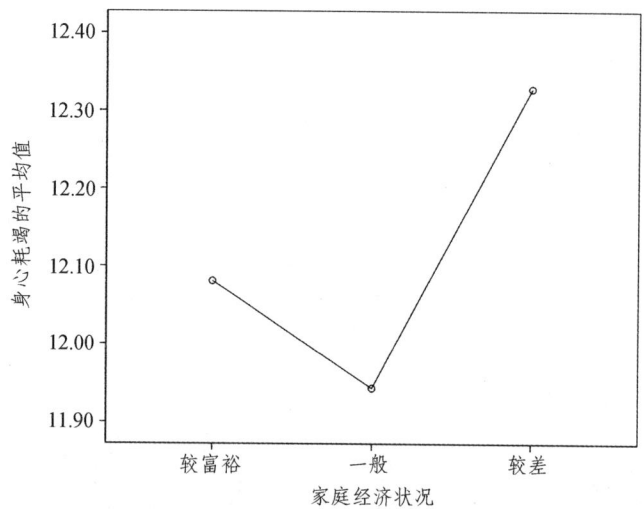

图 5-14　不同家庭经济状况下中学生身心耗竭平均值变化趋势图

由图 5-14 所示,中学生的身心耗竭不因家庭经济状况的不同而存在显著差异,也未表现出有规律的变化趋势。家庭经济状况一般的中学生的身心耗竭是最少的,家庭经济状况较差的中学生的身心耗竭仍然较多。

(三) 不同家庭经济状况下中学生学习倦怠中学业疏离方面的具体变化趋势

以学习倦怠中的学业疏离为因变量、家庭经济状况为自变量进行描述统计和单因素方差分析,结果见表 5-28 所示。

表 5-28　不同家庭经济状况下中学生学业疏离的单因素方差分析

因变量	家庭经济状况	n	平均值	标准偏差	极小值	极大值
学业疏离	较富裕	37	9.92	4.62	5.00	25.00
	一般	229	9.39	3.32	5.00	21.00
	较差	125	9.90	3.57	5.00	25.00
F			1.019			
p			0.362			

表 5-28 的分析结果表明,不同家庭经济状况的中学生在学业疏离方面不存在显著差异,不同家庭经济状况下中学生的学业疏离表现出的特点变化不大,即家庭经济状况对中学生的学业疏离影响也较小。以中学生的学业疏离平均值为纵轴,以家庭经济状况为横轴绘制平均值图,以观测不同家庭经济状况下中学生学业疏离的变化趋势,具体变化情况如图 5-15 所示。

第五章　中学生学习倦怠现状及与班级环境的关系

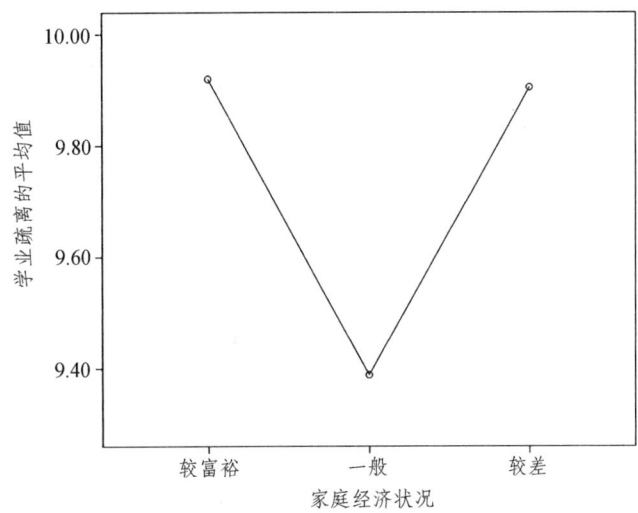

图 5-15　不同家庭经济状况下中学生学业疏离平均值变化趋势图

由图 5-15 所示，中学生学业疏离的变化趋势与其他情况存在一定区别，在不同家庭经济状况方面不存在显著差异，变化趋势没有一定的规律，家庭经济状况一般的中学生的学业疏离表现最少，经济状况较富裕和较差的中学生在学业疏离方面却均表现出了更高的水平。

（四）不同家庭经济状况下中学生学习倦怠中低成就感方面的具体变化趋势

以学习倦怠中的低成就感为因变量、家庭经济状况为自变量进行描述统计和单因素方差分析，结果见表 5-29 所示。

表 5-29　不同家庭经济状况下中学生低成就感的单因素方差分析

因变量	家庭经济状况	n	平均值	标准偏差	极小值	极大值
低成就感	较富裕	37	20.76	4.17	14.00	31.00
	一般	229	21.87	3.45	13.00	29.00
	较差	125	22.09	3.71	12.00	31.00
F	1.974					
p	0.140					

表 5-29 的分析结果表明，不同家庭经济状况的中学生在学习倦怠的低成就感方面不存在显著的差异，即家庭经济状况对中学生在低成就感方面的影响较小。以低成就感平均值为纵轴、家庭经济状况为横轴绘制平均值图，以观测不同家庭经济状况中学生学习倦怠的变化趋势，如图 5-16 所示。

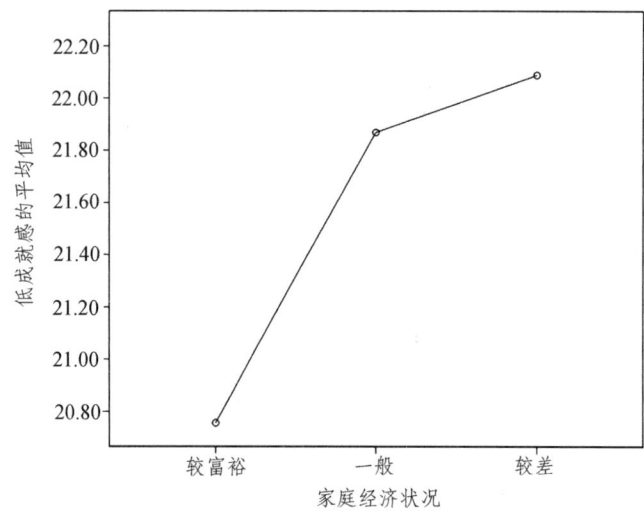

图 5-16　不同家庭经济状况下中学生低成就感平均值变化趋势图

如图 5-16 所示，中学生的低成就感在不同家庭经济状况方面不存在显著差异，但是家庭经济状况越差的学生，低成就感的情况越多，家庭经济状况较好的中学生低成就感的情况较少。

四、不同家庭氛围下中学生的学习倦怠差异分析

为了深入分析家庭氛围对中学生学习倦怠的影响情况，以不同家庭氛围为自变量，分别对学习倦怠总分、身心耗竭、学业疏离及低成就感进行差异检验。

（一）不同家庭氛围中学生学习倦怠总分的具体变化趋势

首先以学习倦怠总分为因变量、家庭氛围为自变量进行描述统计和单因素方差分析，结果见表 5-30 所示。

表 5-30　不同家庭氛围中学生学习倦怠的单因素方差分析

因变量	家庭氛围	n	平均值	标准偏差	极小值	极大值
学习倦怠总分	非常融洽	152	41.46	8.12	23.00	61.00
	比较融洽	210	44.65	7.33	24.00	65.00
	经常吵架	29	46.10	9.62	30.00	73.00
F	9.018					
p	0.000					

表 5-30 的分析结果表明，不同家庭氛围下中学生在学习倦怠总体上存在显著的差异。以不同家庭氛围学生的学习倦怠总分平均值为纵轴、家庭氛围为横轴绘制平均值图，以观测不同家庭氛围学生学习倦怠总体的变化情况，具体的变化趋势如图 5-17 所示。

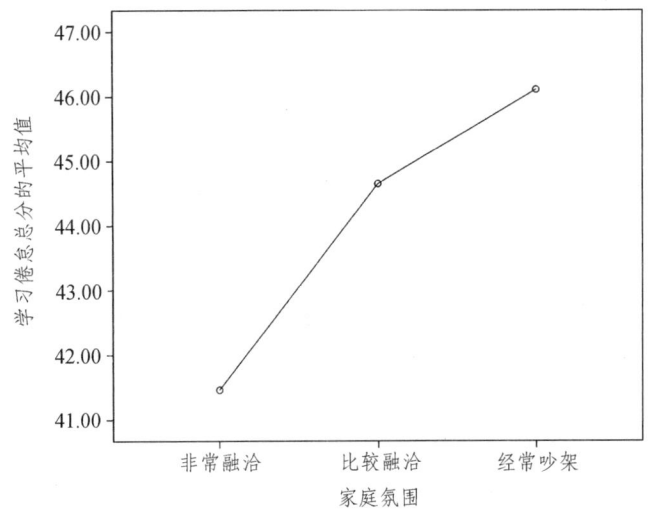

图 5-17　不同家庭氛围下中学生学习倦怠总分平均值变化趋势图

图 5-17 表明，在不同家庭氛围中成长起来的中学生在学习倦怠方面的变化规律，家里经常吵架的中学生的学习倦怠情况最多，而家庭氛围融洽的中学生的学习倦怠情况最少。家庭氛围越和谐越好，中学生的学习倦怠情况越少。为了具体了解不同家庭氛围下中学生的学习倦怠的具体差异情况，对不同氛围下中学生的学习倦怠进行多重事后检验，具体分析结果见表 5-31。

表 5-31　不同家庭氛围中学生学习倦怠的两两事后比较分析

因变量	（I）家庭氛围	（J）家庭氛围	均值差（I-J）	标准误差	显著性
学习倦怠总分	非常融洽	比较融洽	-3.19	0.83	0.000
		经常吵架	-4.64	1.59	0.004
	比较融洽	经常吵架	-1.46	1.55	0.348

表 5-31 的多重事后检验表明，家庭氛围非常融洽的中学生的学习倦怠总分均显著低于家庭氛围比较融洽和家里经常吵架的中学生。说明家经常吵架的学生的学习倦怠情况是最多的，他们和非常融洽的家庭氛围下的中学生在学习倦怠上的差别是非常大的。

（二）不同家庭氛围下中学生学习倦怠中身心耗竭上的具体变化趋势

以学习倦怠中的身心耗竭为因变量、不同家庭氛围为自变量进行描述统计和单因素方差分析，结果见表 5-32 所示。

表 5-32　不同家庭氛围下中学生身心耗竭的单因素方差分析

因变量	家庭氛围	n	平均值	标准偏差	极小值	极大值
身心耗竭	非常融洽	152	11.76	3.89	4.00	20.00
	比较融洽	210	12.28	3.54	4.00	20.00
	经常吵架	29	12.34	4.11	4.00	20.00
F	0.938					
p	0.392					

表 5-32 的分析结果表明，在不同家庭氛围中成长起来的中学生在学习倦怠中的身心耗竭方面不存在显著的差异，说明中学生的身心耗竭受家庭氛围影响较小。以不同家庭氛围下中学生的身心耗竭平均值为纵轴、家庭氛围为横轴绘制平均值图，以观测不同家庭氛围下中学生身心耗竭的变化情况，具体变化趋势如图 5-18 所示。

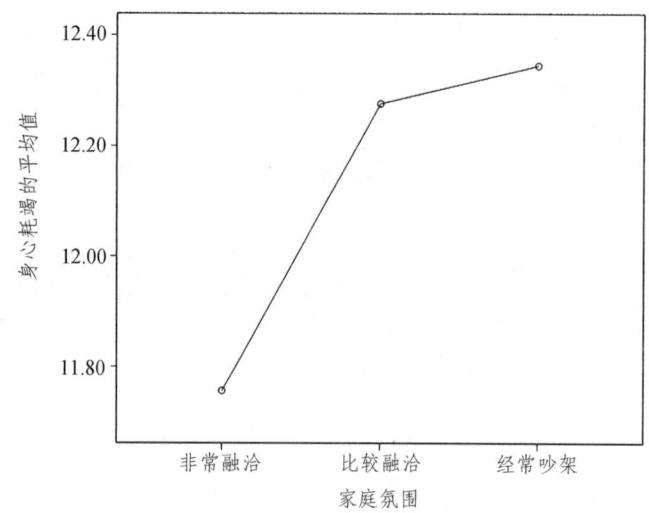

图 5-18　不同家庭氛围下中学生身心耗竭平均值变化趋势图

图 5-18 表明，家庭氛围非常融洽的中学生的身心耗竭情况最少，而家庭氛围比较融洽以及家里经常吵架的中学生的身心耗竭情况稍微多些。

（三）不同家庭氛围下中学生学习倦怠中学业疏离方面的具体变化趋势

以学习倦怠中的学业疏离为因变量、中学生的不同家庭氛围为自变量进行描述统计和单因素方差分析，结果见表 5-33 所示。

表 5-33 不同家庭氛围下中学生学业疏离的单因素方差分析

因变量	家庭氛围	n	平均值	标准偏差	极小值	极大值
学业疏离	非常融洽	152	8.82	3.05	5.00	18.00
	比较融洽	210	10.00	3.51	5.00	21.00
	经常吵架	29	10.86	5.13	5.00	25.00
F	7.127					
p	0.001					

表 5-33 的分析结果表明，不同家庭氛围下的中学生在学习倦怠中的学业疏离方面存在极其显著的差异。以不同家庭氛围下中学生的学业疏离平均值为纵轴、家庭氛围情况为横轴绘制平均值图，以观测不同家庭氛围下中学生学业疏离方面的变化情况，具体变化趋势如图 5-19 所示。

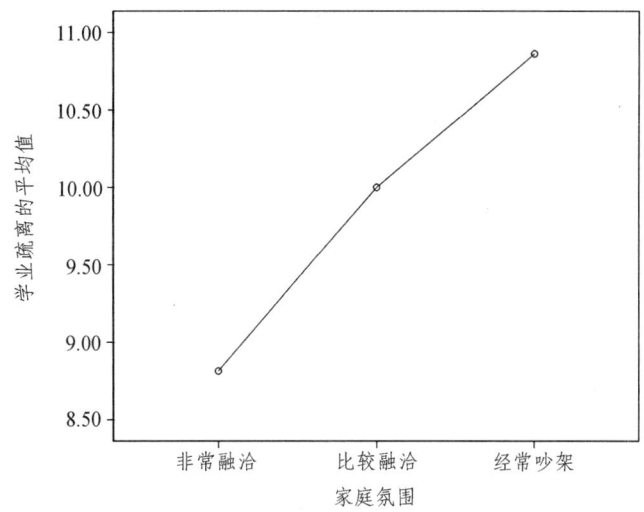

图 5-19 不同家庭氛围下中学生学业疏离平均值变化趋势图

图 5-19 表明，不同家庭氛围下中学生学业疏离的变化趋势较明显，中学生在学业疏离上面表现出较大的差异，特别是家里经常吵架的中学生的学业

疏离情况最多，具体表现出家庭氛围越差、中学生学业疏离情况越多的情况。为了具体了解不同家庭氛围下中学生在学业疏离方面的具体差异情况，本研究对不同家庭氛围下中学生的学业疏离进行多重事后检验，具体分析结果见表5-34。

表5-34　不同家庭氛围下中学生学业疏离的两两事后比较分析

因变量	（I）家庭氛围	（J）家庭氛围	均值差（I-J）	标准误差	显著性
学业疏离	非常融洽	比较融洽	-1.18	0.37	0.002
	非常融洽	经常吵架	-2.05	0.71	0.004
	比较融洽	经常吵架	-0.86	0.69	0.213

表5-34的多重事后检验表明，家庭氛围比较融洽和家里经常吵架的中学生的学业疏离均显著多于家庭氛围非常融洽的中学生的学业疏离，说明家庭氛围越融洽，则中学生在学业上的疏离情况越少。家庭氛围是否融洽对中学生的学业疏离影响非常大。

（四）不同家庭氛围下中学生学习倦怠中低成就感方面的具体变化趋势

以学习倦怠中的低成就感为因变量、不同家庭氛围情况为自变量进行描述统计和单因素方差分析，结果见表5-35所示。

表5-35　不同家庭氛围下中学生低成就感的单因素方差分析

因变量	家庭氛围	n	平均值	标准偏差	极小值	极大值
低成就感	非常融洽	152	20.89	3.64	12.00	28.00
	比较融洽	210	22.37	3.35	13.00	31.00
	经常吵架	29	22.90	4.30	14.00	31.00
F	9.155					
p	0.000					

表5-35的分析结果表明，不同家庭氛围下的中学生在学习倦怠中的低成就感方面存在着极其显著的差异。以不同家庭氛围下中学生的低成就感平均值为纵轴、家庭氛围为横轴绘制平均值图，以观测不同家庭氛围下中学生低成就感的变化情况，具体的变化趋势如图5-20所示。

第五章　中学生学习倦怠现状及与班级环境的关系

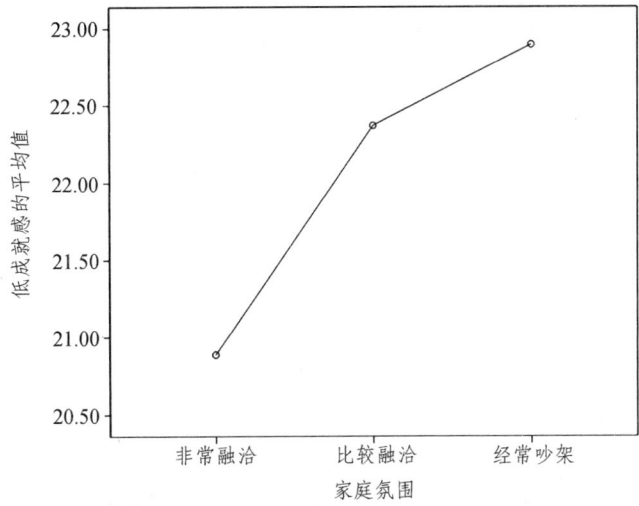

图 5-20　不同家庭氛围下中学生低成就感平均值变化趋势图

图 5-20 得到不同家庭氛围下的中学生的低成就感变化趋势表明，中学生在低成就感方面的表现存在着较大差异，变化规律与学习倦怠各方面表现的特点一致，家庭氛围越好的中学生，低成就感的状态越乐观，家庭氛围非常差的中学生的低成就感情况最为严重。为了具体了解不同家庭氛围中学生在低成就感上的具体差异情况，本研究对不同家庭氛围情况中学生的低成就感进行多重事后检验，具体分析结果见表 5-36。

表 5-36　不同家庭氛围中学生低成就感的两两事后比较分析

因变量	（I）家庭氛围	（J）家庭氛围	均值差（I-J）	标准误差	显著性
低成就感	非常融洽	比较融洽	−1.48	0.38	0.000
	非常融洽	经常吵架	−2.01	0.72	0.005
	比较融洽	经常吵架	−0.53	0.70	0.454

表 5-36 的多重事后检验表明，在学习倦怠的低成就感方面，家庭氛围非常融洽的中学生的低成就感水平均显著低于家里经常吵架以及家庭氛围比较融洽的学生的，家庭氛围非常融洽的中学生在学习上获得的成就感是最多的，而且比其他家庭情况的中学生获得的成就感要多很多。

五、父亲重视学习程度不同的中学生的学习倦怠差异分析

本研究以身心耗竭、学业疏离、低成就感及学习倦怠总分为因变量，对父亲重视和不重视学习的中学生学习倦怠进行独立样本 t 检验，结果如表 5-37 所示。

表 5-37　父亲重视学习程度不同的中学生的学习倦怠差异（M±SD）

维度	父亲重视学习程度	n	平均值	标准偏差	t	p
身心耗竭	重视	342	12.079	3.743	-0.005	0.996
	不重视	49	12.082	3.628		
学业疏离	重视	342	9.289	3.251	-4.761	0.001
	不重视	49	11.796	4.601		
低成就感	重视	342	21.652	3.564	-2.648	0.008
	不重视	49	23.102	3.732		
学习倦怠总分	重视	342	43.020	7.721	-3.285	0.001
	不重视	49	46.980	8.992		

表 5-37 表明，父亲是否重视学习对中学生学业疏离、低成就感及学习倦怠方面的影响均存在显著的差异，对身心耗竭的影响的差异非常小。具体表现为父亲重视学习的中学生的学业疏离、低成就感及学习倦怠均显著少于父亲不重视学习的中学生的。换言之，父亲越重视中学生的学习，则中学生的学习倦怠情况就越少。

六、母亲重视学习程度不同的中学生的学习倦怠差异分析

本研究以身心耗竭、学业疏离、低成就感及学习倦怠总分为因变量，对母亲重视学习程度不同的中学生学习倦怠进行独立样本 t 检验，结果如表 5-38 所示。

表 5-38　母亲重视学习程度不同的中学生的学习倦怠差异（M±SD）

因变量	母亲重视学习程度	n	平均值	标准偏差	t	p
身心耗竭	重视	354	12.051	3.753	-0.467	0.641
	不重视	37	12.351	3.474		
学业疏离	重视	354	9.398	3.327	-2.689	0.010
	不重视	37	11.568	4.787		
低成就感	重视	354	21.726	3.570	-1.830	0.068
	不重视	37	22.865	3.903		
学习倦怠总分	重视	354	43.175	7.811	-2.635	0.009
	不重视	37	46.784	8.991		

表 5-38 表明，母亲重视学习程度不同的中学生在学习倦怠的学业疏离、学习倦怠总分上存在显著差异。母亲重视学习的中学生的学业疏离、学习倦怠总分均显著低于那些母亲不重视学习的中学生的。这说明母亲对中学生的学习越重视，则中学生的学习倦怠就越少。

七、父亲文化程度不同的中学生的学习倦怠差异分析

为了深入分析父亲文化程度对中学生学习倦怠的影响，本研究以中学生的父亲文化程度为自变量，分别以中学生的学习倦怠总分、身心耗竭、学业疏离和低成就感为因变量进行方差检验。

（一）父亲文化程度不同的中学生学习倦怠的具体变化趋势

以学习倦怠总分为因变量、父亲文化程度为自变量进行描述统计和单因素方差分析，结果见表 5-39 所示。

表 5-39　父亲文化程度不同的中学生学习倦怠的单因素方差分析

因变量	父亲文化程度	n	平均值	标准偏差	极小值	极大值
学习倦怠总分	未上过学	17	48.29	10.79	30.00	73.00
	小学	87	43.68	8.36	23.00	64.00
	初中	178	43.29	7.65	25.00	65.00
	高中	71	43.59	7.10	24.00	64.00
	大专以上	38	41.92	8.44	24.00	61.00
F			1.964			
p			0.099			

表 5-39 的分析结果表明，父亲文化程度不同的中学生在学习倦怠总分上不存在显著的差异，父亲文化程度不同的中学生在学习倦怠总分上的表现特点变化不大，即父亲文化程度对中学生的学习倦怠总分影响较小。以父亲文化程度不同的中学生的学习倦怠总分平均值为纵轴、父亲文化程度为横轴绘制平均值图，以观测父亲文化程度不同的中学生学习倦怠的变化趋势，具体情况如图 5-21 所示。

由图 5-21 所示，中学生的学习倦怠总分虽然不因父亲文化程度的不同而存在显著差异，但是变化趋势仍大致表现出父亲文化程度越低、中学生的学习倦怠情况越多的趋势。父亲文化程度为"未上过学"的中学生的学习倦怠情况最多，而父亲文化程度为"大专以上"的中学生的学习倦怠情况最少。

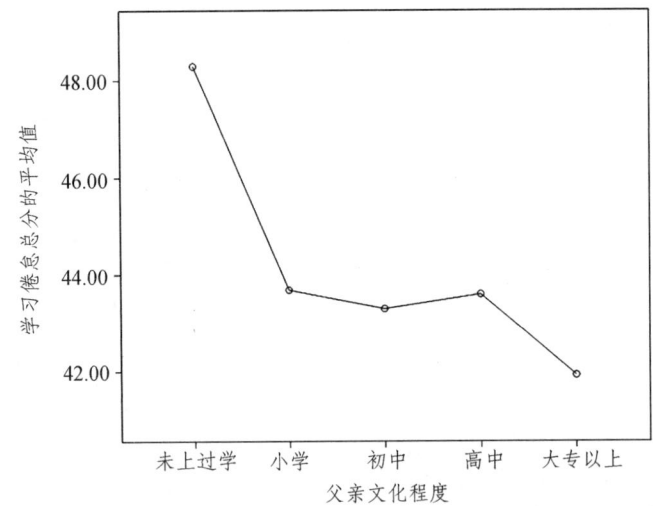

图 5-21　父亲文化程度不同的中学生学习倦怠总分平均值变化趋势图

(二) 父亲文化程度不同的中学生学习倦怠中身心耗竭方面的具体变化趋势

以学习倦怠中的身心耗竭为因变量、父亲文化程度为自变量进行描述统计和单因素方差分析,结果见表 5-40 所示。

表 5-40　父亲文化程度不同的中学生身心耗竭的单因素方差分析

因变量	父亲文化程度	n	平均值	标准偏差	极小值	极大值
身心耗竭	未上过学	17	13.59	3.14	8.00	18.00
	小学	87	11.93	3.95	4.00	20.00
	初中	178	12.10	3.69	5.00	20.00
	高中	71	12.14	3.54	5.00	20.00
	大专以上	38	11.53	3.92	4.00	20.00
F			0.948			
p			0.436			

表 5-40 的分析结果表明,父亲文化程度不同的中学生在学习倦怠的身心耗竭方面不存在显著的差异,即父亲文化程度对中学生的身心耗竭的影响较小。以身心耗竭平均值为纵轴、父亲文化程度为横轴绘制平均值图,以观测父亲文化程度不同的中学生身心耗竭的变化趋势,具体变化趋势如图 5-22 所示。

第五章　中学生学习倦怠现状及与班级环境的关系

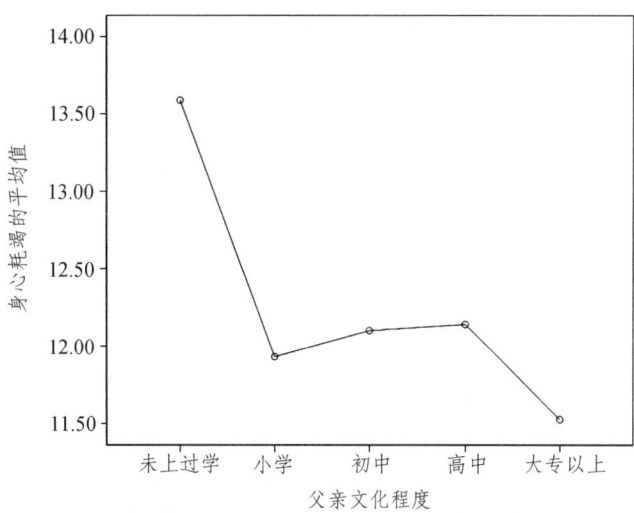

图 5-22　父亲文化程度不同的中学生身心耗竭平均值变化趋势图

如图 5-22 所示，父亲文化程度为"未上过学"的中学生的身心耗竭是最多的，这些中学生的身心耗竭相对于其他中学生的身心耗竭要多许多。而父亲文化程度为"大专以上"的中学生的身心耗竭是最少的。

（三）父亲文化程度不同的中学生学习倦怠中学业疏离方面的具体变化趋势

以学习倦怠中的学业疏离为因变量、父亲文化程度为自变量进行描述统计和单因素方差分析，结果见表 5-41 所示。

表 5-41　父亲文化程度不同的中学生学业疏离的单因素方差分析

因变量	父亲文化程度	n	平均值	标准偏差	极小值	极大值
学业疏离	未上过学	17	11.88	5.94	6.00	25.00
	小学	87	9.57	3.87	5.00	21.00
	初中	178	9.49	3.26	5.00	21.00
	高中	71	9.37	3.15	5.00	19.00
	大专以上	38	9.61	3.14	5.00	18.00
F			1.901			
p			0.110			

表 5-41 的分析结果表明，父亲文化程度不同的中学生在学业疏离上不存在显著的差异。以学业疏离平均值为纵轴、父亲文化程度为横轴绘制平均值

图，以观测父亲文化程度不同的中学生学业疏离的变化趋势，如图 5-23 所示。

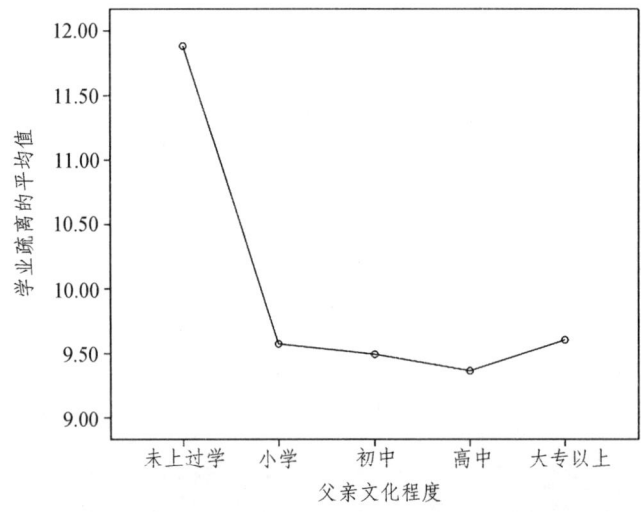

图 5-23　父亲文化程度不同的中学生学业疏离平均值变化趋势图

如图 5-23 所示，父亲文化程度为"未上过学"的中学生的学业疏离情况仍然是最多的，父亲文化程度为"小学""初中""高中"和"大专以上"的中学生的学业疏离相对要少很多，并且这些学生的学业疏离差别比较小。

（四）父亲文化程度不同的中学生学习倦怠中低成就感方面的具体变化趋势

以学习倦怠中的低成就感为因变量、父亲文化程度为自变量进行描述统计和单因素方差分析，结果见表 5-42 所示。

表 5-42　父亲文化程度不同的中学生低成就感的单因素方差分析

因变量	父亲文化程度	n	平均值	标准偏差	极小值	极大值
低成就感	未上过学	17	22.82	4.89	12.00	31.00
	小学	87	22.17	3.66	13.00	31.00
	初中	178	21.70	3.56	12.00	29.00
	高中	71	22.08	3.32	13.00	30.00
	大专以上	38	20.79	3.57	13.00	29.00
F	1.460					
p	0.214					

表 5-42 的分析结果表明，父亲文化程度不同的中学生在低成就感方面也不存在显著的差异，父亲文化程度对中学生的低成就感影响也不大。以低成就感平均值为纵轴、父亲文化程度为横轴绘制平均值图，以观测父亲文化程度不同的中学生低成就感的变化趋势，如图 5-24 所示。

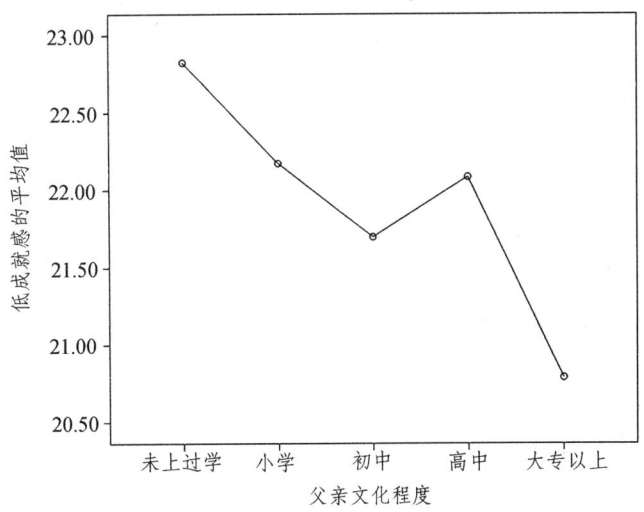

图 5-24　父亲文化程度的不同中学生低成就感平均值变化趋势图

由图 5-24 所示，中学生低成就感虽然不因父亲文化程度的不同而存在显著差异，但是变化趋势却与学习倦怠其他几个方面存在一定差异。虽然父亲文化程度为"大专以上"的中学生的低成就感情况是最少的，父亲文化程度为"未上过学"的中学生的低成就感也是最多的，但是父亲文化程度为"小学""初中"和"高中"的中学生的学习成就感也不高。

八、母亲文化程度不同的中学生的学习倦怠差异分析

为了深入分析母亲文化程度对中学生学习倦怠的影响情况，本研究以母亲文化程度为自变量，分别对学习倦怠总分、身心耗竭、学业疏离及低成就感进行差异检验。

（一）母亲文化程度不同的中学生学习倦怠总体上的具体变化趋势

首先以学习倦怠总分为因变量、母亲文化程度为自变量进行描述统计和单因素方差分析，结果见表 5-43 所示。

表 5-43　母亲文化程度不同的中学生学习倦怠的单因素方差分析

因变量	母亲文化程度	n	平均值	标准偏差	极小值	极大值
学习倦怠总分	未上过学	97	42.43	8.79	23.00	73.00
	小学	124	43.98	7.41	26.00	65.00
	初中	103	44.10	8.01	24.00	64.00
	高中	41	43.29	8.15	25.00	64.00
	大专以上	26	43.42	7.29	33.00	61.00
	总数	391	43.52	7.99	23.00	73.00
F	0.692					
p	0.598					

表 5-43 的分析结果表明，母亲文化程度不同的中学生在学习倦怠总分上不存在显著的差异，母亲文化程度对中学生的学习倦怠总体影响不大。以母亲文化程度不同的中学生的学习倦怠总分平均值为纵轴、母亲文化程度为横轴绘制平均值图，以观测母亲文化程度不同的中学生学习倦怠的变化趋势，如图 5-25 所示。

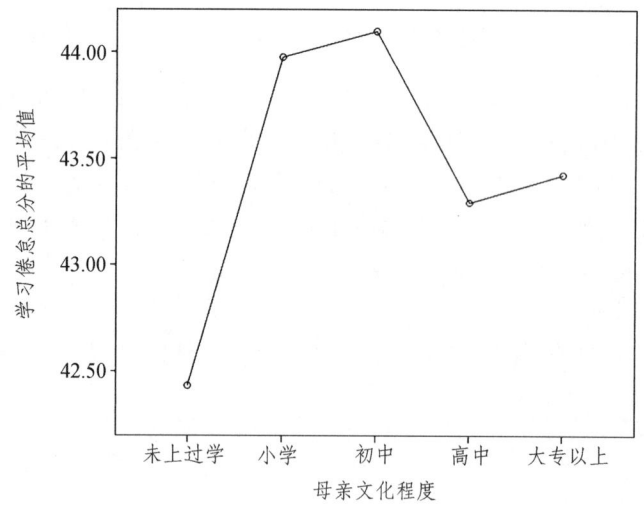

图 5-25　母亲文化程度不同的中学生学习倦怠总分平均值变化趋势图

如图 5-25 所示，母亲文化程度为"未上过学"的中学生的学习倦怠是最少的，而母亲文化程度为"初中"和"小学"的中学生的学习倦怠相对是较多的，并且母亲文化程度为"高中"和"大专以上"的中学生的学习倦怠相对较少。

（二）母亲文化程度不同的中学生学习倦怠中身心耗竭方面的具体变化趋势

以学习倦怠中的身心耗竭为因变量、母亲文化程度为自变量进行描述统计和单因素方差分析，结果见表 5-44 所示。

表 5-44 母亲文化程度不同的中学生身心耗竭的单因素方差分析

因变量	母亲文化程度	n	平均值	标准偏差	极小值	极大值
身心耗竭	未上过学	97	11.59	3.77	4.00	20.00
	小学	124	12.31	3.61	4.00	20.00
	初中	103	12.29	3.69	5.00	19.00
	高中	41	11.95	3.99	4.00	20.00
	大专以上	26	12.15	3.94	6.00	20.00
	总数	391	12.08	3.72	4.00	20.00
F	0.642					
p	0.633					

表 5-44 的分析结果表明，母亲文化程度不同的中学生在学习倦怠的身心耗竭方面不存在显著的差异，即母亲文化程度对中学生学习倦怠的身心耗竭方面的影响较小。以中学生的身心耗竭平均值为纵轴、母亲文化程度为横轴绘制平均值图，以观测母亲文化程度不同的中学生身心耗竭的变化趋势，如图 5-26 所示。

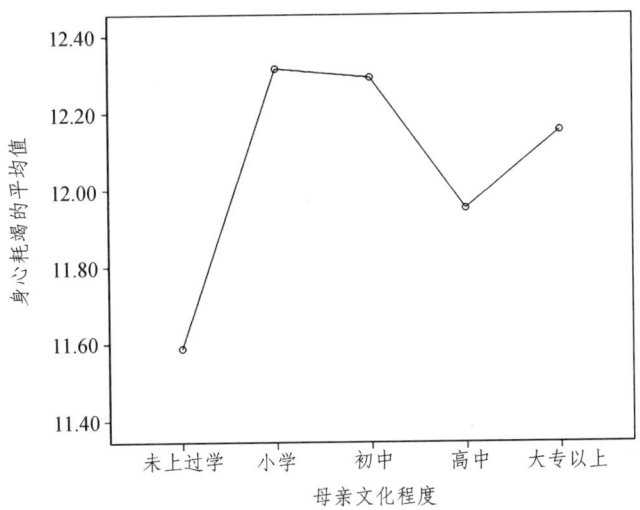

图 5-26 母亲文化程度不同的中学生身心耗竭平均值变化趋势图

如图 5-26 所示，母亲文化程度为"未上过学"的中学生的身心耗竭最少，而母亲文化程度为"小学"和"初中"的中学生身心耗竭相对比较多，母亲文化程度为"高中"的中学生的身心耗竭相对要少一些。

（三）母亲文化程度不同的中学生学习倦怠中学业疏离方面的具体变化趋势

以学习倦怠中的学业疏离为因变量、母亲文化程度为自变量进行描述统计和单因素方差分析，结果见表 5-45 所示。

表 5-45　母亲文化程度不同的中学生学业疏离的单因素方差分析

因变量	母亲文化程度	n	平均值	标准偏差	极小值	极大值
学业疏离	未上过学	97	9.61	4.06	5.00	25.00
	小学	124	9.44	3.36	5.00	21.00
	初中	103	9.82	3.49	5.00	21.00
	高中	41	9.39	3.32	5.00	19.00
	大专以上	26	9.88	3.00	5.00	15.00
	总数	391	9.60	3.54	5.00	25.00
F	0.238					
p	0.917					

表 5-45 的分析结果表明，母亲文化程度不同的中学生在学习倦怠的学业疏离方面不存在显著的差异，母亲文化程度对中学生的学业疏离影响较小。以学业疏离平均值为纵轴、母亲文化程度为横轴绘制平均值图，以观测母亲文化程度不同的中学生学业疏离的变化趋势，如图 5-27 所示。

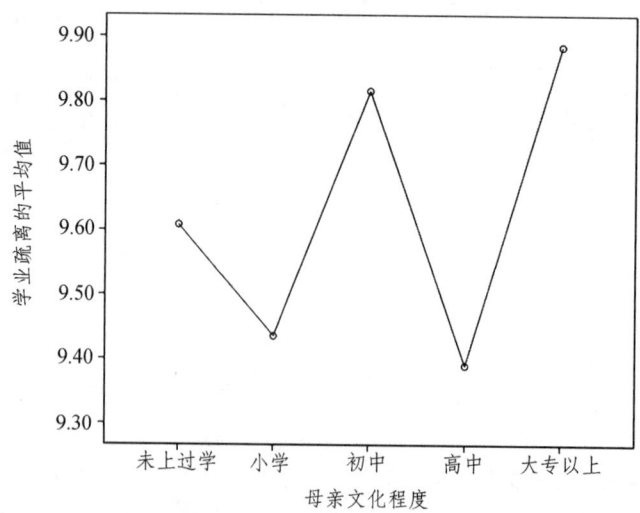

图 5-27　母亲文化程度不同的中学生学业疏离的平均值变化趋势图

如图 5-27 所示，母亲文化程度不同的中学生的学业疏离没有一定的变化规律，而且与同类情况下身心耗竭及学习倦怠总分的变化情况也不一致。具体来看，母亲文化程度为"小学"和"高中"的中学生的学业疏离比较少，母亲文化程度为"大专以上"的中学生的学业疏离是最多的，母亲文化程度为"初中"和"未上过学"的中学生的学业疏离也相对较多。

（四）母亲文化程度不同的中学生学习倦怠中低成就感方面的具体变化趋势

以学习倦怠中的低成就感为因变量、母亲文化程度为自变量进行描述统计和单因素方差分析，结果见表 5-46 所示。

表 5-46　母亲文化程度不同的中学生低成就感的单因素方差分析

因变量	母亲文化程度	n	平均值	标准偏差	极小值	极大值
低成就感	未上过学	97	21.24	3.86	12.00	31.00
	小学	124	22.23	3.57	12.00	31.00
	初中	103	21.99	3.51	13.00	29.00
	高中	41	21.95	3.69	14.00	30.00
	大专以上	26	21.38	3.06	16.00	29.00
	总数	391	21.83	3.61	12.00	31.00
F	1.188					
p	0.315					

表 5-46 的分析结果表明母亲文化程度不同的中学生在低成就感上不存在显著的差异，即母亲的文化程度对中学生在学习上的低成就感影响较小。以中学生的低成就感平均值为纵轴、母亲文化程度为横轴绘制平均值图，以观测母亲文化程度不同的中学生低成就感的变化趋势，如图 5-28 所示。

如图 5-28 所示，中学生学习倦怠上的低成就感在不同母亲文化程度这一条件下没有一定的变化规律，具体表现为母亲文化程度为"未上过学"和"大专以上"的中学生在学习上获得的成就感较多，而母亲文化程度为"小学"的中学生在学习上表现出来的低成就感情况最多。后者在学习上感受不到较多的成就感。母亲文化程度为"初中"和"高中"的中学生的低成就感情况也相对较多。

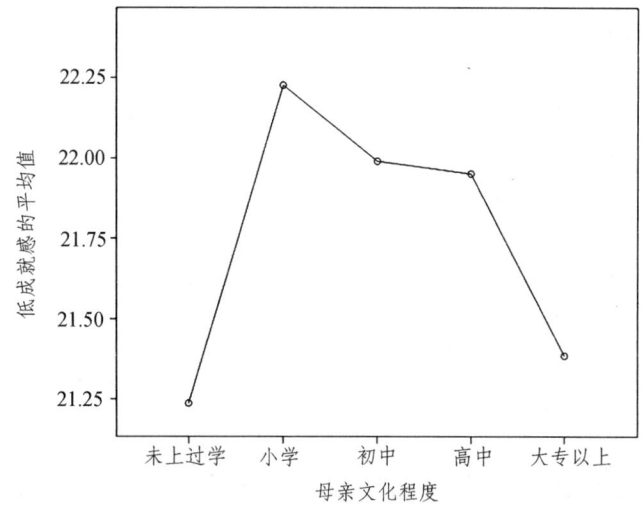

图 5-28 母亲文化程度不同的中学生低成就感平均值变化趋势图

九、留守情况不同的中学生的学习倦怠差异分析

为了深入分析留守情况对中学生学习倦怠的影响，首先分析留守中学生和非留守中学生在学习倦怠总分及各方面的差异情况。然后以留守中学生为统计分析对象，以留守中学生的留守类型为自变量，再分别以留守中学生的学习倦怠总分、身心耗竭、学业疏离和低成就感为因变量进行方差检验。

（一）留守中学生与非留守中学生在学习倦怠上的差异分析

以身心耗竭、学业疏离、低成就感及学习倦怠总分为因变量，对留守中学生和非留守中学生进行独立样本 t 检验，结果如表5-47所示。

表5-47　中学生学习倦怠的是否留守差异（M±SD）

因变量	是否留守	n	平均值	标准偏差	t	p
身心耗竭	非留守	47	11.77	3.87	-0.614	0.539
	留守	344	12.12	3.71		
学业疏离	非留守	47	10.13	3.93	1.082	0.280
	留守	344	9.53	3.48		
低成就感	非留守	47	21.49	3.51	-0.696	0.487
	留守	344	21.88	3.63		
学习倦怠总分	非留守	47	43.38	8.60	-0.122	0.903
	留守	344	43.53	7.91		

表 5-47 表明，留守和非留守中学生在身心耗竭、学业疏离、低成就感和学习倦怠总分上均不存在显著差异，留守因素并没有对中学生的学习倦怠产生较大影响。

（二）留守类型不同的中学生在学习倦怠上的差异分析

为了深入了解留守情况对留守中学生学习倦怠产生的具体影响，本研究分别分析不同的留守类型对中学生在学习倦怠各个方面的具体差异。

1. 留守类型不同的中学生学习倦怠总体上的具体变化趋势

首先以留守中学生的学习倦怠总分为因变量、留守类型为自变量进行描述统计和单因素方差分析，结果见表 5-48 所示。

表 5-48　留守类型不同的中学生学习倦怠的单因素方差分析

因变量	留守类型	n	平均值	标准偏差	极小值	极大值
学习倦怠总分	父母亲均外出	235	43.36	7.54	24.00	65.00
	父亲外出	94	43.56	8.83	24.00	64.00
	母亲外出	15	46.07	7.59	35.00	64.00
F	0.824					
p	0.440					

表 5-48 的分析结果表明，不同留守类型的中学生在学习倦怠总分上不存在显著差异。这说明留守类型对中学生的学习倦怠影响较小。以留守类型不同的中学生的学习倦怠总分平均值为纵轴、留守类型为横轴绘制平均值图，以观测留守类型不同的中学生的学习倦怠总体的变化趋势，如图 5-29 所示。

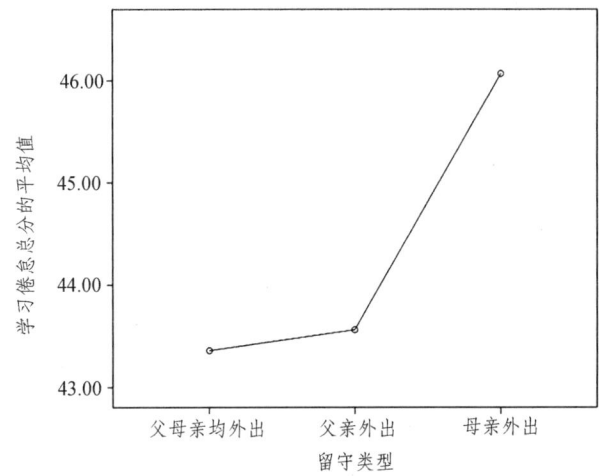

图 5-29　留守类型不同的中学生学习倦怠总分平均值变化趋势图

由图 5-29 所示，留守中学生的学习倦怠在不同留守类型上具体表现为：母亲外出的留守中学生的学习倦怠比父亲外出及父母亲均外出的留守中学生的学习倦怠要多很多。

2. 留守类型不同的中学生在学习倦怠中身心耗竭方面的具体变化趋势

以留守中学生学习倦怠中的身心耗竭为因变量、留守类型为自变量进行描述统计和单因素方差分析，结果见表 5-49 所示。

表 5-49　留守类型不同的中学生身心耗竭的单因素方差分析

因变量	留守类型	n	平均值	标准偏差	极小值	极大值
身心耗竭	父母亲均外出	235	12.01	3.55	4.00	20.00
	父亲外出	94	12.29	4.20	4.00	20.00
	母亲外出	15	12.80	2.86	6.00	17.00
F	0.445					
p	0.641					

表 5-49 的分析结果表明，留守类型不同的中学生在学习倦怠的身心耗竭方面不存在显著的差异，即留守类型对中学生的身心耗竭影响较小。以留守中学生的身心耗竭平均值为纵轴、留守类型为横轴绘制平均值图，以观测留守类型不同的中学生身心耗竭的变化趋势，如图 5-30 所示。

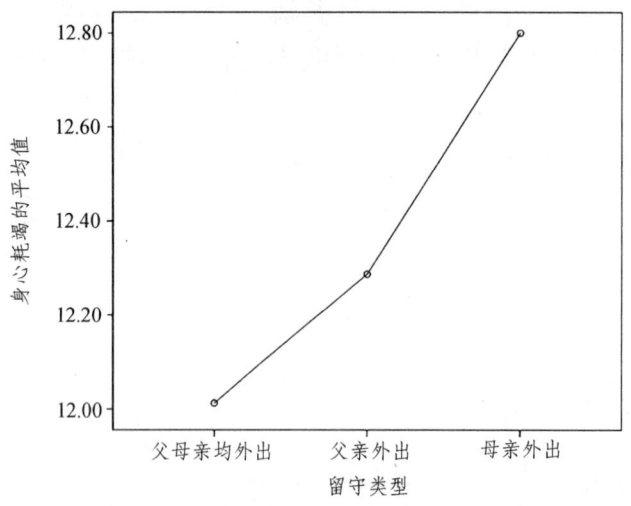

图 5-30　留守类型不同的中学生身心耗竭的平均值变化趋势图

由图 5-30 所示，留守中学生的身心耗竭虽然不因留守类型的不同而存在显著差异，但是不同留守类型的留守中学生在身心耗竭上还是存在一定的差异。母亲外出的留守中学生身心耗竭相对是最多的，父母亲均外出的留守中学生的身心耗竭是最少的，而父亲外出的留守中学生的身心耗竭相对也较少。

3. 留守类型不同的中学生学习倦怠中学业疏离的具体变化趋势

以留守中学生学习倦怠中的学业疏离为因变量、留守类型为自变量进行描述统计和单因素方差分析，结果见表 5-50 所示。

表 5-50 留守类型不同的中学生学业疏离的单因素方差分析

因变量	留守类型	n	平均值	标准偏差	极小值	极大值
学业疏离	父母亲均外出	235	9.47	3.30	5.00	25.00
	父亲外出	94	9.67	3.81	5.00	19.00
	母亲外出	15	9.67	4.30	5.00	19.00
F	0.124					
p	0.883					

表 5-50 的分析结果表明，留守类型不同的中学生在学习倦怠的学业疏离方面不存在显著的差异，留守类型对中学生的学业疏离影响较小。以留守中学生的学业疏离平均值为纵轴、留守类型为横轴绘制平均值图，以观测留守类型不同的中学生学业疏离的变化趋势，如图 5-31 所示。

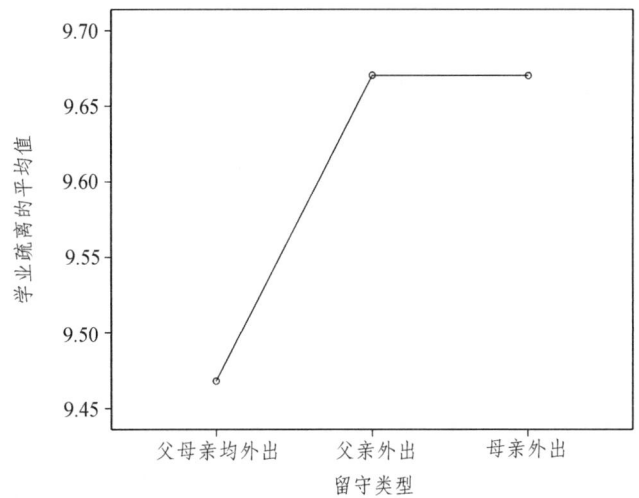

图 5-31 留守类型不同的中学生学业疏离平均值变化趋势图

如图 5-31 所示，留守中学生的学业疏离变化趋势与同类情况下其他的变化趋势不一致，具体表现为父母亲均外出的留守中学生的学业疏离是最少的，父亲外出或者母亲外出的留守中学生的学业疏离都相对较多。

4. 留守类型不同的中学生学习倦怠中低成就感的具体变化趋势

以留守中学生学习倦怠中的低成就感为因变量、留守类型为自变量进行描述统计和单因素方差分析，结果见表5-51所示。

表5-51 留守类型不同的中学生低成就感的单因素方差分析

因变量	留守类型	n	平均值	标准偏差	极小值	极大值
低成就感	父母亲均外出	235	21.88	3.48	12.00	31.00
	父亲外出	94	21.61	3.96	13.00	29.00
	母亲外出	15	23.60	3.54	17.00	30.00
F	1.963					
p	0.142					

表5-51的分析结果表明，不同留守类型的中学生在学习倦怠的低成就感方面不存在显著的差异，即留守类型对中学生的低成就感影响较小。以留守中学生的低成就感平均值为纵轴、留守类型为横轴绘制平均值图，以观测留守类型不同的中学生低成就感的变化趋势，如图5-32所示。

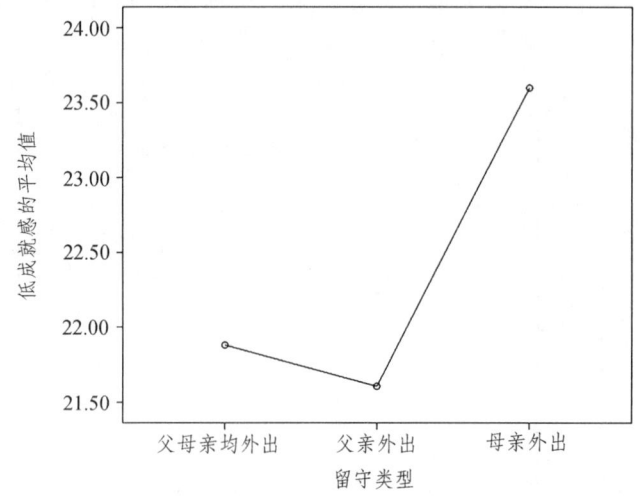

图5-32 留守类型不同的中学生低成就感平均值变化趋势图

由图5-32所示，留守类型不同的中学生不仅在低成就感上不存在显著差异，变化趋势与同样情况下学习倦怠其他几个方面也不一致。父亲外出的留守中学生的低成就感情况是最少的，其次为父母亲均外出的留守中学生，母亲外出的留守中学生的低成就感仍然是最多的,且与其他两种留守类型的中学生的差距较大。

第四节 班级环境对中学生学习倦怠的影响分析

一、不同班级环境中中学生的学习倦怠差异

为了深入了解不同班级环境中中学生学习倦怠的具体差异,本研究将聚类分析得到的班级环境分类作为自变量,分别以学习倦怠总分、身心耗竭、学业疏离和低成就感为因变量进行方差检验。

(一)不同班级环境中中学生学习倦怠总分的具体变化趋势

为了探讨不同班级环境中中学生学习倦怠总分的差异,以聚类分析得到的各类班级环境类型为自变量、学习倦怠总分为因变量进行单因素方差分析,结果如表 5-52 所示。

表 5-52 不同班级环境中中学生的学习倦怠差异

因变量	班级环境	n	平均值	标准偏差	极小值	极大值
学习倦怠总分	团结奋进型	127	40.95	7.44	24.00	61.00
	一般型	176	43.73	7.22	23.00	65.00
	自由散漫型	88	46.80	8.96	24.00	73.00
F			15.027			
p			0.000			

表 5-52 表明,中学生的学习倦怠总分在不同班级环境这一因素上存在极其显著的差异,班级环境对中学生学习倦怠的影响非常大。以不同班级环境中中学生的学习倦怠平均值为纵轴、班级环境为横轴绘制平均值图,以观测不同班级环境中中学生学习倦怠的变化情况,具体的变化趋势如图 5-33 所示。

由图 5-33 可见,总的来说,自由散漫型班级环境的中学生学习倦怠情况最多,其次是一般型班级环境中的中学生。团结奋进型班级环境中的中学生的学习倦怠的情况相对较少。班级环境越好越积极,中学生的学习倦怠情况越少。越自由散漫越差的班级环境中的中学生,其学习倦怠情况越多。为了具体了解不同班级环境中中学生在学习倦怠总分的具体差异情况,本研究对不

同班级环境中中学生的学习倦怠总分进行事后多重检验,具体分析结果如下表 5-53 所示。

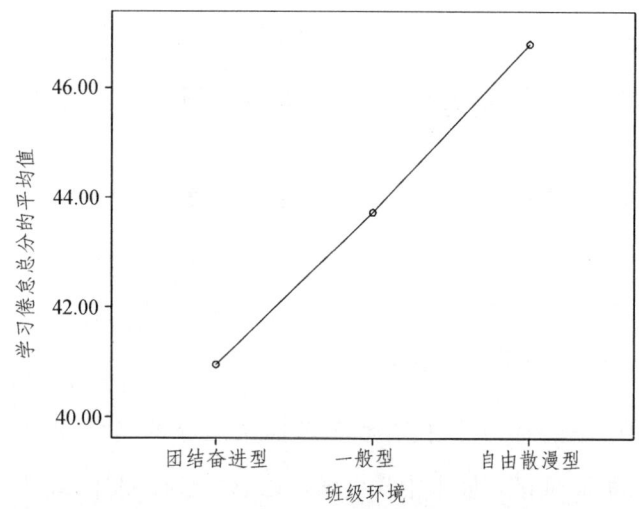

图 5-33　不同班级环境中学生的学习倦怠总体变化趋势图

表 5-53　不同班级环境中中学生学习倦怠总体的两两事后比较分析

因变量	（I）班级环境	（J）班级环境	均值差（I-J）	标准误差	显著性
学习倦怠总分	团结奋进型	一般型	-2.77	0.90	0.002
		自由散漫型	-5.84	1.07	0.000
	一般型	自由散漫型	-3.07	1.01	0.002

表 5-53 中多重事后检验表明,在学习倦怠总分上,不同班级环境中的中学生两两之间均存在非常显著的差异。团结奋进型班级环境中中学生的学习倦怠总分水平显著低于班级环境为"一般型"和"自由散漫型"的中学生的学习倦怠。同时,班级环境为"一般型"的中学生的学习倦怠总分也显著低于班级环境为"自由散漫型"的中学生的学习倦怠。

（二）不同班级环境中中学生学习倦怠中身心耗竭方面的具体变化趋势

为了探讨不同班级环境中中学生学习倦怠中的身心耗竭方面的差异,以聚类分析得到的不同班级环境为自变量、身心耗竭为因变量进行单因素方差分析,结果如表 5-54 所示。

表 5-54　不同班级环境中中学生学习倦怠的身心耗竭差异

因变量	班级环境	n	平均值	标准偏差	极小值	极大值
身心耗竭	团结奋进型	127	11.57	3.70	4.00	20.00
	一般型	176	12.52	3.55	4.00	20.00
	自由散漫型	88	11.94	4.03	4.00	19.00
F			2.496			
p			0.084			

表 5-54 中的方差分析结果表明，不同班级环境中中学生的身心耗竭并不存在显著差异，说明班级环境对中学生身心耗竭的影响不大。以中学生的身心耗竭平均值为纵轴、班级环境为横轴绘制平均值图，以观测不同班级环境中中学生身心耗竭的变化情况，具体情况如图 5-34 所示。

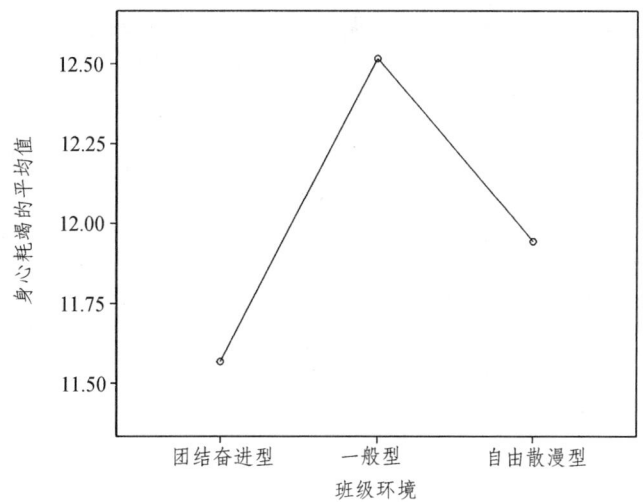

图 5-34　不同班级环境中的中学生身心耗竭平均值变化趋势图

图 5-34 表明，不同班级环境中的中学生的身心耗竭变化不一，与学习倦怠其他方面也不一样，没有一定的变化规律。班级环境为"一般型"的中学生的身心耗竭是最多的。团结奋进型班级的中学生的身心耗竭仍然是最少的。同时，自由散漫型班级的中学生身心耗竭也相对较少。

（三）不同班级环境中的中学生学习倦怠中学业疏离方面的具体变化趋势

为了探讨不同班级环境中中学生学习倦怠中学业疏离方面的差异，以聚类分析得到的不同班级环境为自变量、学业疏离为因变量进行描述统计和单因素方差分析，结果如表 5-55 所示。

表 5-55　不同班级环境中中学生学业疏离的差异

因变量	班级环境	n	平均值	标准偏差	极小值	极大值
学业疏离	团结奋进型	127	8.50	2.88	5.00	19.00
	一般型	176	9.58	3.35	5.00	21.00
	自由散漫型	88	11.25	4.13	5.00	25.00
F	16.351					
p	0.000					

表 5-55 表明，中学生的学业疏离水平在不同班级环境这一因素上存在极其显著的差异，班级环境对中学生学业疏离的影响非常大。以不同班级环境的学业疏离平均值为纵轴、班级环境类型为横轴绘制平均值图，以观测不同班级环境中中学生学业疏离的变化情况，具体的变化趋势如图 5-35 所示。

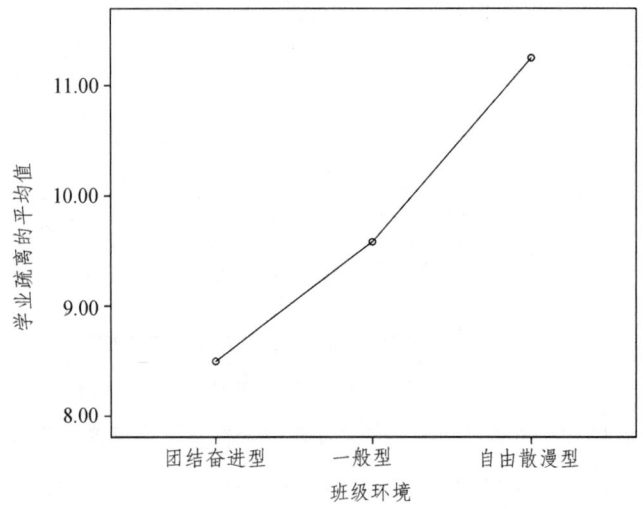

图 5-35　不同班级环境中中学生学业疏离平均值变化趋势图

由图 5-35 可见，学业疏离的变化与不同班级环境中中学生的学习倦怠的变化趋势是一致的，即团结奋进型班级环境的中学生学业疏离的情况是最少的，其次是一般型班级环境内的中学生，而自由散漫型班级环境的中学生学业疏离情况最多。班级环境越好越积极，中学生的学业疏离越少；班级环境越自由散漫越差，中学生的学业疏离越多。为了具体了解不同班级环境中中学生在学业疏离上的具体差异情况，对不同班级环境中中学生的学业疏离进行事后多重比较，具体分析结果如表 5-56 所示。

表 5-56　不同班级环境中中学生学业疏离的两两事后比较分析

因变量	（I）班级环境	（J）班级环境	均值差（I-J）	标准误差	显著性
学业疏离	团结奋进型	一般型	-1.08	0.40	0.007
		自由散漫型	-2.75	0.47	0.000
	一般型	自由散漫型	-1.67	0.44	0.000

多重事后检验表明，不同班级环境中的中学生学业疏离两两之间均存在非常显著的差异，且表现为自由散漫型班级环境中中学生的学业疏离均显著多于班级环境为"一般型"和"团结进取型"的中学生的学业疏离。班级环境为"一般型"的中学生的学业疏离又显著多于班级环境为"团结进取型"的中学生的学业疏离。

（四）不同班级环境中学生学习倦怠中低成就感方面的具体变化趋势

为了探讨不同班级环境中中学生学习倦怠中低成就感方面的差异，以聚类分析得到的不同班级环境为自变量、低成就感为因变量进行描述统计和单因素方差分析，结果如表 5-57 所示。

表 5-57　不同班级环境中中学生低成就感的差异

因变量	班级环境	n	平均值	标准偏差	极小值	极大值
低成就感	团结奋进型	127	20.89	3.33	13.00	28.00
	一般型	176	21.63	3.40	12.00	31.00
	自由散漫型	88	23.60	3.83	13.00	31.00
F			16.351			
p			0.000			

表 5-57 表明，中学生的低成就感在不同班级环境这一因素上存在非常显著的差异。班级环境的不同对中学生低成就感的影响非常大。以不同班级环境中中学生的低成就感平均值为纵轴、班级环境为横轴绘制平均值图，以观测不同班级环境中学生低成就感的变化情况，具体情况如图 5-36 所示。

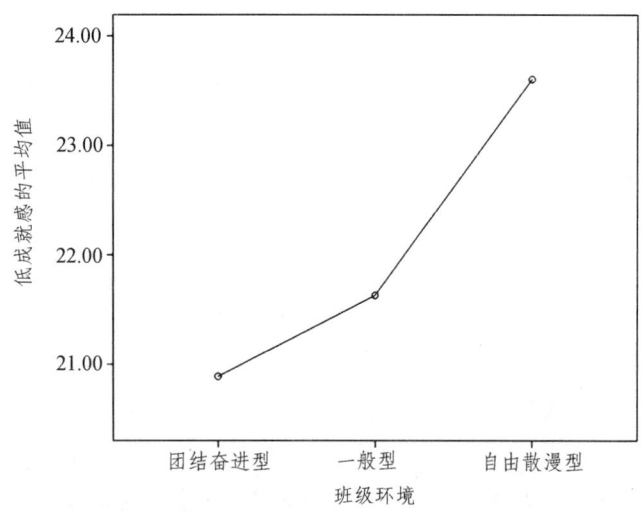

图 5-36　各班级环境低成就感平均值变化趋势图

如图 5-36 所示,团结奋进型班级环境的中学生低成就感的情况是最少的,其次是一般型班级环境中的中学生,而自由散漫型班级环境中的中学生低成就感情况最多。班级环境越积极,中学生低成就感情况越少。班级环境越自由散漫,中学生在学习上获取的成就感也越少。为了具体了解不同班级环境中中学生在低成就感上的具体差异情况,本研究对不同班级环境中中学生的低成就感进行事后多重检验,具体分析结果如表 5-58 所示。

表 5-58　不同班级环境中中学生低成就感的两两事后比较分析

因变量	（I）班级环境	（J）班级环境	均值差（I-J）	标准误差	显著性
低成就感	团结奋进型	一般型	-0.74	0.40	0.068
		自由散漫型	-2.71	0.48	0.000
	一般型	自由散漫型	-1.97	0.45	0.000

表 5-58 中多重事后检验表明,班级环境为"团结进取型"的中学生在学习上获得的成就感显著多于班级环境为"自由散漫型"的中学生的成就感。班级环境为"一般型"的中学生的低成就感也显著低于班级环境为"自由散漫型"的中学生。

二、中学生学习倦怠与班级环境的相关分析

为了探讨班级环境对中学生学习倦怠的具体影响机制,现将中学生学习

倦怠的身心耗竭、学业疏离、低成就感及学习倦怠总分与班级环境中师生关系、同学关系、秩序和纪律、竞争、学习负担等方面分别做皮尔逊积差相关分析，结果如表 5-59 所示。

表 5-59　班级环境与中学生学习倦怠的相关分析（r）

变量	师生关系	同学关系	秩序和纪律	竞争	学习负担	身心耗竭	学业疏离	低成就感	学习倦怠总分
师生关系	1.000								
同学关系	0.371**	1.000							
秩序和纪律	0.317**	0.537**	1.000						
竞争	0.333**	0.528**	0.472**	1.000					
学习负担	0.035	0.111*	0.116*	0.292**	1.000				
身心耗竭	-0.013	-0.062	-0.070	0.026	0.275**	1.000			
学业疏离	-0.186**	-0.257**	-0.199**	-0.252**	0.034	0.375**	1.000		
低成就感	-0.254**	-0.289**	-0.136**	-0.299**	-0.069	0.137**	0.421**	1.000	
学习倦怠总分	-0.203**	-0.274**	-0.182**	-0.235**	0.112*	0.694**	0.809**	0.703**	1.000

表 5-59 表明，中学生知觉到的班级环境中的师生关系、同学关系、秩序和纪律、竞争四个方面与学业疏离、低成就感、学习倦怠总分均呈显著负相关。班级环境中的学习负担与中学生的身心耗竭、学习倦怠总分呈显著正相关。换言之，班级环境中的师生关系、同学关系、秩序和纪律越好，则中学生的学习倦怠就越少。班级环境中的竞争越大，中学生的学习倦怠情况也越少。但是学习负担越大，中学生的学习倦怠也越多。

三、班级环境对中学生学习倦怠的回归预测分析

为了进一步分析班级环境对中学生学习倦怠的具体影响机制，本研究以班级环境的五个具体方面为自变量，分别以身心耗竭、学业疏离、低成就感和学习倦怠总分为因变量进行回归分析。

（一）班级环境对中学生学习倦怠总分的预测分析

首先以学习倦怠总分为因变量，以班级环境中的师生关系、同学关系、秩序和纪律、竞争、学习负担五个方面为自变量进行逐步回归分析，回归分

析的结果如表 5-60 所示。

表 5-60　班级环境对中学生学习倦怠的回归预测分析

因变量	预测变量	R	R^2	F	B	β	t
学习倦怠总分	同学关系	0.344	0.118	17.305**	-0.249	-0.196	-3.482**
	学习负担				0.349	0.188	3.753**
	竞争				-0.285	-0.186	-3.179**

表 5-60 表明，班级环境中的同学关系、学习负担和竞争进入了回归方程，说明同学关系、学习负担和竞争能共同显著预测中学生的学习倦怠总分，并且能共同解释学习倦怠总分 0.118 的变异。具体来看，班级环境中的同学关系和竞争能显著负向预测中学生的学习倦怠，而学习负担则能显著正向预测中学生的学习倦怠。换言之，中学生在班级环境中的同学关系越好，其学习倦怠越少；班级中的竞争越大，中学生的学习倦怠越少；学习负担越大，中学生的学习倦怠越多。

（二）班级环境对中学生学习倦怠中身心耗竭的预测分析

以身心耗竭为因变量，以班级环境中的师生关系、同学关系、秩序和纪律、竞争、学习负担五个方面为自变量进行逐步回归分析，回归分析的结果如表 5-61 所示。

表 5-61　班级环境对中学生身心耗竭的回归分析

因变量	预测变量	R	R^2	F	B	β	t
身心耗竭	学习负担	0.293	0.086	18.266**	0.249	0.287	5.870**
	秩序和纪律				-0.054	-0.103	-2.114*

表 5-61 表明，班级环境中的学习负担、秩序和纪律进入了回归方程，说明学习负担、秩序和纪律能共同显著预测中学生的身心耗竭，并且能共同解释身心耗竭 0.086 的变异。具体来看，班级环境中的秩序和纪律能显著负向预测中学生的身心耗竭，而学习负担则能显著正向预测中学生的身心耗竭。换言之，班级环境中的秩序和纪律越好，中学生的身心耗竭就越少。学习负担越大，中学生身心耗竭的情况越多。

（三）班级环境对中学生学习倦怠中学业疏离的预测分析

以学习倦怠中的学业疏离为因变量，班级环境中的师生关系、同学关系、秩序和纪律、竞争、学习负担五个方面为自变量进行逐步回归分析，回归分析的结果如表 5-62 所示。

表 5-62　班级环境对中学生学业疏离的回归分析

因变量	预测变量	R	R^2	F	B	β	t
学业疏离	同学关系	0.310	0.096	13.669**	-0.093	-0.166	-2.907**
	竞争				-0.133	-0.196	-3.313**
	学习负担				0.09	0.109	2.156*

表 5-62 表明，班级环境中的同学关系、学习负担、竞争三个维度进入了回归方程，说明同学关系、学习负担、竞争能共同显著预测中学生的学业疏离，并且能共同解释学业疏离 0.096 的变异。具体来看，班级环境中的同学关系、竞争能显著负向预测中学生的学业疏离，而学习负担则能显著正向预测中学生的学业疏离。换言之，中学生在班级环境中的同学关系越好，其学业疏离就越少；班级中的竞争越大，中学生的学业疏离越少；学习负担越大，中学生的学业疏离越多。

（四）班级环境对中学生学习倦怠中低成就感的预测分析

以学习倦怠中的低成就感为因变量，以班级环境中的师生关系、同学关系、秩序和纪律、竞争、学习负担五个方面为自变量进行逐步回归分析，回归分析的结果如表 5-63 所示。

表 5-63　班级环境对中学生低成就感的回归分析

因变量	预测变量	R	R^2	F	B	β	t
低成就感	竞争	0.361	0.130	19.303**	-0.121	-0.175	-3.092**
	师生关系				-0.076	-0.143	-2.756**
	同学关系				-0.082	-0.143	-2.490*

表 5-63 表明，班级环境中的同学关系、师生关系、竞争三个维度进入了回归方程，说明同学关系、师生关系、竞争能共同显著预测中学生的低成就感，并且能共同解释低成就感 0.13 的变异。具体来看，班级环境中的同学关系、师生关系、竞争均能显著负向预测中学生的低成就感。换言之，中学生在班级环境中的同学关系越好，其低成就感情况就越少；师生关系越好，其低成就感情况也越少；班级中的竞争越大，中学生的低成就感情况也越少。

第五节 讨 论

一、中学生学习倦怠的基本状况的讨论

本研究结果显示，中学生的学习倦怠情况总体上接近中间值（2.72），说明中学生存在一定程度的学习倦怠，突出表现在身心耗竭和低成就感两个维度上，这与国内学者注重从心理角度来看待学习倦怠相谋和。由此可见，学生的学习倦怠主要是由于身体和心理遭受双重折磨而造成的。在心理方面，他们的情绪易因学习而产生波动，睡眠质量差，平时注意力难以集中；而在生理方面，他们可能会出现消化系统紊乱。因此，教师平时除了正常的传道授业解惑，还应在平时关注学生的身心健康，只有以身心健康为前提，学习才会有保证。

研究结果同时表明，不同性别中学生的学习倦怠总分及各个方面均不存在显著差异。Maslach（1982）认为性别与倦怠分数相关。李文（2011）的研究表明，初中男生在学习倦怠上多于女生，这与本研究结果不一致。台湾学者张治遥和祝婧媛（2006）的研究结果表明，学习倦怠的性别差异没有达到显著性水平，与本研究结果相一致。学习倦怠不存在显著差异，说明不管男中学生还是女中学生，在当前的学习环境和压力方面均表现出一致的学习心理状况，他们对学习的看法和体验是一致的。

二、学校因素对中学生学习倦怠影响情况的讨论

从不同年级中学生的学习倦怠结果来看，学习倦怠拖延总问卷及三个维度在六个年级均呈现出极其显著的差异。总体上，高中学生的学习倦怠要多于初中学生。高中的课程设置、教学要求、学习难度、抽象程度都高于低年级阶段。还有就是与其他几个年级相比，毕业班的学生面临更大的升学压力，因此高年级和毕业班的学生学习倦怠较严重，这与国内研究者的结论相一致。

本研究调查结果显示，不同学习成绩的中学生在学习倦怠上均存在显著差异，学习成绩较差的中学生学习倦怠明显多过学习成绩较好的，这与其他的研究结果是一致的。即学习倦怠与中学生的学习成绩存在密切关系，严重的学习倦怠会导致中学生学习成绩严重下降，而学习成绩差的学生由于觉得自己成绩差，会慢慢对学习失去兴趣，疏离了学业，产生了学习倦怠。但学

习成绩好的中学生由于成就感高，学业疏离的情况较少，对学习的兴趣也会更加浓厚，因此会去更合理地计划和安排自己的学习任务与时间，学习倦怠的情况会少得多。

本研究发现，学习倦怠总分及学业疏离和低成就感都因中学生是否够担任班干部而存在显著差异。未担任班干部的中学生在学习倦怠显著多过担任班干部的中学生。担任班干部的中学生各方面都是比较优秀的，才会被选中当班干部，自律性较强。作为班干部要以身作则，老师和同学的期盼使他们不得不对自己高要求，因此，学习倦怠较少。

中学生学习倦怠还在不同学习压力上存在显著差异，具体表现在身心耗竭、低成就感两个方面。压力较小的中学生的学习倦怠显著少于压力较大的中学生。甘怡群（2007）等人认为，学习倦怠是由于长期的课业压力而产生的心理综合征。由于应试教育的结果是追求升学率，所以中学生也成了当今心理压力较大的人群之一，时刻感受到学业的压力。朱会明（2008）等在学习倦怠研究的再思考中作了论述，学业负荷是与学习倦怠直接相关的因素，学业负荷越大，学生的学习倦怠就会越多。

三、家庭因素对中学生学习倦怠影响情况的讨论

研究结果表明，在家庭因素中，是否为独生子女、不同家庭经济状况、父亲文化程度不同、母亲文化程度不同、留守情况不同等均不会造成学习倦怠及三个方面的显著差异，说明家庭中这些因素对中学生学习倦怠各方面的影响都较小。

而研究结果表明，来自乡村的和来自城区的中学生在身心耗竭、学业疏离及学习倦怠总分存在显著差异。来自城区的中学生的学习倦怠显著多过来自乡村的中学生。这说明，来自乡村的中学生由于在农村成长，各方面学习条件都不是特别优厚，这部分中学生会对学习机会倍加珍惜，因此产生学习倦怠的情况就少一些。而那些城区长大的中学生在城市中接触的新事物会更多，其他外在的东西对他们产生了更多的吸引力，导致他们在学习上不专心，有时候甚至对学习提不起兴趣，因而这些中学生更容易产生学习倦怠。

家庭氛围非常融洽的中学生的学习倦怠显著少于家里经常吵架的中学生的学习倦怠。家庭氛围越不融洽，中学生的学习倦怠就越多。家庭氛围不融洽，孩子得不到家长的关心帮助，或者家长不擅长和孩子交流沟通，会让孩子产生逆反心理，从而产生学习倦怠。但是在氛围融洽的家庭环境中，中学生在遇到学习上的各种问题和困难时，能在家庭这个环境中得到更好的倾听

以及获得更直接的解决办法和建议。这类中学生在学习上能获得家庭的帮助与鼓励，他们对学习的信心和兴趣都非常高，因而出现学习倦怠情况的情况也较少。

本研究还表明，父母对学习越重视的中学生，其学习倦怠就越少。不管是父亲还是母亲，只要对中学生的学习较重视，则中学生学习倦怠的情况就会比较少。父母对中学生学习的重视意味着中学生在学习上会经常有人提醒督促，或给予积极关注，学生便能按时完成作业等学习任务。学习任务能按时完成，中学生获得的成就感便高，在学业方面也能及时跟进，因此他们的学习倦怠也较少。

四、班级环境对中学生学习倦怠的影响讨论

中学生知觉到的不同班级环境会对其学习倦怠产生影响。积极的班级环境中的中学生会有较少的学习倦怠。这可能是由于在积极向上的班级环境里，中学生会产生一种积极的学习态度，从而有效预防了学习倦怠。而班级环境的不同在中学生的身心耗竭状况上并没产生明显差异。本研究认为这是由当前的应试教育环境所导致的。不管在何种班级环境里，中学生都会感觉到应试教育的压力以及学校课程安排与教育方式的呆板，因此多数学生都会有疲倦的感觉。在学业疏离和低成就感方面，由于团结进取型班级的中学生学习认真刻苦，积极向上，能感觉到竞争的压力，学习负担也适中，所以学业疏离较少，而成就感也较高一些。在自由散漫型班级里的中学生，由于他们不够积极，慢慢对学习就会失去兴趣，从而学业上不断疏离，在学习上的低成就感也慢慢多起来。

本研究显示，中学生知觉到的班级环境中的师生关系、同学关系、秩序和纪律、竞争都跟其学业疏离、低成就感和学习倦怠呈负相关，这说明班级环境中的各种人际关系等都会反向影响中学生的学习倦怠状况，这与吴艳等（2012）的相关研究一致。从具体的回归分析可知，学习负担会正向预测中学生的身心耗竭、学业疏离、学习倦怠，这说明过重的学习负担会使中学生过于疲倦，而长时间过重的学习负担和疲倦会使中学生对学习产生更大的厌倦情绪，慢慢地在学业上发生疏离，最后形成学习倦怠的不良状况。所以，一般而言，中学生的学习负担不应太重，而应该适中。这样，中学生有了适当的压力，才能不断鞭策自己好好学习。

班级环境中的师生关系、同学关系等人际关系对中学生的学业疏离、低成就感和学习倦怠具有负向预测作用。这表明在班集体中，人际关系较好，

中学生的学习倦怠也较少。人际关系好，中学生在学习和生活上就会互相帮助，相互照应，互相学习，取长补短。这样就使他们在学业上不断积极进取，因而学业疏离的情况较少，在学习上的成就感也较高，学习倦怠的状况也就比较少。而在人际关系比较差比如师生关系比较差的情况下，学生的叛逆性就较强，不愿意去认真学习，因此学业疏离就比较多。又由于师生关系差，老师也不会去鼓励表扬学生，最后导致学生在学习上的成就感比较低，学习倦怠状况日趋严重。

　　竞争是激励中学生奋发向上的一个重要因素。在有竞争的氛围里，中学生会不甘落后，不断去积极进取。研究结果也表明，竞争对学业疏离、低成就感和学习倦怠有负向预测作用。换言之，竞争是影响中学生学习倦怠的重要因素。有了竞争，中学生就会害怕自己落后，从而更自觉地去刻苦学习，不断克服种种困难，学业疏离和低成就感的情况也会非常少，学习倦怠状况也会相对比较少。秩序和纪律也能负向预测身心耗竭，在秩序和纪律较差的班级环境中，由于没有外在力量有效约束，中学生容易受环境的影响而学不好。久而久之，身心也就越来越疲惫了。

第六章
中学生学业自我效能感现状及与班级环境的关系

第一节　中学生学业自我效能感的基本状况

一、中学生学业自我效能感的总体情况

本研究通过描述统计,对中学生学业自我效能感总体情况及学习能力自我效能感和学习行为自我效能感两方面的题的平均得分进行分析,基本状况如表6-1所示。

表6-1　中学生学业自我效能感的基本状况

因变量	平均值	每题平均得分
学习能力自我效能感	34.70	3.15
学习行为自我效能感	35.07	3.18
学业自我效能感总分	69.78	3.17

表6-1表明,中学生学业自我效能感的总体情况居于中等水平,学业自我效能感总分的平均分为69.78。学习能力自我效能感的题平均分为3.15,学习行为自我效能感的题平均分为3.18,学业自我效能感总分的题平均分为3.17。这说明中学生的学业自我效能感总体上处于中等水平,并且在学习能力和学习行为方面的自我效能感相差不大。

根据中学生学业自我效能感的总分绘制柱形分布图,结果如图6-1所示。

图6-1中学生学业自我效能感分布图表明,中学生的学业自我效能感属于正态分布,大多数中学生的学业自我效能感处于中等水平。

二、中学生学业自我效能感的学习能力自我效能感情况

通过描述统计,对中学生学业自我效能感中学习能力自我效能感的具体情况进行分析,结果如表6-2所示。

第六章 中学生学业自我效能感现状及与班级环境的关系

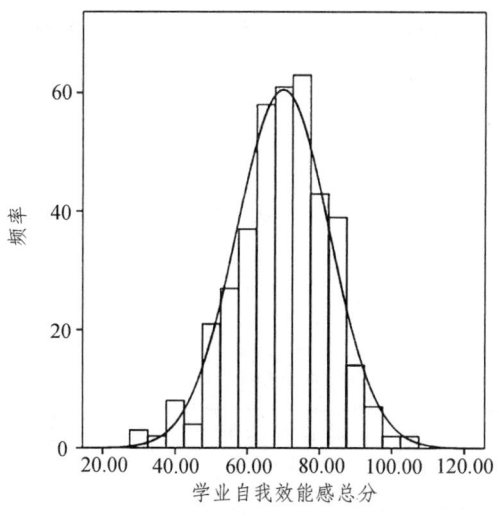

图 6-1 中学生学业自我效能感分布图

表 6-2 中学生学习能力自我效能感的基本状况

因变量	N	平均值	标准偏差	最小值	最大值	题平均分
学习能力自我效能感	391	34.70	7.384	11	55	3.15

从表 6-2 的分析结果可以发现，中学生的学习能力自我效能感处于中等水平，题平均得分为 3.15，根据中学生学习能力自我效能感的具体得分情况绘制中学生学习能力自我效能感的柱形分布图，结果如图 6-2 所示。

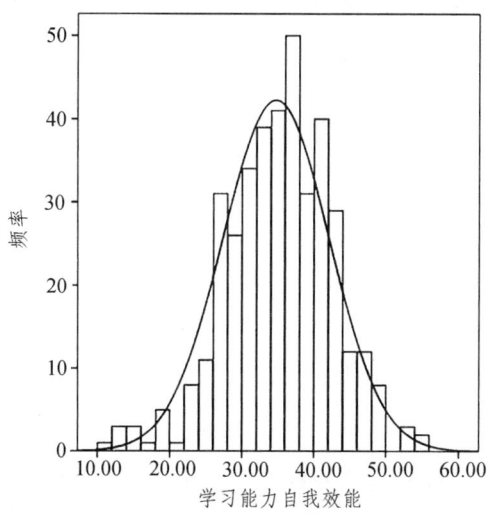

图 6-2 中学生学习能力自我效能感分布图

图 6-2 中学生学业自我效能感中学习能力自我效能感具体分布图表明，中学生的学习能力自我效能感基本服从正态分布，绝大多数中学生的学习能力自我效能感处于中等水平。

三、中学生学业自我效能感中学习行为自我效能感基本情况

通过描述统计，对中学生学业自我效能感中学习行为自我效能感的具体情况进行分析，结果如表 6-3 所示。

表 6-3 中学生学习行为自我效能感的基本状况

因变量	N	平均值	标准偏差	最小值	最大值	每题平均分
学习行为自我效能感	391	35.07	6.496	13	52	3.18

从表 6-3 的分析结果可以发现中学生的学习行为自我效能感处于中等水平，题平均得分为 3.18，根据中学生学习行为自我效能感的具体得分情况绘制中学生学习行为自我效能感的分布图，结果如图 6-3 所示。

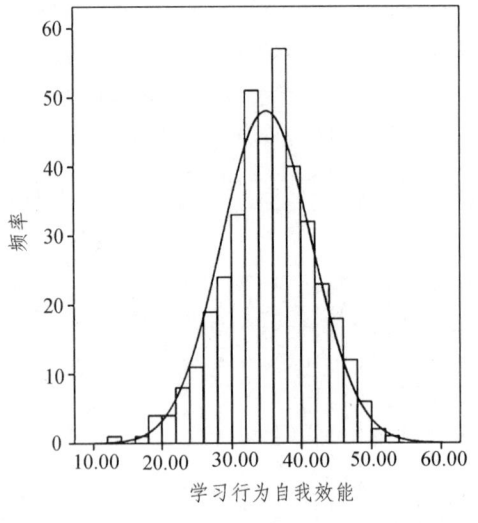

图 6-3 中学生学习行为自我效能感的分布图

图 6-3 表明，中学生的学习行为自我效能感是一个正态分布，绝大多数中学生存在中等水平的学习行为自我效能感，仅有少部分中学生存在较高水平的学习行为自我效能感。

四、男女中学生的学业自我效能感状况分析

以学习能力自我效能感、学习行为自我效能感及学业自我效能感总分为因变量,以性别为自变量进行独立样本 t 检验。结果如表 6-4 所示。

表 6-4　中学生学业自我效能感的性别差异

维度	性别	n	平均值	标准偏差	t	p
学习能力自我效能	男	258	34.717	7.537	0.051	0.959
	女	133	34.677	7.106		
学习行为自我效能	男	258	34.539	6.534	-2.282	0.023
	女	133	36.113	6.317		
学业自我效能感总分	男	258	69.256	13.129	-1.115	0.265
	女	133	70.790	12.393		

表 6-4 表明,中学生的学业自我效能感总体上和学习能力自我效能感方面不存在显著的性别差异,但是男中学生和女中学生在学习行为自我效能感方面存在显著的差异,女中学生的学习行为自我效能感显著高于男中学生的学习行为自我效能感。

第二节　学校因素对中学生学业自我效能感的影响分析

一、不同年级中学生的学业自我效能感差异分析

为了探讨不同年级中学生的学业自我效能感差异,本研究依次以学业自我效能感各维度和总分为因变量、年级为自变量进行单因素方差分析,并进行多重事后检验。

(一)不同年级中学生学业自我效能感总体上的具体变化趋势

首先以学业自我效能感总分为因变量、年级为自变量进行描述统计和单因素方差分析,结果见表 6-5 所示。

表 6-5　不同年级中学生学业自我效能感的单因素方差分析

因变量	年级	n	平均值	标准偏差	最小值	最大值
学业自我效能感总分	七年级	46	79.152	9.967	44	101
	八年级	54	69.019	12.659	31	91
	九年级	98	68.827	11.618	31	95
	高一	45	70.556	12.775	38	93
	高二	77	65.987	12.741	30	105
	高三	71	69.211	14.085	37	106
F			6.888***			
p			0.000			

表 6-5 的分析结果表明，不同年级的中学生在学业自我效能感总体上存在非常显著的差异。首先以不同年级的学业自我效能感总分平均值为纵轴、年级为横轴绘制平均值图，以观测不同年级学业自我效能感的变化情况，不同年级学业自我效能感平均值变化趋势如图 6-4 所示。

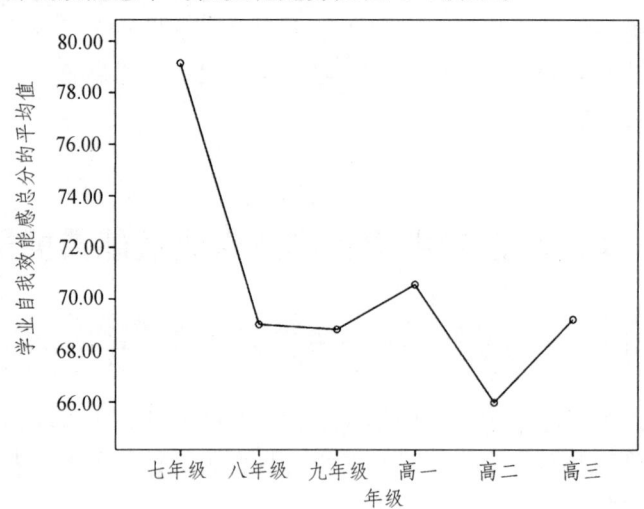

图 6-4　各年级学业自我效能感总分平均值变化趋势图

图 6-4 表明，不同年级中学生的学业自我效能感总体变化中，高二学生的学业自我效能感总体最低，而七年级学生的学业自我效能感总体最高，其他年级学生的学业自我效能感水平差别不是特别大。为了具体了解各年级中学生在学业自我效能感总体上的具体差异情况，本研究对各年级中学生的学业自我效能感总体进行多重事后比较，具体分析结果见表 6-6。

第六章 中学生学业自我效能感现状及与班级环境的关系

表 6-6　不同年级中学生学业自我效能感总体的两两事后比较分析

因变量	（I）年级	（J）年级	均值差（I-J）	标准误差	显著性
学业自我效能感总分	七年级	八年级	10.134*	2.494	0.000
		九年级	10.326*	2.221	0.000
		高一	8.597*	2.606	0.001
		高二	13.165*	2.316	0.000
		高三	9.941*	2.352	0.000
	八年级	九年级	0.192	2.106	0.927
		高一	-1.537	2.508	0.540
		高二	3.032	2.206	0.170
		高三	-0.193	2.244	0.932
	九年级	高一	-1.729	2.238	0.440
		高二	2.840	1.893	0.134
		高三	-0.385	1.937	0.843
	高一	高二	4.569	2.332	0.051
		高三	1.344	2.368	0.571
	高二	高三	-3.224	2.045	0.116

表 6-6 的多重事后检验表明，在学业自我效能感总体上，七年级学生的学业自我效能感显著高于八年级、九年级、高一、高二和高三的，说明在各年级中学生当中，七年级学生的学业自我效能感是最高的，并且与其他年级中学生的学业自我效能感水平差别非常大。

（二）不同年级中学生学业自我效能感中学习能力自我效能感方面的具体变化趋势

以学业自我效能感中的学习能力自我效能感为因变量、年级为自变量进行描述统计和单因素方差分析，结果见表 6-7 所示。

表 6-7　不同年级中学生学习能力自我效能感的单因素方差分析

因变量	年级	n	平均值	标准偏差	最小值	最大值
学习能力自我效能	七年级	46	39.391	5.101	27	52
	八年级	54	34.019	7.048	12	49
	九年级	98	34.143	6.952	13	52

续表

因变量	年级	n	平均值	标准偏差	最小值	最大值
学习能力自我效能	高一	45	34.978	7.307	13	48
	高二	77	32.909	7.408	11	55
	高三	71	34.732	8.397	14	55
F		5.089***				
p		0.000				

表 6-7 的分析结果表明，不同年级的中学生在学业自我效能感中的学习能力自我效能感上存在显著差异。以不同年级中学生的学习能力自我效能感平均值为纵轴、年级为横轴绘制平均值图，以观测不同年级中学生学习能力自我效能感的变化情况，不同年级中学生学习能力自我效能感变化趋势如图 6-5 所示。

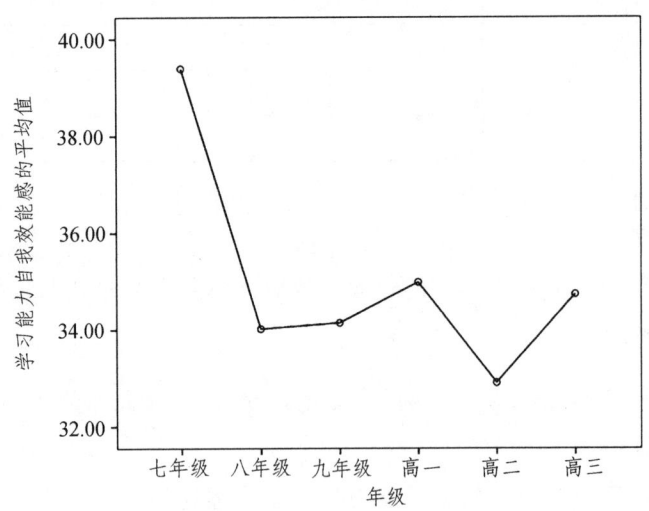

图 6-5　不同年级中学生学习能力自我效能感平均值变化趋势图

图 6-5 表明，不同年级中学生的学习能力自我效能感中，高二学生的学习能力自我效能感最低，八年级、九年级、高一和高三学生的学习能力自我效能感相对也较低，而七年级的学习能力自我效能感最高。为了具体了解不同年级中学生在学习能力自我效能感上的具体差异情况，本研究对不同年级中学生的学习能力自我效能感进行事后多重比较，具体分析结果见表 6-8。

表 6-8　不同年级中学生学习能力自我效能感的两两事后比较分析

因变量	（I）年级	（J）年级	均值差（I-J）	标准误差	显著性
学习能力自我效能感	七年级	八年级	5.373*	1.444	0.000
		九年级	5.248*	1.286	0.000
		高一	4.414*	1.509	0.004
		高二	6.482*	1.341	0.000
		高三	4.659*	1.362	0.001
	八年级	九年级	−0.124	1.220	0.919
		高一	−0.959	1.453	0.509
		高二	1.109	1.278	0.386
		高三	−0.714	1.300	0.583
	九年级	高一	−0.835	1.296	0.520
		高二	1.234	1.096	0.261
		高三	−0.590	1.122	0.600
	高一	高二	2.069	1.351	0.126
		高三	0.245	1.372	0.858
	高二	高三	−1.823	1.184	0.124

表 6-8 的多重事后检验表明，在学业自我效能感的学习能力自我效能感方面，七年级学生的学习能力自我效能感显著高于八年级、九年级、高一、高二和高三的，这说明在不同年级的中学生当中，七年级学生的学习能力自我效能感是最高的。

（三）不同年级中学生学业自我效能感中学习行为自我效能感上的具体变化趋势

以学业自我效能感中的学习行为自我效能感为因变量，以年级为自变量进行描述统计和单因素方差分析，结果见表 6-9 所示。

表 6-9 的分析结果表明，不同年级的中学生在学业自我效能感中的学习行为自我效能感上存在非常显著的差异。以不同年级中学生的学习行为自我效能感平均值为纵轴、年级为横轴绘制平均值图，以观测各年级中学生学习行为自我效能感的变化情况，不同年级中学生学习行为自我效能感变化趋势如图 6-6 所示。

表 6-9 不同年级中学生学习行为自我效能感的单因素方差分析

因变量	年级	n	平均值	标准偏差	最小值	最大值
学习行为自我效能感	七年级	46	39.761	5.930	17	49
	八年级	54	35.000	6.360	19	49
	九年级	98	34.684	6.020	13	48
	高一	45	35.578	6.655	23	49
	高二	77	33.078	6.282	18	50
	高三	71	34.479	6.434	21	52
F			6.987***			
p			0.000			

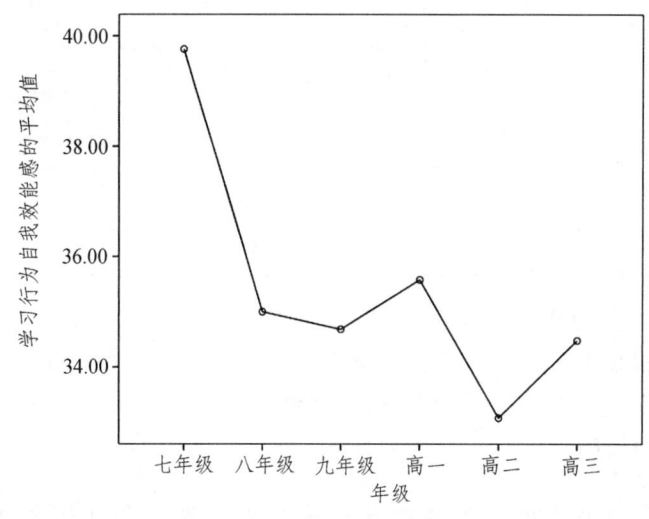

图 6-6 不同年级中学生学习行为自我效能感平均值变化趋势图

图 6-6 不同年级中学生学习行为自我效能感平均值变化趋势图表明，高二学生的学习行为自我效能感最低，而七年级学生的学习行为自我效能感最高，初中学生表现出年级越高、学习行为自我效能感现象越低的情况。高中生中，高二学生的学习行为自我效能感最低，高一最高，高三居中。为了具体了解不同年级中学生在学习行为自我效能感上的具体差异情况，本研究对不同年级中学生的学习行为自我效能感进行两两事后比较，具体分析结果见表 6-10。

表 6-10 不同年级中学生学习行为自我效能感的两两事后比较分析

因变量	（I）年级	（J）年级	均值差（I-J）	标准误差	显著性
学习行为自我效能感	七年级	八年级	4.761*	1.256	0.000
		九年级	5.077*	1.119	0.000
		高一	4.183*	1.313	0.002
		高二	6.683*	1.167	0.000
		高三	5.282*	1.185	0.000
	八年级	九年级	0.316	1.061	0.766
		高一	-0.578	1.264	0.648
		高二	1.922	1.111	0.084
		高三	0.521	1.130	0.645
	九年级	高一	-0.894	1.127	0.428
		高二	1.606	0.953	0.093
		高三	0.205	0.976	0.834
	高一	高二	2.500*	1.175	0.034
		高三	1.099	1.193	0.357
	高二	高三	-1.401	1.030	0.175

表 6-10 的多重事后检验表明，在学业自我效能感的学习行为自我效能感方面，七年级学生的学习行为自我效能感均显著高于八年级、九年级、高一、高二和高三的，说明在不同年级中学生当中，七年级学生的学习行为自我效能感是最高的。同时，高一学生学习行为自我效能感也显著高于高二的学生。

二、是否为班干部的中学生的学业自我效能感差异分析

以学习能力自我效能感、学习行为自我效能感及学业自我效能感总分为因变量，以是否为班干部为自变量，对中学生学业自我效能感进行独立样本 t 检验。结果如表 6-11 所示。

表 6-11 是否为班干部的中学生学业自我效能感的差异分析

因变量	是否为班干部	n	平均值	标准偏差	t	p
学习能力自我效能感	不是班干部	253	33.605	7.513	-4.062	0.000
	班干部	138	36.717	6.714		

续表

因变量	是否为班干部	n	平均值	标准偏差	t	p
学习行为自我效能感	不是班干部	253	34.304	6.655	-3.211	0.001
	班干部	138	36.486	5.962		
学业自我效能感总分	不是班干部	253	67.909	13.223	-3.954	0.000
	班干部	138	73.203	11.532		

表 6-11 表明，班干部和不是班干部的中学生在学业自我效能感总分、学习能力自我效能感、学习行为自我效能感方面均表现出显著的差异。具体来看，非班干部的中学生的学业自我效能感及其两个方面均显著低于是班干部的中学生的学业自我效能感。

三、不同学习成绩的中学生的学业自我效能感差异分析

为了分析学习成绩对中学生学业自我效能感的影响情况，以学习成绩为自变量，分别对中学生的学业自我效能感总分、学习能力自我效能感、学习行为自我效能感进行差异检验。

（一）不同学习成绩的中学生学业自我效能感总分上的具体变化趋势

首先以学业自我效能感总分为因变量、学习成绩为自变量进行描述统计和单因素方差分析，结果见表 6-12 所示。

表 6-12 不同学习成绩中学生学业自我效能感的单因素方差分析

因变量	学习成绩	n	平均值	标准偏差	最小值	最大值
学业自我效能感总分	好	52	78.539	11.115	38	101
	中	188	72.463	10.990	44	105
	差	151	63.417	12.764	30	106
F	42.676***					
p	0.000					

表 6-12 的分析结果表明，不同学习成绩的中学生在学业自我效能感总分上存在显著的差异。学习成绩不同的中学生的学业自我效能感表现出了不一样的特点，并且不同学习成绩的中学生的学业自我效能感总分上差异较大。

首先以不同学习成绩学生的学业自我效能感总分平均值为纵轴、学习成绩水平为横轴绘制平均值图，以观测不同学习成绩的中学生学业自我效能感总分的变化情况，不同学习成绩学生学业自我效能感总分变化趋势如图6-7所示。

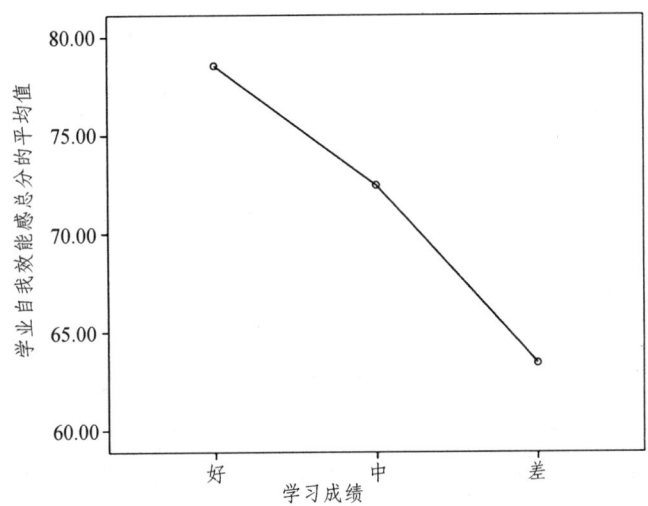

图6-7　不同学习成绩中学生学业自我效能感平均值变化趋势图

图6-7表明，成绩较差学生的学业自我效能感最低，成绩好的学生学业自我效能感最高，总体上表现出成绩越差、中学生的学业自我效能感越低的变化趋势。为了具体了解不同学习成绩中学生在学业自我效能感总分上的具体差异情况，本研究对不同学习成绩的中学生的学业自我效能感总分进行多重事后检验，具体分析结果见表6-13。

表6-13　不同学习成绩中学生学业自我效能感的两两事后比较分析

因变量	（I）学习成绩	（J）学习成绩	均值差（I-J）	标准误差	显著性
学业自我效能感总分	好	中	6.076	1.837	0.001
		差	15.121	1.885	0.000
	中	差	9.046	1.281	0.000

表6-13的多重事后检验表明，成绩中等的学生和成绩较差的学生的学业自我效能感显著低于成绩好的中学生的学业自我效能感，并且成绩中等的中学生学业自我效能感总分也显著高于成绩较差的中学生的学业自我效能感。这说明在不同学习成绩的中学生当中，成绩较差的学生学业自我效能感较低，并且与成绩好的中学生学业自我效能感的差别还比较大。

（二）不同学习成绩中学生学业自我效能感中学习能力自我效能感上的具体变化趋势

以学业自我效能感中的学习能力自我效能感为因变量、学习成绩为自变量进行描述统计和单因素方差分析，结果见表6-14所示。

表6-14　不同学习成绩中学生学习能力自我效能感的单因素方差分析

因变量	学习成绩	n	平均值	标准偏差	最小值	最大值
学习能力自我效能感	好	52	40.462	5.669	20	52
	中	188	36.048	6.189	22	55
	差	151	31.046	7.475	11	55
F	46.105***					
p	0.000					

表6-14的分析结果表明，不同学习成绩中学生在学业自我效能感中的学习能力自我效能感上存在着显著的差异，不同学习成绩中学生的学习能力自我效能感表现出了不一样的特点。以不同学习成绩中学生的学习能力自我效能感平均值为纵轴、学习成绩水平为横轴绘制平均值图，以观测不同学习成绩中学生学习能力自我效能感的变化情况，具体的变化趋势如图6-8所示。

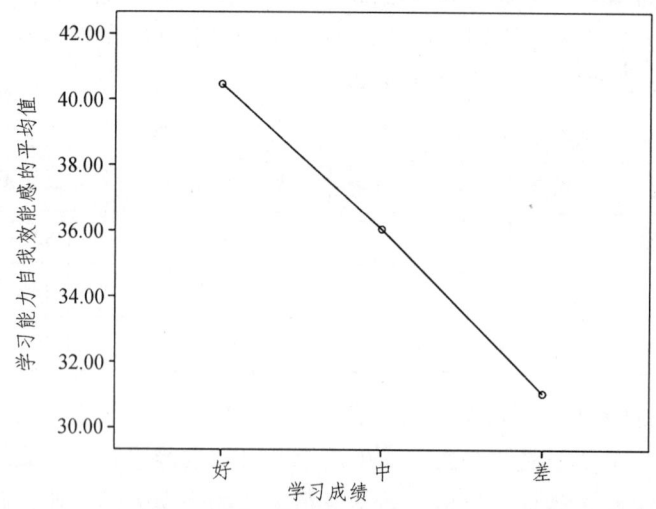

图6-8　不同学习成绩中学生学习能力自我效能感平均值变化趋势图

图6-8表明，不同学习成绩中学生的学习能力自我效能感方面，仍然是

成绩较差的中学生的学习能力自我效能感最低，而成绩较好的中学生的学业自我效能感最高，成绩一般的中学生的学习能力自我效能感水平处于中间水平，表现出了成绩越差、学习能力自我效能感越低的变化趋势。为了具体了解不同学习成绩的中学生在学习能力自我效能感上的具体差异情况，本研究对不同学习成绩的中学生的学习能力自我效能感进行多重事后检验，具体检验结果见表6-15。

表6-15 不同学习成绩中学生学习能力自我效能感的两两事后比较分析

因变量	（I）学习成绩	（J）学习成绩	均值差（I-J）	标准误差	显著性
学习能力自我效能感	好	中	4.414	1.043	0.000
	好	差	9.415	1.070	0.000
	中	差	5.002	0.727	0.000

表6-15的多重事后检验表明，在学业自我效能感的学习能力自我效能感方面，学习成绩好的中学生的学习能力自我效能感显著高于学习成绩差和学习成绩中等的中学生的学习能力自我效能感，学习成绩中等的学习能力自我效能感显著高于学习成绩差的中学生的学习能力自我效能感。因此，学习成绩是中学生产生学习能力自我效能感的一个重要因素。

（三）不同学习成绩的中学生学业自我效能感中学习行为自我效能感方面的具体变化趋势

以学业自我效能感中的学习行为自我效能感为因变量、中学生的学习成绩为自变量进行描述统计和单因素方差分析，结果见表6-16所示。

表6-16 不同学习成绩中学生学习行为自我效能感的单因素方差分析

学习行为自我效能感	学习成绩	n	平均值	标准偏差	最小值	最大值
	好	52	38.077	6.567	18	52
	中	188	36.415	5.999	17	50
	差	151	32.371	6.119	13	51
F		\multicolumn{5}{c}{25.477***}
p		\multicolumn{5}{c}{0.000}

表6-16的分析结果表明，不同学习成绩的中学生在学业自我效能感中的学习行为自我效能感上存在极其显著的差异。以不同学习成绩中学生的学习

行为自我效能感平均值为纵轴、学习成绩水平为横轴绘制平均值图，以观测不同学习成绩中学生学习行为自我效能感上的变化情况，具体的变化趋势如图 6-9 所示。

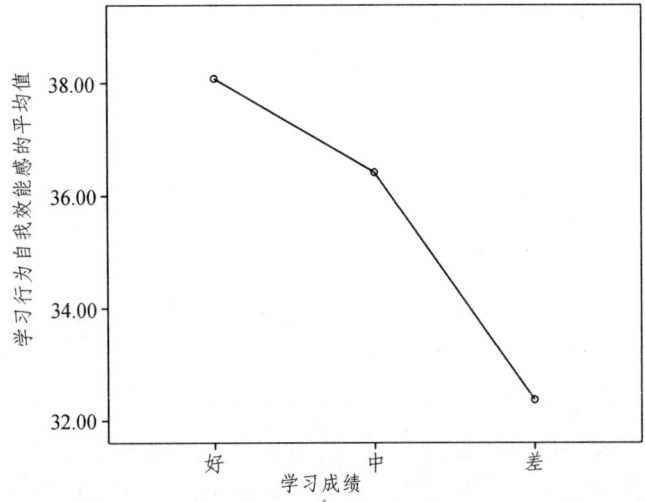

图 6-9　各学习成绩中学生学习行为自我效能感平均值变化趋势图

图 6-9 表明，不同学习成绩中学生的学习行为自我效能感变化趋势较明显，中学生在学习行为自我效能感上的表现存在较大的差异，特别是成绩较差的中学生的学习行为自我效能感最低，变化非常大，整体上也表现出学习成绩越差，学习行为自我效能感越低的情况。为了深入了解不同学习成绩中学生在学习行为自我效能感上的具体差异情况，本研究对不同学习成绩中学生的学习行为自我效能感进行多重事后检验，具体分析结果见表 6-17。

表 6-17　不同学习成绩中学生学习行为自我效能感的两两事后比较分析

因变量	（I）学习成绩	（J）学习成绩	均值差（I-J）	标准误差	显著性
学习行为自我效能感	好	中	1.662	0.959	0.084
		差	5.706	0.985	0.000
	中	差	4.044	0.669	0.000

表 6-17 的多重事后检验表明，在学业自我效能感的学习行为自我效能感方面，成绩较好和成绩中等的中学生的学习行为自我效能感均显著高于成绩较差的中学生的学习行为自我效能感。这说明在不同学习成绩的中学生中，成绩较差的学生的学习行为自我效能感是最低的，并且表现出成绩差的中学生的学习行为自我效能感情况远低于其他中学生。

四、不同学习压力下中学生的学业自我效能感差异分析

以学习能力自我效能感、学习行为自我效能感及学业自我效能感总分为因变量,以学习压力情况为自变量,对中学生学业自我效能感进行独立样本 t 检验。结果如表 6-18 所示。

表 6-18 中学生学业自我效能感的不同学习压力差异

因变量	学习压力	n	平均值	标准偏差	t	p
学习能力自我效能感	压力较小	159	35.736	7.460	2.302	0.022
	压力较大	232	33.996	7.263		
学习行为自我效能感	压力较小	159	35.818	6.729	1.880	0.061
	压力较大	232	34.565	6.295		
学业自我效能感总分	压力较小	159	71.554	12.991	2.268	0.024
	压力较大	232	68.560	12.702		

表 6-18 表明,压力较大和压力较小的中学生在学业自我效能感总分及学习能力自我效能感方面均表现出显著的差异,学习压力较小的中学生的学业自我效能感显著低于学习压力较大的中学生。换言之,学习压力越大,中学生的学业自我效能感越高。

第三节　家庭因素对中学生学业自我效能感的影响分析

一、是否为独生子女的中学生的学业自我效能感差异分析

以学习能力自我效能感、学习行为自我效能感及学业自我效能感总分为因变量,以是否为独生子女为自变量对中学生的学业自我效能感进行独立样本 t 检验。结果如表 6-19 所示。

表 6-19 是否为独生子女的中学生学业自我效能感的差异

因变量	是否为独生子女	n	平均值	标准偏差	t	p
学习能力自我效能感	独生子女	60	34.467	8.181	-0.269	0.788
	非独生子女	331	34.746	7.243		

续表

因变量	是否为独生子女	n	平均值	标准偏差	t	p
学习行为自我效能感	独生子女	60	34.883	6.745	-0.247	0.805
	非独生子女	331	35.109	6.460		
学业自我效能感总分	独生子女	60	69.350	14.162	-0.279	0.780
	非独生子女	331	69.855	12.665		

表 6-19 表明，独生子女和非独生子女中学生在学业自我效能感总分及各维度上均无显著的差异。但为独生子女的中学生的学业自我效能感总分及各维度得分均略低于非独生子女的中学生的学业自我效能感得分。

二、不同居住地的中学生学业自我效能感的差异分析

以学习能力自我效能感、学习行为自我效能感及学业自我效能感总分为因变量，对分别来自城市和乡村的中学生的学业自我效能感进行独立样本 t 检验。结果如表 6-20 所示。

表 6-20　不同居住地的中学生学业自我效能感的差异

因变量	居住地情况	n	平均值	标准偏差	t	p
学习能力自我效能感	城市	191	34.618	7.524	-0.224	0.823
	乡村	200	34.785	7.267		
学习行为自我效能感	城市	191	35.026	6.294	-0.143	0.887
	乡村	200	35.120	6.699		
学业自我效能感总分	城市	191	69.644	12.863	-0.200	0.842
	乡村	200	69.905	12.943		

表 6-20 表明，来自乡村和来自城市的中学生在学习能力自我效能感、学习行为自我效能感及学业自我效能感上均不存在显著的差异。但从具体得分来看，来自城市的中学生在学习能力自我效能感、学习行为自我效能感及学业自我效能感总分上均略低于来自乡村的中学生。

三、不同家庭经济状况的中学生的学业自我效能感差异分析

为了深入了解家庭经济状况对中学生学业自我效能感的影响，以中学生

的家庭经济状况为自变量,分别以中学生的学业自我效能感总分、学习能力自我效能感、学习行为自我效能感为因变量进行方差检验。

(一) 不同家庭经济状况的中学生学业自我效能感总分的具体变化趋势

首先以学业自我效能感总分为因变量、家庭经济状况为自变量进行描述统计和单因素方差分析,结果见表 6-21 所示。

表 6-21 不同家庭经济状况的中学生学业自我效能感总分的单因素方差分析

因变量	家庭经济状况	n	平均值	标准偏差	最小值	最大值
学业自我效能感总分	较富裕	37	71.162	14.200	31	101
	一般	229	70.223	12.289	30	106
	较差	125	68.552	13.555	31	95
F	0.915					
p	0.401					

表 6-21 的分析结果表明,不同家庭经济状况的中学生在学业自我效能感总分上不存在显著的差异,即家庭经济状况对中学生的学业自我效能感总体影响较小。以中学生的学业自我效能感总分平均值为纵轴、家庭经济状况为横轴绘制平均值图,以观测不同家庭经济状况的中学生学业自我效能感总分的基本变化趋势,具体变化情况如图 6-10 所示。

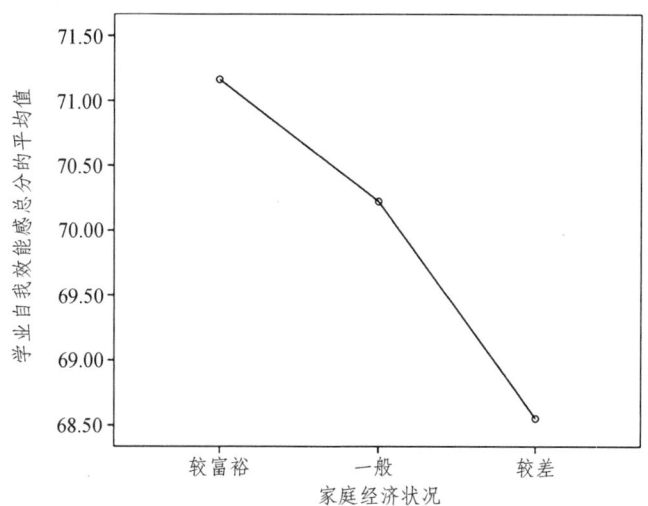

图 6-10 不同家庭经济状况的中学生学业自我效能感总体平均值变化趋势图

由图 6-10 所示，中学生的学业自我效能感总分虽在不同家庭经济状况上不存在显著差异，但是变化趋势仍表现出家庭经济状况越差的中学生、学业自我效能感越低的变化趋势，家庭较富裕的中学生的学业自我效能感水平较高。

（二）不同家庭经济状况的中学生学业自我效能感中学习能力自我效能感方面的具体变化趋势

以学业自我效能感中的学习能力自我效能感为因变量、家庭经济状况为自变量进行描述统计和单因素方差分析，结果见表 6-22 所示。

表 6-22　不同家庭经济状况的中学生学习能力自我效能感的单因素方差分析

因变量	家庭经济状况	n	平均值	标准偏差	最小值	最大值
学习能力自我效能感	较富裕	37	35.946	7.261	18	52
	一般	229	34.930	7.166	11	55
	较差	125	33.920	7.784	12	52
F			1.338			
p			0.264			

表 6-22 的分析结果表明，不同家庭经济状况的中学生在学习能力自我效能感上不存在显著差异，即家庭经济状况对中学生的学业自我效能感中的学习能力自我效能感影响较小。以学习能力自我效能感平均值为纵轴、家庭经济状况为横轴绘制平均值图，以观测不同家庭经济状况的中学生学习能力自我效能感的基本变化趋势，具体情况如图 6-11 所示。

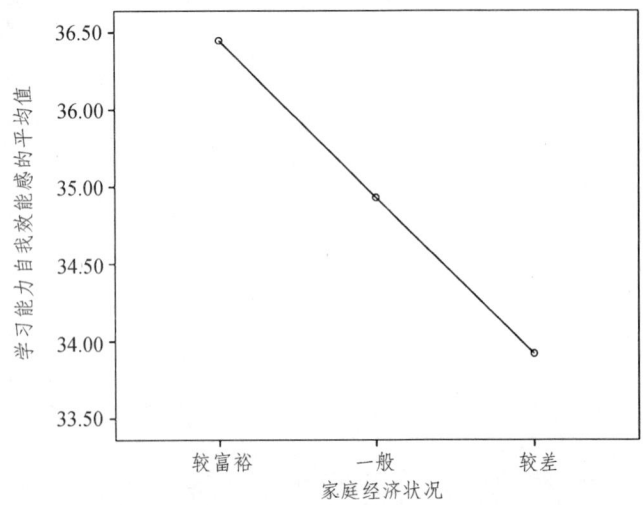

图 6-11　不同家庭经济状况的中学生学习能力自我效能感平均值变化趋势图

由图 6-11 所示，中学生的学习能力自我效能感虽在不同家庭经济状况层面不存在显著差异，但具体表现出家庭经济状况的下降、中学生学习能力自我效能感也随之降低的特点。

（三）不同家庭经济状况的中学生学业自我效能感中学习行为自我效能感上的具体变化趋势

以学业自我效能感中的学习行为自我效能感为因变量、家庭经济状况为自变量进行描述统计和单因素方差分析，结果见表 6-23 所示。

表 6-23　不同家庭经济状况的中学生学习行为自我效能感的单因素方差分析

因变量	家庭经济状况	n	平均值	标准偏差	最小值	最大值
学习行为自我效能感	较富裕	37	35	7.867	13	49
	一般	229	35	6.171	18	52
	较差	125	35	6.667	17	49
F			0.427			
p			0.653			

表 6-23 的分析结果表明，不同家庭经济状况的中学生在学习行为自我效能感上不存在显著的差异，即家庭经济状况对中学生的学习行为自我效能感影响小。以学习行为自我效能感平均值为纵轴、家庭经济状况为横轴绘制平均值图，以观测不同家庭经济状况的中学生学习行为自我效能感的变化趋势，具体变化情况如图 6-12 所示。

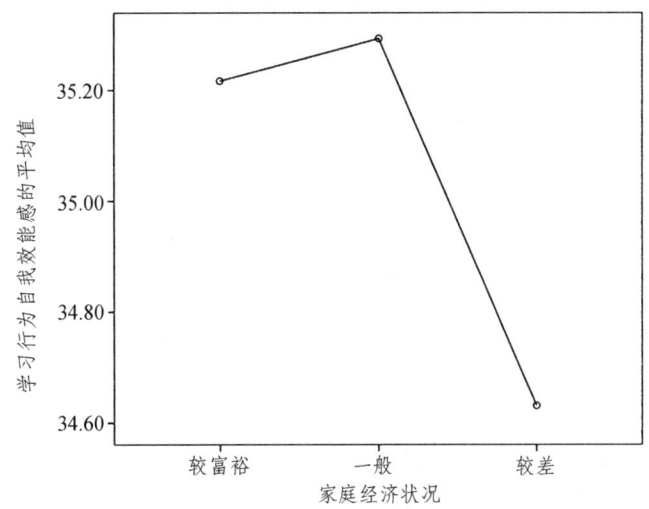

图 6-12　不同家庭经济状况的中学生学习行为自我效能感平均值变化趋势图

由图 6-12 所示，中学生学习行为自我效能感的变化趋势与其他情况存在一定区别，不仅学习行为自我效能感在不同家庭经济状况层面不存在显著差异，而且变化趋势也没有一定规律，具体表现为家庭经济状况一般的中学生的学习行为自我效能感最高，经济状况较差的中学生的学习行为自我效能感最低。

四、不同家庭氛围下中学生的学业自我效能感差异分析

为了深入分析家庭氛围对中学生学业自我效能感的影响，本研究以不同家庭氛围为自变量，分别对学业自我效能感总分、学习能力自我效能感、学习行为自我效能感进行差异检验。

（一）不同家庭氛围下中学生学业自我效能感总分上的具体变化趋势

首先以学业自我效能感总分为因变量、家庭氛围为自变量进行描述统计和单因素方差分析，结果见表 6-24 所示。

表 6-24　不同家庭氛围下中学生学业自我效能感的单因素方差分析

因变量	家庭氛围	n	平均值	标准偏差	最小值	最大值
学业自我效能感总分	非常融洽	152	73.401	12.668	33	106
	比较融洽	210	67.881	12.092	30	101
	经常吵架	29	64.517	15.158	31	93
F	11.261					
p	0.000					

表 6-24 的分析结果表明，不同家庭氛围中学生在学业自我效能感总分上存在显著的差异。以学业自我效能感总分平均值为纵轴、家庭氛围为横轴绘制平均值图，以观测不同家庭氛围下学生学业自我效能感的变化情况，具体的变化趋势如图 6-13 所示。

图 6-13 表现了在不同家庭氛围中成长起来的中学生学业自我效能感的变化趋势，家里经常吵架的中学生的学业自我效能感总分最低，而家庭氛围非常融洽的中学生的学业自我效能感最高，表现出家庭氛围越融洽、中学生的学业自我效能感越高的变化趋势。为了具体了解不同家庭氛围下中学生在学业自我效能感总分上的具体差异情况，本研究对各种家庭氛围中成长起来的中学生的学业自我效能感总分进行多重事后检验，具体分析结果见表 6-25。

第六章 中学生学业自我效能感现状及与班级环境的关系

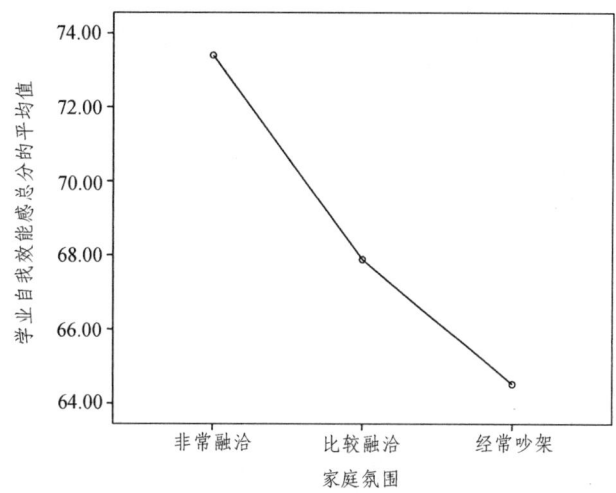

图 6-13 不同家庭氛围下中学生学业自我效能感平均值变化趋势图

表 6-25 不同家庭氛围下中学生学业自我效能感的两两事后比较分析

因变量	（I）家庭氛围	（J）家庭氛围	均值差（I-J）	标准误差	显著性
学业自我效能感总分	非常融洽	比较融洽	5.520	1.338	0.000
		经常吵架	8.884	2.545	0.001
	比较融洽	经常吵架	3.364	2.489	0.177

表 6-25 的多重事后检验表明，家庭氛围非常融洽的中学生学业自我效能感总分显著高于家庭氛围比较融洽和家里经常吵架的中学生的学业自我效能感，说明家里经常吵架的学生学业自我效能感是最低的。他们和家庭氛围非常融洽的中学生比起来，学业自我效能感的差别是非常大的。

（二）不同家庭氛围下中学生学业自我效能感中学习能力自我效能感方面的具体变化趋势

以学业自我效能感中的学习能力自我效能感为因变量、不同家庭氛围为自变量进行描述统计和单因素方差分析，结果见表 6-26 所示。

表 6-26 不同家庭氛围下中学生学习能力自我效能感的单因素方差分析

因变量	家庭氛围	n	平均值	标准偏差	最小值	最大值
学习能力自我效能感	非常融洽	152	36.842	7.512	14	55
	比较融洽	210	33.543	6.713	11	52
	经常吵架	29	31.897	8.703	13	48
F			11.669			
p			0.000			

表 6-26 的分析结果表明，不同家庭氛围中成长起来的中学生在学业自我效能感中的学习能力自我效能感上存在显著差异，说明中学生学业自我效能感的学习能力自我效能感受家庭氛围影响较大。本研究以学习能力自我效能感平均值为纵轴、家庭氛围为横轴绘制平均值图，以观测不同家庭氛围中学生学业自我效能感的变化情况，具体变化趋势如图 6-14 所示。

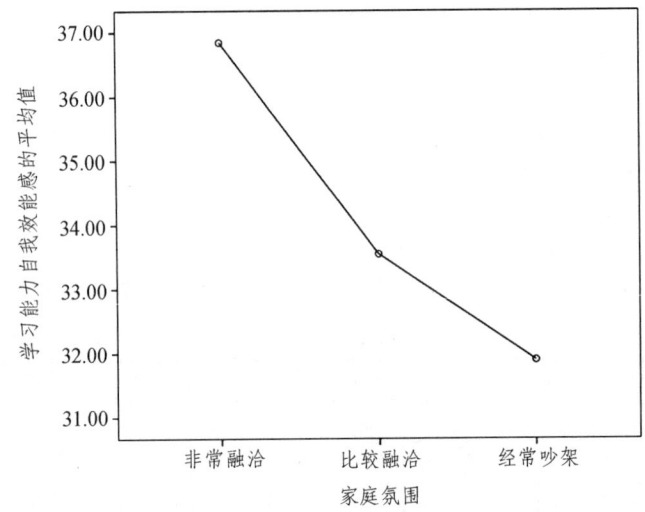

图 6-14　不同家庭氛围下中学生学习能力自我效能感平均值变化趋势图

图 6-14 表明，家庭氛围非常融洽的中学生的学习能力自我效能感最高，而家庭氛围比较融洽和家里经常吵架的中学生的学习能力自我效能感稍微低。家庭氛围越不融洽，中学生的学习能力自我效能感越低。

（三）不同家庭氛围下中学生学业自我效能感中学习行为自我效能感方面的具体变化趋势

以学业自我效能感中的学习行为自我效能感为因变量、家庭氛围为自变量进行描述统计和单因素方差分析，结果见表 6-27 所示。

表 6-27　不同家庭氛围下中学生学习行为自我效能感的单因素方差分析

因变量	家庭氛围	n	平均值	标准偏差	最小值	最大值
学习行为自我效能感	非常融洽	152	36.559	6.336	18	51
	比较融洽	210	34.338	6.194	19	52
	经常吵架	29	32.621	7.912	13	46
F			7.640			
p			0.001			

表 6-27 的分析结果表明，不同家庭氛围下中学生在学业自我效能感中的学习行为自我效能感方面存在极其显著的差异。以学习行为自我效能感平均值为纵轴、家庭氛围情况为横轴绘制平均值图，以观测不同家庭氛围下中学生学习行为自我效能感上的变化情况，具体变化趋势如图 6-15 所示。

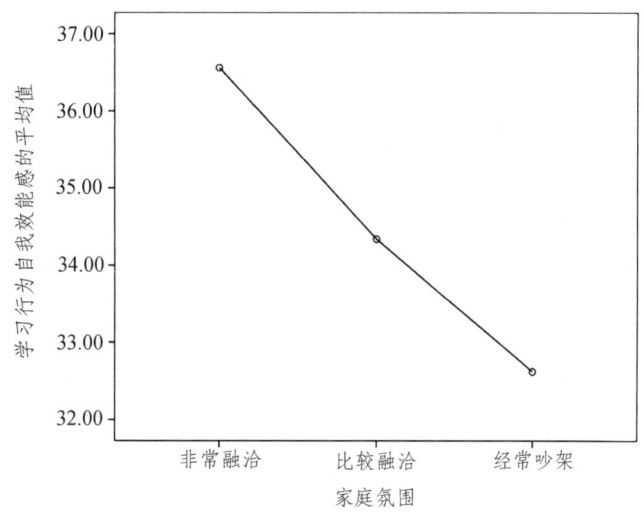

图 6-15　不同家庭氛围下中学生学习行为自我效能感平均值变化趋势图

图 6-15 表明，不同家庭氛围下中学生学习行为自我效能感变化趋势较明显，中学生在学习行为自我效能感上面表现出较大的差异。家里经常吵架的中学生的学习行为自我效能感最低。整体表现出家庭氛围越差、中学生学习行为自我效能感现象越低的情况。为了具体了解不同家庭氛围下中学生在学习行为自我效能感上的具体差异情况，本研究对不同家庭氛围中学生的学习行为自我效能感进行了多重事后检验，具体分析结果见表 6-28。

表 6-28　不同家庭氛围下中学生学习行为自我效能感的两两事后比较分析

因变量	（I）家庭氛围	（J）家庭氛围	均值差（I-J）	标准误差	显著性
学习行为自我效能感	非常融洽	比较融洽	2.221	0.680	0.001
		经常吵架	3.939	1.294	0.003
	比较融洽	经常吵架	1.717	1.265	0.176

表 6-28 的多重事后检验表明，在学业自我效能感的学习行为自我效能感方面，家庭氛围比较融洽和家里经常吵架的中学生的学习行为自我效能感均显著低于家庭氛围非常融洽的中学生的学习行为自我效能感。这说明家庭氛围越和谐，则中学生在学业上对自己的评价更高，家庭氛围是否融洽对中学

生的学习行为自我效能感影响非常大。

五、父亲重视学习程度不同的中学生的学业自我效能感差异分析

以学习能力自我效能感、学习行为自我效能感及学业自我效能感总分为因变量，对父亲重视和不重视学习的中学生学业自我效能感进行独立样本 t 检验，结果如表 6-29 所示。

表 6-29　父亲重视学习程度不同的中学生学业自我效能感的差异

因变量	父亲重视学习程度	n	平均值	标准偏差	t	p
学习能力自我效能感	重视	342	35.310	7.250	4.391	0.000
	不重视	49	30.469	6.976		
学习行为自我效能感	重视	342	35.471	6.374	3.228	0.001
	不重视	49	32.306	6.731		
学业自我效能感总分	重视	342	70.781	12.687	4.150	0.000
	不重视	49	62.776	12.198		

表 6-29 表明，父亲是否重视学习在中学生学习行为自我效能感、学习能力自我效能感及学业自我效能感方面均存在显著的差异。具体表现为：父亲重视学习的中学生的学习行为自我效能感、学习能力自我效能感及学业自我效能感总分均显著高于父亲不重视学习的中学生的。换言之，父亲重视中学生的学习，则中学生的学业自我效能感普遍比较高。

六、母亲重视学习程度不同的中学生的学业自我效能感差异分析

以学习能力自我效能感、学习行为自我效能感及学业自我效能感总分为因变量，对母亲重视学习程度不同的中学生学业自我效能感进行独立样本 t 检验，结果如表 6-30 所示。

表 6-30　母亲重视学习程度不同的中学生学业自我效能感的差异

因变量	母亲重视学习程度	n	平均值	标准偏差	t	p
学习能力自我效能感	重视	354	35.003	7.309	2.497	0.013
	不重视	37	31.838	7.588		

续表

因变量	母亲重视学习程度	n	平均值	标准偏差	t	p
学习行为自我效能感	重视	354	35.381	6.503	2.920	0.004
	不重视	37	32.135	5.711		
学业自我效能感总分	重视	354	70.384	12.871	2.907	0.004
	不重视	37	63.973	11.699		

表 6-30 表明，中学生的学习行为自我效能感、学习能力自我效能感及学业自我效能感在母亲是否重视学习这一点上存在显著差异。具体表现为母亲重视学习的中学生在学习行为自我效能感、学习能力自我效能感及学业自我效能感总分上均显著高于母亲不重视关心学习的中学生。换言之，母亲重视中学生的学习，则中学生的学业自我效能感程度就比较高。

七、父亲文化程度不同的中学生的学业自我效能感差异分析

为了深入分析父亲文化程度对中学生学业自我效能感的影响，以中学生的父亲文化程度为自变量，分别以中学生的学业自我效能感总分、学习能力自我效能感、学习行为自我效能感为因变量进行方差检验。

（一）父亲文化程度不同的中学生学业自我效能感总体上的具体变化趋势

首先以学业自我效能感总分为因变量、父亲文化程度为自变量进行描述统计和单因素方差分析，结果见表 6-31 所示。

表 6-31　父亲文化程度不同的中学生学业自我效能感的单因素方差分析

因变量	父亲文化程度	n	平均值	标准偏差	最小值	最大值
学业自我效能感总分	未上过学	17	67.177	13.812	40	91
	小学	87	67.839	13.196	31	101
	初中	178	69.596	13.032	30	101
	高中	71	71.803	10.367	49	97
	大专以上	38	72.447	14.848	40	106
F	1.528					
p	0.193					

表 6-31 的分析结果表明，父亲文化程度不同的中学生在学业自我效能感总体上不存在显著的差异，即父亲的文化程度对中学生的学业自我效能感影响小。以学业自我效能感总分平均值为纵轴、父亲文化程度为横轴绘制平均

值图,以观测父亲文化程度不同的中学生学业自我效能感总体的变化趋势,具体情况如图6-16所示。

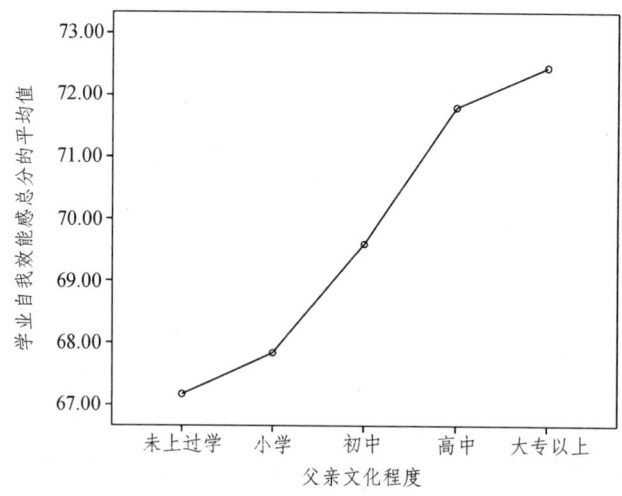

图6-16 父亲文化程度不同的中学生学业自我效能感总分平均值变化趋势图

由图6-16所示,中学生的学业自我效能感总分虽然在父亲文化程度层面不存在显著差异,但是仍大致表现出父亲文化程度越高、中学生的学业自我效能感总分越高的趋势,父亲文化程度为"未上过学"的中学生的学业自我效能感总体最低,而父亲文化程度为"大专以上"的中学生的学业自我效能感总分较高。

(二)父亲文化程度不同的中学生学业自我效能感中学习能力自我效能感上的具体变化趋势

以学业自我效能感中的学习能力自我效能感为因变量、父亲文化程度为自变量进行描述统计和单因素方差分析,结果见表6-32所示。

表6-32 父亲文化程度不同的中学生学习能力自我效能感的单因素方差分析

因变量	父亲文化程度	n	平均值	标准偏差	最小值	最大值
学习能力自我效能感	未上过学	17	34.118	8.580	13	47
	小学	87	33.724	7.676	13	52
	初中	178	34.360	7.345	11	49
	高中	71	36.155	6.340	22	52
	大专以上	38	36.105	7.925	19	55
F			1.543			
p			0.189			

表 6-32 的分析结果表明，父亲文化程度不同的中学生在学业自我效能感的学习能力自我效能感方面不存在显著的差异，父亲文化程度不同的中学生的学习能力自我效能感差异不大，即父亲的文化程度对中学生的学习能力自我效能感的影响也较小。以中学生的学习能力自我效能感平均值为纵轴、父亲文化程度为横轴绘制平均值图，以观测父亲文化程度不同的中学生学习能力自我效能感的变化趋势，具体变化趋势如图 6-17 所示。

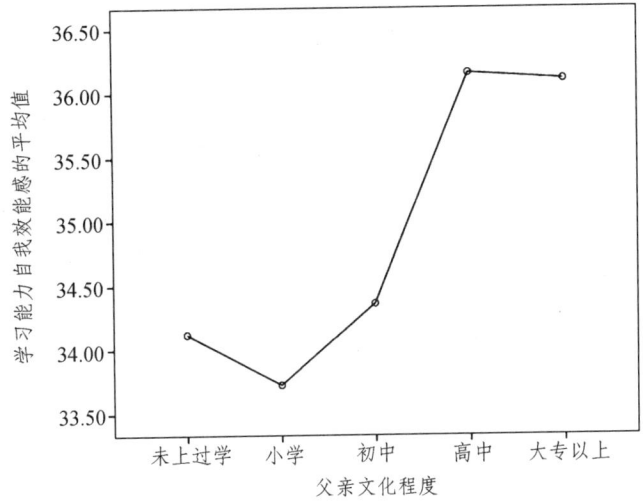

图 6-17　父亲文化程度不同的中学生学习能力自我效能感平均值变化趋势图

如图 6-17 所示，中学生的学习能力自我效能感不仅在父亲文化程度层面不存在显著差异，也没有一定的变化规律，具体表现为父亲文化程度为"小学"的中学生的学习能力自我效能感是最低，父亲文化程度为"高中"和"大专以上"的中学生的学习能力自我效能感是最高的。这两类中学生的学习能力自我效能感相对于其他几类中学生的学习能力自我效能感要高一些。

（三）父亲文化程度不同的中学生学业自我效能感中学习行为自我效能感方面的具体变化趋势

以学业自我效能感中的学习行为自我效能感为因变量、父亲文化程度为自变量进行描述统计和单因素方差分析，结果见表 6-33 所示。

表 6-33 的分析结果表明，父亲文化程度不同的中学生在学习行为自我效能感方面不存在显著的差异。以学习行为自我效能感平均值为纵轴、父亲文化程度为横轴绘制平均值图，以观测父亲文化程度不同的中学生学习行为自我效能感的变化趋势，如图 6-18 所示。

表 6-33　父亲文化程度不同的中学生学习行为自我效能感的单因素方差分析

因变量	父亲文化程度	n	平均值	标准偏差	最小值	最大值
学习行为自我效能感	未上过学	17	33.059	5.953	24	44
	小学	87	34.115	6.579	13	49
	初中	178	35.236	6.708	17	52
	高中	71	35.648	5.213	21	49
	大专以上	38	36.342	7.466	21	51
F			1.417			
p			0.227			

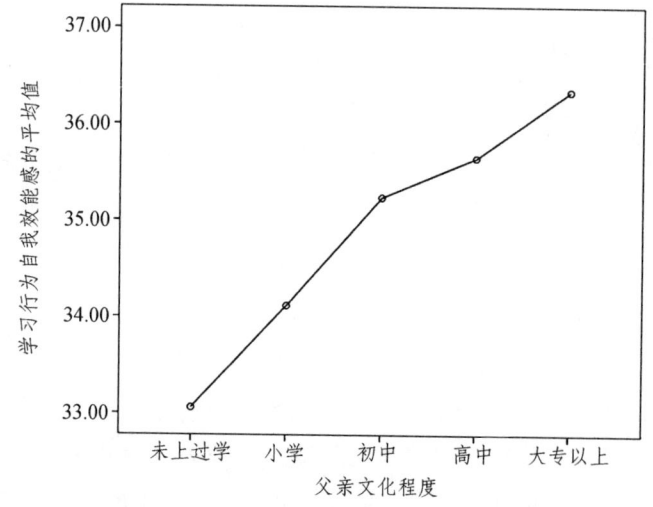

图 6-18　父亲文化程度不同的中学生学习行为自我效能感平均值变化趋势图

如图 6-18 所示，中学生的学习行为自我效能感虽然在父亲文化程度层面不存在显著差异，但是变化趋势仍表现出父亲文化程度越低、中学生的学习行为自我效能感越低的变化趋势。父亲文化程度为"未上过学"的中学生的学习行为自我效能感是最低的，而父亲文化程度为"小学""初中""高中"和"大专以上"的中学生的学习行为自我效能感依次提高。

八、母亲文化程度不同的中学生的学业自我效能感差异分析

为了深入分析母亲的文化程度对中学生学业自我效能感的影响情况，本研究以母亲文化程度为自变量，分别对学业自我效能感总分、学习能力自我效能感、学习行为自我效能感进行差异检验。

（一）母亲文化程度不同的中学生学业自我效能感总分上的具体变化趋势

首先以学业自我效能感总分为因变量、母亲文化程度为自变量进行描述统计和单因素方差分析，结果见表 6-34 所示。

表 6-34　母亲文化程度不同的中学生学业自我效能感的单因素方差分析

因变量	母亲文化程度	n	平均值	标准偏差	最小值	最大值
学业自我效能感总分	未上过学	97	70.526	13.170	30	96
	小学	124	67.557	12.214	37	93
	初中	103	70.563	13.328	31	106
	高中	41	71.902	13.407	42	101
	大专以上	26	71.115	11.847	48	87
F			1.454			
p			0.216			

表 6-34 的分析结果表明，母亲文化程度不同的中学生在学业自我效能感总分上不存在显著的差异，母亲文化程度对中学生的学业自我效能感总分影响不大。以中学生的学业自我效能感总分平均值为纵轴、母亲文化程度为横轴绘制平均值图，以观测母亲文化程度不同的中学生学业自我效能感总体的变化趋势，如图 6-19 所示。

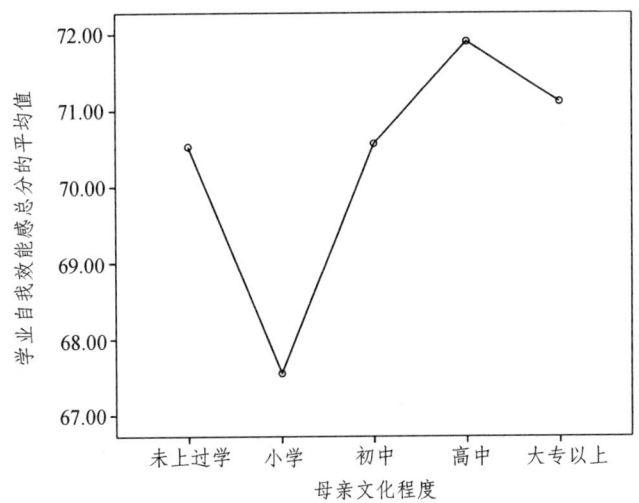

图 6-19　母亲文化程度不同的中学生学业自我效能感平均值变化趋势图

如图 6-19 所示，中学生的学业自我效能感总分虽然在母亲文化程度层面不存在显著差异，而且具体的表现情况也与父亲文化程度不同的中学生的学业自我效能感差异情况不一致。具体来看，母亲文化程度为"小学"的中学生的学业自我效能感是最低的，母亲文化程度为"高中"的中学生的学业自我效能感是最高的。

（二）母亲文化程度不同的中学生学业自我效能感中学习能力自我效能感方面的具体变化趋势

以学业自我效能感中的学习能力自我效能感为因变量、母亲文化程度为自变量进行描述统计和单因素方差分析，结果见表 6-35 所示。

表 6-35　母亲文化程度不同的中学生学习能力自我效能感的单因素方差分析

因变量	母亲文化程度	n	平均值	标准偏差	最小值	最大值
学习能力自我效能感	未上过学	97	35.340	7.485	11	52
	小学	124	33.186	7.116	13	48
	初中	103	35.155	7.621	12	55
	高中	41	35.756	7.499	15	52
	大专以上	26	36.115	6.458	23	46
F			2.055			
p			0.086			

表 6-35 的分析结果表明，母亲文化程度不同的中学生在学业自我效能感的学习能力自我效能感方面不存在显著的差异，母亲文化程度不同的中学生学习能力自我效能感的表现特点变化不大，即母亲文化程度对中学生学业自我效能感的学习能力自我效能感的影响较小。以学习能力自我效能感平均值为纵轴、母亲文化程度为横轴绘制平均值图，以观测母亲文化程度不同的中学生学习能力自我效能感的变化趋势，如图 6-20 所示。

如图 6-20 所示，中学生学习能力自我效能感在母亲文化程度方面也层面并没有表现出一致的变化趋势，具体来看，母亲文化程度为小学的中学生的学习能力自我效能感是最低的，而母亲文化程度是大专以上的中学生的学习能力自我效能感是最高的。

第六章 中学生学业自我效能感现状及与班级环境的关系

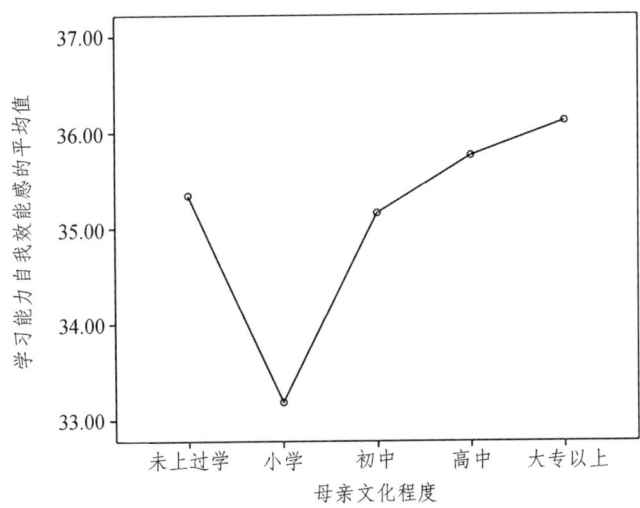

图 6-20 母亲文化程度不同的中学生学习能力自我效能感平均值变化趋势图

(三) 母亲文化程度不同的中学生学业自我效能感中学习行为自我效能感方面的具体变化趋势

以学业自我效能感中的学习行为自我效能感为因变量、母亲文化程度为自变量进行描述统计和单因素方差分析，结果见表 6-36 所示。

表 6-36 母亲文化程度不同的中学生学习行为自我效能感的单因素方差分析

因变量	母亲文化程度	n	平均值	标准偏差	最小值	最大值
学习行为自我效能感	未上过学	97	35.186	6.607	18	49
	小学	124	34.371	6.068	18	47
	初中	103	35.408	6.908	13	52
	高中	41	36.146	6.755	21	49
	大专以上	26	35.000	6.079	23	46
F			0.716			
p			0.581			

表 6-36 的分析结果表明，母亲文化程度不同的中学生在学业自我效能感的学习行为自我效能感方面不存在显著的差异，母亲文化程度对中学生的学习行为自我效能感影响较小。以学习行为自我效能感平均值为纵轴，母亲文化程度为横轴绘制平均值图，以观测母亲文化程度不同的中学生学习行为自我效能感的变化趋势，如图 6-21 所示。

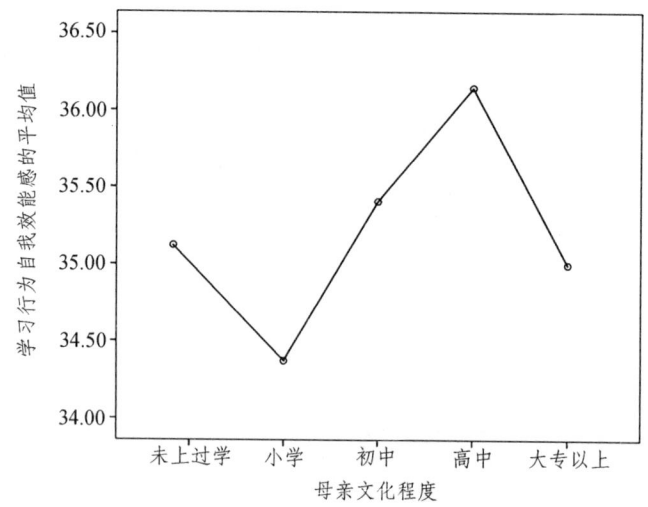

图 6-21 母亲文化程度不同的中学生学习行为自我效能感的平均值变化趋势图

如图 6-21 所示,在学习行为自我效能感方面,母亲文化程度不同的中学生没有表现出一定的变化规律,而且与学习能力自我效能感及学业自我效能感总分的变化情况也不一样。具体来看,母亲文化程度为"小学"的中学生的学习行为自我效能感是最低的。其次是母亲文化程度是"大专以上"的中学生的学习行为自我效能感。而母亲文化程度为"高中"的中学生的学习行为自我效能感是最高的。

九、留守情况不同的中学生的学业自我效能感差异分析

为了深入分析留守情况对中学生学业自我效能感的影响,本研究首先分析留守中学生和非留守中学生在学业自我效能感总分及各方面的差异情况。然后以留守中学生为统计分析对象、留守中学生的留守类型为自变量,再分别以留守中学生的学业自我效能感总分、学习能力自我效能感、学习行为自我效能感为因变量进行方差检验。

(一)留守中学生与非留守中学生在学业自我效能感上的差异分析

以学习能力自我效能感、学习行为自我效能感及学业自我效能感总分为因变量,对留守中学生和非留守中学生进行独立样本 t 检验,结果如表 6-37 所示。

第六章 中学生学业自我效能感现状及与班级环境的关系

表6-37 中学生学业自我效能感的是否留守差异

因变量	是否留守	n	平均值	标准偏差	t	p
学习能力自我效能感	非留守	47	36.106	7.642	1.390	0.165
	留守	344	34.512	7.339		
学习行为自我效能感	非留守	47	35.362	6.479	0.323	0.747
	留守	344	35.035	6.507		
学业自我效能感总分	非留守	47	71.468	13.121	0.959	0.338
	留守	344	69.547	12.858		

表6-37表明，留守和非留守中学生在学习能力自我效能感、学习行为自我效能感和学业自我效能感总分方面均不存在显著差异，留守家庭因素并没有对中学生的学业自我效能感产生较大的影响。

（二）留守类型不同的中学生在学业自我效能感上的差异分析

为了深入了解留守情况对留守中学生学业自我效能感产生的具体影响，本研究分别分析留守类型不同的中学生学业自我效能感各方面的具体差异。

1. 留守类型不同的中学生学业自我效能感总分上的具体变化趋势

首先以留守中学生的学业自我效能感总分为因变量、留守类型为自变量进行描述统计和单因素方差分析，结果见表6-38所示。

表6-38 留守类型不同的中学生学业自我效能感的单因素方差分析

因变量	留守类型	n	平均值	标准偏差	最小值	最大值
学业自我效能感总分	父母亲均外出	235	69.932	12.497	30	106
	父亲外出	94	69.117	13.605	31	97
	母亲外出	15	66.200	13.955	42	87
F			0.665			
p			0.515			

表6-38的分析结果表明，留守类型不同的中学生在学业自我效能感总分上不存在显著的差异。对于留守中学生来说，留守类型对其学业自我效能感总分上的影响较小。以学业自我效能感总分平均值为纵轴、留守类型为横轴绘制平均值图，以观测留守类型不同的中学生的学业自我效能感总分上的变化趋势，如图6-22所示。

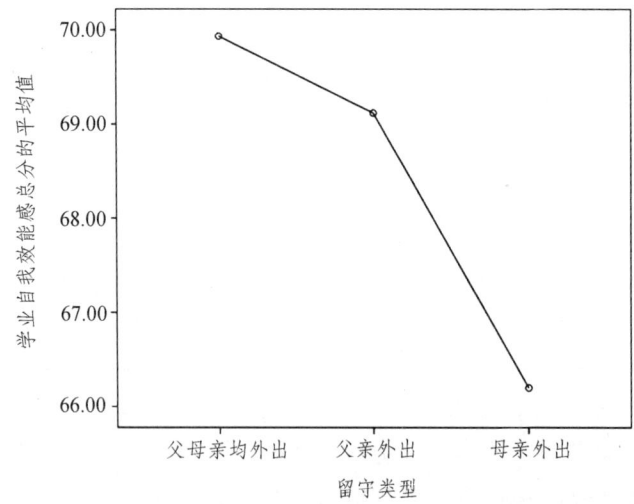

图 6-22 留守类型不同的中学生学业自我效能感平均值变化趋势图

如图 6-22 所示,留守中学生的学业自我效能感总分具体变化趋势表现为,母亲外出的中学生的学业自我效能感总分比父亲外出及父母亲均外出的中学生的学业自我效能感要低很多,而父母亲均外出的中学生学业自我效能感总分是最高的。

2. 留守类型留守不同的中学生在学业自我效能感中学习能力自我效能感上的具体变化趋势

以留守中学生学业自我效能感中的学习能力自我效能感为因变量、留守类型为自变量进行描述统计和单因素方差分析,结果见表 6-39 所示。

表 6-39　不同留守类型中学生学习能力自我效能感的单因素方差分析

因变量	留守类型	n	平均值	标准偏差	最小值	最大值
学习能力自我效能感	父母亲均外出	235	34.617	7.098	11	55
	父亲外出	94	34.511	7.897	14	48
	母亲外出	15	32.867	7.754	16	47
F	0.400					
p	0.671					

表 6-39 的分析结果表明,留守类型不同的中学生在学业自我效能感的学习能力自我效能感方面不存在显著的差异,留守类型不同的中学生在学习能力自我效能感方面表现的特点变化不大,即留守类型对中学生的学习能力自

我效能感影响较小。以留守中学生的学习能力自我效能感平均值为纵轴、留守类型为横轴绘制平均值图，以观测留守类型不同的中学生学习能力自我效能感的变化趋势，如图6-23所示。

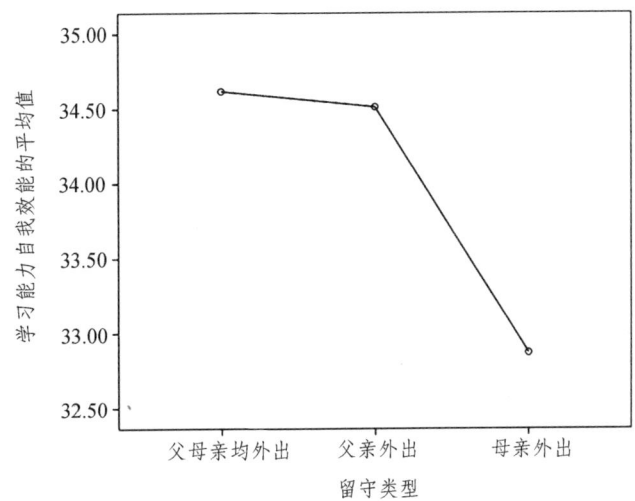

图6-23　留守类型不同的中学生学习能力自我效能感的平均值变化趋势图

如图6-23所示，留守中学生的学习能力自我效能感变化趋势具体表现为，母亲外出的中学生学习能力自我效能感是最低的，而父亲外出及父母亲均外出的中学生的学习能力自我效能感水平均比较高。

3. 留守类型不同的中学生学业自我效能感中学习行为自我效能感上的具体变化趋势

以留守中学生学业自我效能感中的学习行为自我效能感为因变量、留守类型为自变量进行描述统计和单因素方差分析，结果见表6-40所示。

表6-40　留守类型不同的中学生学习行为自我效能感的单因素方差分析

因变量	留守类型	n	平均值	标准偏差	最小值	最大值
学习行为自我效能感	父母亲均外出	235	35.315	6.320	17	51
	父亲外出	94	34.606	6.874	13	49
	母亲外出	15	33.333	7.078	21	44
F	0.934					
p	0.394					

表6-40的分析结果表明，留守类型不同的中学生在学业自我效能感的学

习行为自我效能感方面不存在显著的差异，留守类型对中学生的学习行为自我效能感影响非常小。以留守中学生的学习行为自我效能感平均值为纵轴、留守类型为横轴绘制平均值图，以观测留守类型不同的中学生学习行为自我效能感的变化趋势，如图6-24所示。

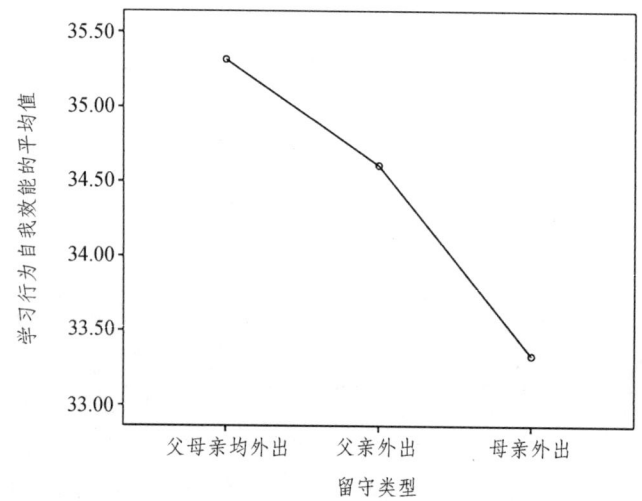

图6-24　留守类型不同的中学生学习行为自我效能感平均值变化趋势图

如图6-24所示，留守中学生的学习行为自我效能感上，父母亲均外出及父亲外出的中学生的学习行为自我效能感是最高的，而母亲外出的中学生的学习行为自我效能感是最低的。

第四节　班级环境对中学生学业自我效能感的影响分析

一、不同班级环境中的中学生学业自我效能感差异

为了深入了解不同班级环境中中学生学业自我效能感的具体差异，本研究将聚类分析得到的班级环境分类作为自变量，分别以学业自我效能感总分、学习能力自我效能感、学习行为自我效能感为因变量进行方差检验。

（一）不同班级环境中中学生学业自我效能感总分上的具体变化趋势

以聚类分析得到的各类班级环境类型为自变量、学业自我效能感总分为因变量进行单因素方差分析，结果如表6-41所示。

第六章 中学生学业自我效能感现状及与班级环境的关系

表 6-41 不同班级环境中中学生的学业自我效能感差异

因变量	班级环境	n	平均值	标准偏差	最小值	最大值
学业自我效能感总分	团结奋进型	127	75.252	11.946	38	106
	一般型	176	68.972	11.042	31	95
	自由散漫型	88	63.489	14.408	30	105
F	25.023					
p	0.000					

表 6-41 表明，中学生的学业自我效能感总分在不同班级环境层面存在极其显著的差异，班级环境的不同对中学生学业自我效能感的影响非常大。以不同班级环境中中学生的学业自我效能感总分平均值为纵轴、班级环境类型为横轴绘制平均值图，以观测不同班级环境中中学生学业自我效能感总分的变化情况，具体的变化趋势如图 6-25 所示。

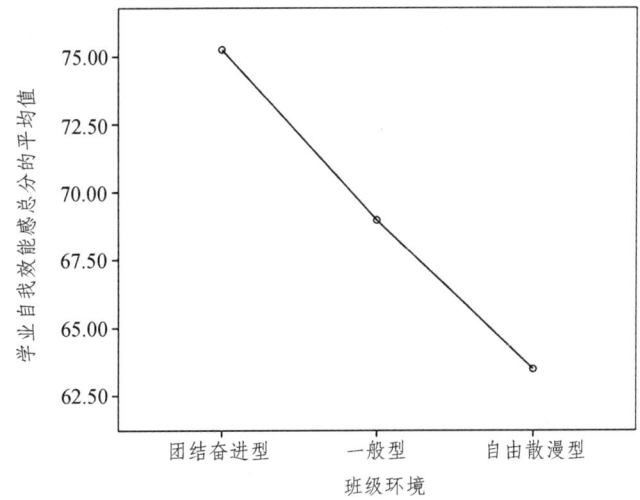

图 6-25 不同班级环境中中学生的学业自我效能感趋势图

如图 6-25 可见，总的来说，自由散漫型班级环境中的中学生学业自我效能感最低，其次是环境一般型的中学生，团结奋进型班级环境中中学生的学业自我效能感最高。班级环境越差，学生的学业自我效能感总分也越低。

为了具体了解不同班级环境中中学生在学业自我效能感总分上的具体差异情况，本研究对不同班级环境中学生的学业自我效能感总分进行事后多重检验，具体分析结果如下表 6-42。

表 6-42　不同班级环境中中学生学业自我效能感的两两事后比较分析

因变量	（I）班级环境	（J）班级环境	均值差（I-J）	标准误差	显著性
学业自我效能感总分	一般型	团结奋进型	-6.280	1.416	0.000
		自由散漫型	5.483	1.588	0.001
	团结奋进型	自由散漫型	11.763	1.687	0.000

表 6-42 中事后多重检验表明，在学业自我效能感总分上，不同班级环境中的中学生两两之间存在非常显著的差异，且表现为自由散漫型班级环境中中学生学业自我效能感显著低于班级环境为"一般型"和"团结奋进型"的中学生的学业自我效能感，团结奋进型班级环境中中学生学业自我效能感显著高于班级环境为"一般型"的中学生。

（二）不同班级环境中中学生学业自我效能感中学习能力自我效能感上的具体变化趋势

为了探讨不同班级环境中中学生学业自我效能感中的学习能力自我效能感方面的差异，以聚类分析得到的不同班级环境为自变量、学业自我效能感中的学习能力自我效能感为因变量进行单因素方差分析，结果如表 6-43 所示。

表 6-43　不同班级环境中中学生学习能力自我效能感差异

因变量	班级环境	n	平均值	标准偏差	最小值	最大值
学习能力自我效能感	团结奋进型	127	37.315	6.996	16	55
	一般型	176	34.449	6.272	18	52
	自由散漫型	88	31.443	8.578	11	55
F			18.080			
p			0.000			

表 6-43 中的方差分析结果表明，不同班级环境中中学生的学习能力自我效能感存在显著差异，说明班级环境对中学生在学习能力自我效能感的影响较大。以不同班级环境中中学生的学习能力自我效能感平均值为纵轴、班级环境为横轴绘制平均值图，以观测不同班级环境中学生学习能力自我效能感的变化情况，具体情况如图 6-26 所示。

第六章 中学生学业自我效能感现状及与班级环境的关系

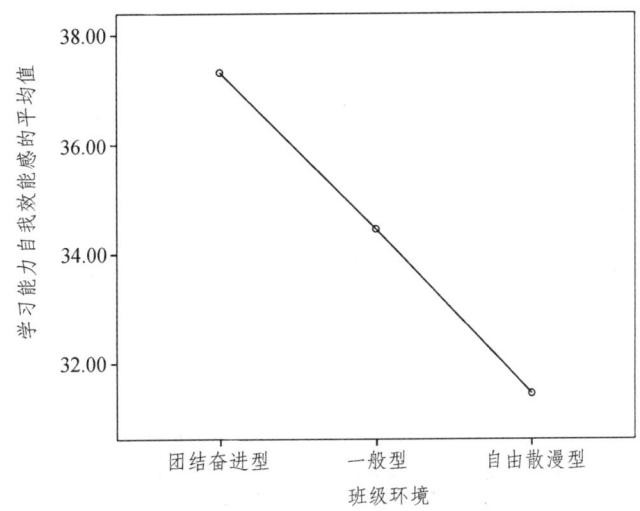

图 6-26 不同班级环境中中学生学习能力自我效能感平均值变化趋势图

图 6-26 表现了不同班级环境中中学生的学习能力自我效能感的变化，具体来看，班级环境为"团结奋进型"的中学生的学习能力自我效能感是最高的。班级环境越差，学生的学习能力自我效能感也越低。

为了具体了解不同班级环境中中学生在学习能力自我效能感上的具体差异情况，本研究对不同班级环境中学生的学习能力自我效能感进行事后多重比较，具体分析结果如表 6-44 所示。

表 6-44 不同班级环境中中学生学习能力自我效能感的两两事后比较分析

因变量	（I）班级环境	（J）班级环境	均值差（I-J）	标准误差	显著性
学习能力自我效能感	一般型	团结奋进型	-2.866	0.824	0.001
		自由散漫型	3.006	0.924	0.001
	团结奋进型	自由散漫型	5.872	0.982	0.000

表 6-44 中多重事后检验表明，在学习能力自我效能感方面，自由散漫型班级环境中中学生学习能力自我效能感显著低于班级环境为"一般型"和"团结奋进型"的中学生的学习能力自我效能感；同时，班级环境类型为"一般型"的中学生的学习能力自我效能感也显著低于团结奋进型班级环境中的中学生。

（三）不同班级环境中中学生学业自我效能感中学习行为自我效能感上的具体变化趋势

以聚类分析得到的不同班级环境为自变量、学习行为自我效能感为因变量进行描述统计和单因素方差分析，结果如表 6-45 所示。

表 6-45　不同班级环境中中学生学习行为自我效能感的差异

因变量	班级环境	n	平均值	标准偏差	最小值	最大值
学习行为自我效能感	团结奋进型	127	37.937	6.105	18	51
	一般型	176	34.523	5.759	13	49
	自由散漫型	88	32.046	6.828	18	52
F			25.346			
p			0.000			

表 6-45 表明，中学生的学习行为自我效能感在不同班级环境层面存在极其显著的差异，班级环境对中学生学习行为自我效能感的影响非常大。以中学生学习行为自我效能感平均值为纵轴、班级环境为横轴绘制平均值图，以观测不同班级环境中中学生学习行为自我效能感的变化情况，具体的变化趋势如图 6-27 所示。

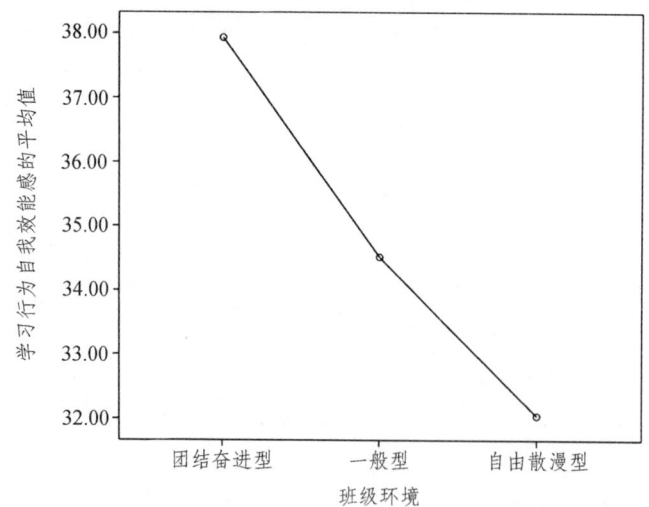

图 6-27　不同班级环境中中学生学习行为自我效能感平均值变化趋势图

由图 6-27 可见，不同班级环境中中学生学习行为自我效能感的变化与学业自我效能感其他方面的变化是一致的，即团结奋进型班级环境中的中学生学习行为自我效能感是最高的，其次是一般型班级环境中的中学生，而自由散漫型班级环境中的中学生学习行为自我效能感最低。班级环境氛围越差，中学生的学习行为自我效能感越低。

为了具体了解不同班级环境中中学生在学习行为自我效能感上的具体差异情况，对不同班级环境中中学生的学习行为自我效能感进行事后多重比较，具体分析结果如表 6-46 所示。

表 6-46 不同班级环境中中学生学习行为自我效能感的两两事后比较分析

因变量	（I）班级环境	（J）班级环境	均值差（I-J）	标准误差	显著性
学习行为自我效能感	一般型	团结奋进型	−3.414	0.713	0.000
		自由散漫型	2.477	0.800	0.002
	团结奋进型	自由散漫型	5.892	0.850	0.000

表 6-46 多重事后检验表明，不同班级环境中的中学生学习行为自我效能感两两之间存在非常显著的差异，且表现为自由散漫型班级环境中中学生的学习行为自我效能感均显著低于班级环境为"一般型"和"团结奋进型"的中学生的学习行为自我效能感。同时，班级环境为"一般型"的中学生的学习行为自我效能感也显著低于班级环境为"团结奋进型"的中学生的学习行为自我效能感。

二、中学生学业自我效能感与班级环境的相关分析

为了探讨班级环境对中学生学业自我效能感的具体影响机制，将中学生学业自我效能感的学习能力自我效能感、学习行为自我效能感及学业自我效能感总分与班级环境中的师生关系、同学关系、秩序和纪律、竞争、学习负担等方面分别做皮尔逊积差相关分析，结果如表 6-47 所示。

表 6-47 班级环境与中学生学业自我效能感的相关分析（r）

变量	学习能力自我效能	学习行为自我效能	学业自我效能感总分	师生关系	同学关系	秩序和纪律	竞争	学习负担
学习能力自我效能	1							
	0.723**	1						
学业自我效能感总分	0.937**	0.918**	1					
师生关系	0.247**	0.240**	0.262**	1				
同学关系	0.236**	0.284**	0.278**	0.371**	1			

续表

变量	学习能力自我效能	学习行为自我效能	学业自我效能感总分	师生关系	同学关系	秩序和纪律	竞争	学习负担
秩序和纪律	0.114*	0.202**	0.167**	0.317**	0.537**	1		
竞争	0.324**	0.311**	0.342**	0.333**	0.528**	0.472**	1	
学习负担	0.048	0.035	0.045	0.035	0.111*	0.116*	0.292**	1

表 6-47 表明，中学生知觉到的班级环境中的师生关系、同学关系、秩序和纪律、竞争四个方面与学习行为自我效能感、学习能力自我效能感和学业自我效能感总分均呈显著正相关。换言之，班级环境中的师生关系、同学关系、秩序和纪律情况越好，则中学生的学业自我效能感就越高。班级环境中的学习负担与学习行为自我效能感、学习能力自我效能感与学业自我效能感总分均不存在显著相关。

三、班级环境对中学生学业自我效能感的回归预测分析

为了进一步分析中学生知觉到的班级环境对其学业自我效能感的具体影响，本研究以知觉到班级环境的五个具体方面为自变量，分别以学习能力自我效能感、学习行为自我效能感和学业自我效能感总分为因变量进行回归分析。

（一）班级环境对中学生学业自我效能感总分的预测分析

首先以学业自我效能感总分为因变量，以班级环境中的师生关系、同学关系、秩序和纪律、竞争四个方面为自变量进行逐步回归分析，回归分析的结果如表 6-48 所示。

表 6-48 班级环境对中学生学业自我效能感的回归预测分析

因变量	预测变量	R	R^2	F	B	β	t
学业自我效能感总分	竞争	0.377	0.142	32.116***	0.709	0.287	5.751***
	师生关系				0.319	0.167	3.346**

表 6-48 表明，班级环境中的竞争和师生关系进入了回归方程，说明竞争和师生关系能共同显著预测中学生的学业自我效能感，并且能共同解释学业自我效能感 0.142 的变异。具体来看，班级环境中的师生关系和竞争能显著正

向预测中学生的学业自我效能感。换言之，中学生在班级环境中的师生关系越好，其学业自我效能感就越高；班级中的竞争越大，中学生的学业自我效能感也越高。

（二）班级环境对中学生学业自我效能感中学习能力自我效能感的预测分析

以学习能力自我效能感为因变量，以班级环境中的师生关系、同学关系、秩序和纪律、竞争四个方面为自变量进行逐步回归分析，回归分析的结果如表 6-49 所示。

表 6-49　班级环境对中学生学习能力自我效能感的回归分析

因变量	预测变量	R	R^2	F	B	β	t
学习能力自我效能感	竞争	0.356	0.127	28.193***	0.386	0.272	5.412***
	师生关系				0.171	0.156	3.015**

表 6-49 表明，班级环境中的竞争、师生关系两个维度进入了回归方程，说明竞争、师生关系能共同显著预测中学生的学习能力自我效能感，并且能共同解释学习能力自我效能感 0.127 的变异。具体来看，班级环境中的竞争、师生关系能显著正向预测中学生的学习能力自我效能感。换言之，班级环境中的竞争越大、师生关系越好，中学生的学习能力自我效能感就越高。

（三）班级环境对中学生学业自我效能感中学习行为自我效能感的预测分析

以学业自我效能感中的学习行为自我效能感为因变量，以班级环境中的师生关系、同学关系、秩序和纪律、竞争四个方面为自变量进行逐步回归分析，回归分析的结果如表 6-50 所示。

表 6-50　班级环境对中学生学习行为自我效能感的回归分析

因变量	预测变量	R	R^2	F	B	β	t
学习行为自我效能感	竞争	0.360	0.129	19.162***	0.248	0.199	3.515***
	师生关系				0.120	0.125	2.404*
	同学关系				0.136	0.132	2.291*

表 6-50 表明，班级环境中的竞争、师生关系和同学关系三个维度进入回归方程，说明竞争、师生关系和同学关系能共同显著预测中学生的学习行为

自我效能感，并且能共同解释学习行为自我效能感0.129的变异。具体来看，班级环境中的竞争、师生关系和同学关系能显著正向预测中学生的学习行为自我效能感。换言之，中学生在班级环境中的师生关系越好，其学习行为自我效能感就越高；班级中的竞争越大，中学生的学习行为自我效能感也越高；中学生在班级环境中的同学关系越好，其学习行为自我效能感越高。

第五节　讨　论

一、中学生学业自我效能感的基本状况的讨论

本研究结果显示，贵州省中学生学业自我效能感的基本情况总体上处于中等略偏上的水平，这说明中学生对自己有能力完成学业目标和掌握恰当的学习方法完成学业任务有一定的自信心。可能是因为中学生正处于青少年期，是人生的第二个生长发育的高峰，生理上迅速发育并趋于成熟，这使他们认为自己成人了，可以不借助父母去独立完成很多事情，取得更多的成功和更好的成绩。他们非常重视自身能力的发展和学习成绩的提高，所以大部分中学生的学业自我效能感是中等偏上水平。然而，处于青少年期的学生在认知水平、思维方式等方面还未达到成人的水平，自制力和自我约束力还不够，易受外界事物的影响（学业上的失败、受到批评），从而产生挫败感。加上认知水平和思维能力的局限性，他们很难对自己的失败进行正确归因，对自己的行为不能及时调整和修正，容易对自己的学习方法、学习行为产生怀疑，所以部分中学生的学业自我效能感较低。

研究结果显示，性别因素对中学生的学业自我效能感总分不形成显著的差异，但是对学习行为自我效能感形成显著差异。从得分上来看，女生的学业自我效能感略高于男生。女生学业自我效能感较高，可能有两个原因：国家和社会都在提倡男女平等，女性的社会地位得到了提升，父母对男孩女孩的期待一样了，或者对女孩子的期待更高。另外，女孩子个性较稳重等特点使女孩子更适应目前的应试教育，好好努力就能取得好成绩。成功的体验又能使女生自信心增强，学业自我效能感也就略高于男生。中学阶段的女生正处于青少年期，比男生更早熟，更加听话懂事，在学习上付出的努力更多，比男生更自律，因此学业自我效能感更高。

二、家庭因素对中学生学业自我效能感的影响的讨论

中学生学业自我效能感在年级、学习成绩、学习压力各层面均存在显著的差异。七年级学生的学业自我效能感显著高于八年级、九年级、高一、高二和高三年级学生的学业自我效能感。学习成绩越好的中学生学业自我效能感越高,学习压力大的中学生的学业自我效能感显著高于学习压力小的中学生。学业自我效能感越高,中学生学习成绩就越好。这与其他研究的结果是一致的。学业自我效能感是中学生学习的重要影响因素,学业自我效能感高的学生,往往对各科课程的学习满怀信心,充满兴趣。这部分学生能主动地去学习,学习成绩也就比较好。另外由于中学课程比较简单,大部分学生都能较好地完成自己的学习任务。刚进入理想的中学,中学生对中学的学习生活充满了期待,对自己充满了信心,所以七年级的学生学业自我效能感较高。随着年级的增长、学习科目的增多、难度的增大,中学生会产生一些学业问题,部分学生没有取得自己所期待的成绩,失败的学习经验使他们产生心理落差,再努力学习也达不到期望的水平,从而产生习得性无助,学业成就感下降。学习好的中学生一直都能达到所期望的水平,学习带来的成就感使他们越来越相信自己的能力,所以学业自我效能感较高。从各年龄阶段的心理发展特点看,初中生正好处于青春期,自我意识高涨,思维发展带有很强的片面性和表面性,加上七年级简单的学习任务取得的成功,让他们产生了较高的学业自我效能感。

担任班干部的中学生的学业自我效能感显著高于没有担任班干部的中学生。这说明中学生当中,班干部一职对中学生的要求比较高。班干部必须时刻提醒自己要在全班面前起表率作用,因此他们的学业自我效能感也相对较高。并且,班干部与老师、同学们交往都比较多,在各方面都得到了很好的锻炼,学习上也能采取多种办法解决遇到的问题和困难,慢慢地,学业自我效能感也就得到了很大的提高。

三、家庭因素对中学生学业自我效能感影响的情况的讨论

研究结果表明,学业自我效能感在是否为独生子女、家庭居住地、家庭经济状况、父母文化程度、是否留守及留守类型等方面均不存在显著的差异。这些研究结果说明,家庭因素的许多方面与中学生的学业自我效能感关系不是特别大,具体影响情况还有待进一步的探讨。而且本研究结果与焦丽英(2009)发现父母的文化程度以及家庭经济状况会对初中生的自我效能感产生

显著影响的结论不一致。

家庭氛围、父母亲对学习的重视程度等因素会对中学生学业自我效能感产生显著的影响，这与大多数研究者的结论一致。家庭氛围越好，中学生的学业自我效能感也越高。家庭是个体赖以生存的环境，按照班杜拉的三元交互理论，个体都会受到环境的影响。亲密和谐的家庭环境氛围、家庭成员之间相互支持、彼此关心都能使孩子的安全感大增，从而更加乐观自信。这些有利于其学业自我效能感的提高。反之，充满冲突和矛盾的家庭氛围，家庭成员之间相互发脾气、争吵，使孩子心里缺乏安全感，这将不利于孩子的发展。家庭氛围和谐，父母与孩子经常交流沟通，父母重视孩子的学习，可以使父母及时发现孩子在学习上存在的问题，和孩子一起探讨、分析、解决问题，增强了孩子解决问题的自信心，有助于学习成绩的提高和学业自我效能感的提高。

四、班级环境对中学生学业自我效能感的影响情况的讨论

研究结果表明，不同班级环境中的中学生的学业自我效能感存在显著差异。在团结奋进型班级环境中，学生处在良好的人际关系氛围中，有着浓厚的学习兴趣、较高的学习效能、较轻的学业负担，会表现出较高的学业成就，从而产生较高的自我效能感。而在自由散漫型的班级环境中，学生自由散漫，表现出来的竞争意识不强，取得的学业成就较差，自我效能感自然就低了。Moos指出，团结互助的、相互支持的班级有凝聚力和归属感，是好的、有益的。在这样的环境中，学生能体验到较多的满意、较少的压抑感和敌意，情绪体验就比较积极。就自我效能感而言，不同的环境氛围提供给学生的信息是大不一样的。在容易引起焦虑的情境中，学生的学业自我效能感水平与强度就会降低。团结奋进型班级环境中的中学生学业自我效能感较高，这说明这类班级环境中人际关系较好，老师对学生关爱有加。不管在学习上还是生活上，这类班级环境中的中学生能经常得到老师的提醒与帮助，能与老师经常交流与互动。同学之间的关系好，同学们就会相互学习、相互照应。在有竞争的氛围里，同学们都争先恐后，这样中学生的学习兴趣就高，学业自我效能感自然也高。而在自由散漫型的班级环境中，由于人际关系较差，师生之间漠不关心，老师对学生的学习不在乎，同学之间关系冷淡；没有任何竞争与压力的氛围中，秩序和纪律较差，这类班级环境中的中学生往往自由散漫，学习成绩不高，从而使得他们的学业自我效能感水平也较低。

班级环境中，能有效地正向预测中学生学业自我效能感和中学生学业自

我效能感中学习能力自我效能感的是竞争和师生关系。能有效正向预测中学生学习行为自我效能感的是竞争、师生关系和同学关系。师生关系良好、良性竞争的氛围中，老师对学生关爱有加，不管在学习上还是生活上，中学生能经常得到老师的提醒和帮助，在与老师的交流互动中按时完成各种学习任务。同学之间会相互学习、相互照应。同学们都争先恐后，学习兴趣提高，自然而然就能按时自信地完成自己的学习任务，学业自我效能感也就提高了。师生关系会对中学生学业自我效能感产生重要影响。在师生关系融洽的班级环境中，高中生能在课堂上获得愉快的学习与生活经历以及精神支持与心理满足，教师会不断地肯定他们，给予积极评价，而他们的学业自我效能感在这种积极的学习过程中就能够不断得到提高。同时，学业自我效能感高的学生对顺利完成各种课程的学业任务信心更强。同样在竞争气氛浓厚的班级环境里，中学生能够在争先恐后中去克服各种困难，维持较高的学习动机，并不断去改进自己课程上的一些不良学习习惯。在这个过程中，高中生的学习成就感慢慢提高，自身知识与能力也在不断增长和提高，他们在学习过程中的自我效能感也就慢慢地提高了。

第七章
班级环境对中学生学习心理的具体影响机制分析

班级环境与中学生的学习拖延、学习倦怠、学业自我效能感各方面的相关分析结果表明，班级环境与中学生学习心理各方面存在显著相关，这就满足了中介效应检验的前提条件。Mackinnon 等在模拟运算了多种研究中介效应的方法之后，发现 Bias-Corrected Bootstrap 方法在中介效应分析中的统计功效最高（MacKinnon D. P., Lockwood C. M., Williams, J., 2004）。本研究首先借助 Preacher 和 Hayes 所编制的 SPSS 宏程序 Process 中的 Bias-Corrected Bootstrap 程序（Preacher K. J., Hayes A. F., 2008；甘怡群，2014），通过抽取 5000 个样本估计中介效应的 95%置信区间，对各中介效应模型进行了检验，即重复抽样 5000 次样本，形成近似抽样分布，若分析结果得到间接效应 ab 的置信区间不包括 0，说明有中介效应存在；包括 0 则说明中介效应不存在（方杰，张敏强，邱皓政，2012）。其次，再通过对各研究变量进行潜变量矩结构方程建模的中介效应模型验证。

第一节 学业自我效能感在班级环境与学习拖延间的中介效应分析

一、班级环境与学习拖延、学业自我效能感的两两相关分析

对中学生的班级环境、学习拖延和学业自我效能感各维度及总分进行皮尔逊积差相关分析，结果见表 7-1。

表 7-1 中学生班级环境、学习拖延和学业自我效能感的积差相关分析

变量	师生关系	同学关系	秩序和纪律	竞争	学习负担	计划缺乏	状态不佳	行为迟滞	执行不足	学习拖延总分	学习能力自我效能	学习行为自我效能	学业自我效能总分
师生关系	1												
同学关系	0.371**	1											
秩序和纪律	0.317**	0.537**	1										
竞争	0.333**	0.528**	0.472**	1									
学习负担	0.035	0.111	0.116	0.292**	1								
计划缺乏	-0.184**	-0.231**	-0.182**	-0.220**	0.051	1							
状态不佳	-0.158**	-0.216**	-0.170**	-0.159**	0.092	0.753**	1						
行为迟滞	-0.212**	-0.249**	-0.160**	-0.207**	0.057	0.790**	0.749**	1					
执行不足	-0.175**	-0.213**	-0.124**	-0.147**	0.143**	0.744**	0.689**	0.752**	1				
学习拖延总分	-0.204**	-0.254**	-0.179**	-0.209**	0.088	0.923**	0.880**	0.925**	0.867**	1			
学习能力自我效能	0.247**	0.236**	0.114	0.324**	0.048	-0.437**	-0.373**	-0.413**	-0.350**	-0.442**	1		
学习行为自我效能	0.240**	0.284**	0.202**	0.311**	0.035	-0.549**	-0.478**	-0.516**	-0.461**	-0.561**	0.723**	1	
学业自我效能总分	0.262**	0.278**	0.167**	0.342**	0.045	-0.527**	-0.455**	-0.497**	-0.433**	-0.536**	0.937**	0.918**	1

从表 7-1 的结果发现，中学生班级环境中的师生关系、同学关系、秩序和纪律、竞争四个方面与中学生学习拖延中的计划缺乏、状态不佳、行为迟滞、执行不足及拖延总分均呈显著负相关，而班级环境中的学习负担与中学生学习拖延中执行不足呈显著正相关，但与计划缺乏、状态不佳、行为迟滞及拖延总分不存在显著相关。中学生的学习能力自我效能感、学习行为自我效能及学业自我效能感总分均与班级环境中的师生关系、同学关系、秩序和纪律、竞争四个方面呈显著的正相关，但学习能力自我效能感、学习行为自我效能及学业自我效能感总分与班级环境中的学习负担相关不显著。中学生学习拖延中的计划缺乏、状态不佳、行为迟滞、执行不足及拖延总分均与其学习能力自我效能感、学习行为自我效能感及学业自我效能感总分呈显著负相关。

二、基于 Bootstrap 法系数乘积项检验的中介作用分析

根据相关分析的结果，分别以班级环境中的师生关系、同学关系、秩序和纪律、竞争为自变量，以学习拖延总分为因变量、学业自我效能感为中介变量，运用 SPSS 宏程序 Process 依次检验回归系数的显著性，并且计算中介效应量的大小。

1. 学业自我效能感在班级环境（师生关系）与学习拖延间的中介作用分析

首先以班级环境中的师生关系为自变量 X，学习拖延为因变量 Y，学业自我效能感为中介变量 M，依次检验回归系数 c、a、b、ab 以及 c'，并且计算中介效应量 ab/c 的大小，结果见表 7-2。

表 7-2 学业自我效能感在师生关系与学习拖延间中介作用依次分析表

路径	总效应	直接效应	中介效应	t	95% LLCI	95% ULCI
师生关系→学习拖延（c）	-0.441			-4.118***	-0.667	-0.201
师生关系→学业自我效能感（a）		0.501		5.365***	0.317	0.685
学业自我效能感→学习拖延（b）		-0.585		-11.691***	-0.683	-0.486
师生关系→学习拖延（c'）		-0.148		-1.546*	-0.335	-0.040
师生关系→学业自我效能感→学习拖延（ab）			-0.293		-0.433	-0.177
效应量（ab/c）	0.665					

通过温忠麟等（2014）提出的新的中介效应检验流程，由表 7-2 可得，首先检验得到师生关系对学习拖延的总效应系数 c 是显著的，所以按中介效应立论。然后依次检验得到系数 a 与 b 均显著，说明间接效应显著。接着检验得到师生关系对学习拖延的直接效应 c' 仍然显著，而且 ab 与 c' 同号，则说明学业自我效能感在师生关系与学习拖延间的中介效应是显著的。根据方杰等（2013）提出对系数乘积 ab 的检验，本研究进一步利用 Bootstrap 法检验自尊的中介效应，分析结果得到直接效应 c' 的置信区间为[-0.335，-0.040]，间接效应 ab 的置信区间为[-0.433，-0.177]，直接效应和间接效应的区间都不包括 0 说明路径均是显著的，因此使用 Process 程序进行 Bootstrap 法检验结果说明学业自我效能感在师生关系与学习拖延间的中介效应是显著的。

2. 学业自我效能感在班级环境（同学关系）与学习拖延间的中介作用分析

以班级环境中的同学关系为自变量 X，学习拖延为因变量 Y，学业自我效能感为中介变量 M，依次检验回归系数 c、a、b、ab 以及 c'，并且计算中介效应量 ab/c 的大小，结果见表 7-3。

表 7-3　学业自我效能感在同学关系与学习拖延间的中介作用依次分析表

路径	总效应	直接效应	中介效应	t	95% LLCI	95% ULCI
同学关系→学习拖延（c）	-0.587			-5.178***	-0.856	-0.334
同学关系→学业自我效能感（a）		0.569		5.707***	0.373	0.765
学业自我效能感→学习拖延（b）		-0.569		-11.392***	-0.668	-0.471
同学关系→学习拖延（c'）		-0.263		-2.572*	-0.464	-0.062
同学关系→学业自我效能感→学习拖延（ab）			-0.324		-0.477	-0.198
效应量（ab/c）	0.552					

通过温忠麟等（2014）提出的新的中介效应检验流程，由表 7-3 可得，首先检验得到同学关系对学习拖延的总效应系数 c 是显著的，所以按中介效应立论。然后依次检验得到系数 a 与 b 均显著，说明间接效应显著。接着检验得到同学关系对学习拖延的直接效应 c' 仍然显著，而且 ab 与 c' 同号，则说明学业自我效能感在同学关系与学习拖延间的中介效应是显著的。根据方杰等（2013）提出对系数乘积 ab 的检验，本研究进一步利用 Bootstrap 法检验学业自我效能感的中介效应，分析结果得到直接效应 c' 的置信区间为[-0.464，

−0.062]，间接效应 ab 的置信区间为[−0.477，−0.198]，直接效应和间接效应的区间都不包括 0 说明路径是显著的，因此使用 Process 程序进行 Bootstrap 法检验结果说明学业自我效能感在同学关系与学习拖延间的中介效应是显著的。

3. 学业自我效能感在班级环境（秩序和纪律）与学习拖延间的中介作用分析

以班级环境中的秩序和纪律为自变量 X，学习拖延为因变量 Y，学业自我效能感为中介变量 M，依次检验回归系数 c、a、b、ab 以及 c'，并且计算中介效应量 ab/c 的大小，结果见表 7-4。

表 7-4　学业自我效能感在秩序和纪律与学习拖延间的中介作用依次分析表

路径	总效应	直接效应	中介效应	t	95% LLCI	95% ULCI
秩序和纪律→学习拖延（c）	−0.364			−3.589***	−0.582	−0.149
秩序和纪律→学业自我效能感（a）		0.301		3.347***	0.124	0.478
学业自我效能感→学习拖延（b）		−0.588		−12.037***	−0.684	−0.492
秩序和纪律→学习拖延（c'）		−0.187		−2.127*	−0.360	−0.014
秩序和纪律→学业自我效能感→学习拖延（ab）			−0.177		−0.286	−0.068
效应量（ab/c）	0.486					

通过温忠麟等（2014）提出的新的中介效应检验流程，由表 7-4 可得，首先检验得到班级环境中的秩序和纪律对学习拖延的总效应系数 c 是显著的，所以按中介效应立论。然后依次检验得到系数 a 与 b 均显著，说明间接效应显著，接着检验得到秩序和纪律对学习拖延的直接效应 c' 仍然显著，而且 ab 与 c' 同号，则说明中学生的学业自我效能感在秩序和纪律与学习拖延间的中介效应是显著的。根据方杰等（2013）提出对系数乘积 ab 的检验，本研究进一步利用 Bootstrap 法检验学业自我效能感的中介效应，分析结果得到直接效应 c' 的置信区间为[−0.360，−0.014]，间接效应 ab 的置信区间为[−0.286，−0.068]，直接效应和间接效应的区间都不包括 0 说明路径是显著的，因此使用 Process 程序进行 Bootstrap 法检验结果也说明学业自我效能感在秩序和纪律及学习拖延间的中介效应是显著的。

4. 学业自我效能感在班级环境（竞争）与学习拖延间的中介作用分析

以班级环境中的竞争为自变量 X，学习拖延为因变量 Y，学业自我效能感为中介变量 M，依次检验回归系数 c、a、b、ab 以及 c'，并且计算中介效应量 ab/c 的大小，结果见表 7-5。

表 7-5 学业自我效能感在竞争与学习拖延间的中介作用依次分析表

路径	总效应	直接效应	中介效应	t	95% LLCI	95% ULCI
竞争→学习拖延（c）	-0.583			-4.209***	-0.886	-0.282
竞争→学业自我效能感（a）		0.846		7.189***	0.615	1.078
学业自我效能感→学习拖延（b）		-0.594		-11.533***	-0.695	-0.493
竞争→学习拖延（c'）		-0.080		-0.627	-0.330	0.170
竞争→学业自我效能感→学习拖延（ab）			-0.503		-0.696	-0.331
效应量（ab/c）	0.863					

通过温忠麟等（2014）提出的新的中介效应检验流程，由表 7-5 可得，首先检验得到班级环境中的竞争对学习拖延的总效应系数 c 是显著的，所以按中介效应立论。然后依次检验得到系数 a 与 b 均显著，说明间接效应显著。接着检验得到竞争对学习拖延的直接效应 c' 不再显著，并且 ab 与 c' 同号，则说明学业自我效能感在竞争与学习拖延间的中介效应是完全中介作用。根据方杰等（2013）提出对系数乘积 ab 的检验，本研究进一步利用 Bootstrap 法检验学业自我效能感的中介效应，分析结果得到直接效应 c' 的置信区间为（-0.330，0.170），间接效应 ab 的置信区间为（-0.696，-0.331），直接效应的区间包括 0 路径不显著，但间接效应的区间都不包括 0 路径是显著的，因此使用 Process 程序进行 Bootstrap 法检验结果也说明学业自我效能感在竞争与学习拖延间起着显著的完全中介作用。

三、基于结构方程模型的中介效应模型分析

根据温忠麟与叶宝娟（2014），温忠麟、张雷、侯杰泰、刘红云（2004）以及方杰等人（2014）推荐的中介效应检验流程，通过矩结构方程中介效应模型建模进行分析，各潜变量的中介效应若显著需满足以下三个条件：① 潜变量矩结构方程模型中自变量（班级环境）对因变量（学习拖延）的作用显著；② 潜变量矩结构方程模型中自变量（班级环境）对中介变量（学业自我效能感）预测显著；③ 潜变量矩结构方程模型中中介变量（学业自我效能感）对因变量（学习拖延）的预测显著。

本研究同时采用结构方程模型（方杰，温忠麟，张敏强，孙配贞，2014；

吴艳，温忠麟，2011）检验学业自我效能感在班级环境与学习拖延之间的中介效应。对研究模型的测量部分进行分析，班级环境五个维度和学习拖延四个方面分别生成班级环境和学习拖延两个潜变量，这几个方面在其潜变量上的负荷都达到了极其显著的水平（$p<0.001$），这表明了测量工具的有效性。运用结构方程模型建立班级环境预测学习拖延的总效应模型Model1，Model1中各潜变量的具体路径系数见图7-1，拟合指数如表7-6所示。

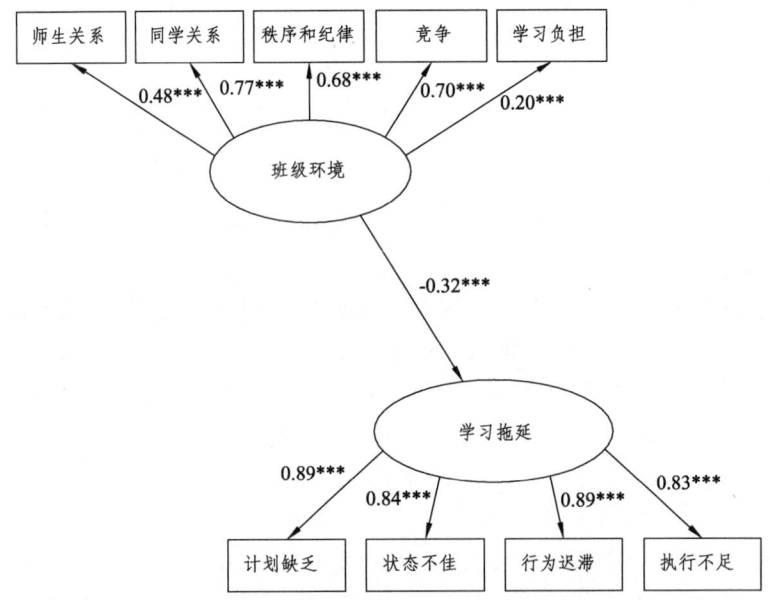

图7-1　班级环境预测学习拖延的直接总效应模型Model1

从图7-1和表7-6可以看到，在班级环境预测学习拖延的潜变量矩结构方程总效应模型中，潜变量班级环境能显著负向预测中学生的学习拖延（$\gamma=-0.253$，$t=-4.737$，$p<0.001$），并且Model1的拟合指数较高，说明数据对模型的拟合良好，分析检验结果满足了第一个条件。

表7-6　工作投入在心理资本与工作绩效间中介效应模型拟合指数

模型	χ^2/df	RMSEA	GFI	NFI	IFI	TLI	CFI
Model 1	2.073	0.052	0.970	0.967	0.983	0.976	0.982
Model 2	1.970	0.050	0.963	0.962	0.981	0.974	0.981

建立加入中介变量学业自我效能感的中介效应潜变量矩结构方程模型Model2，路径系数和拟合指数结果如图7-2和表7-6所示。

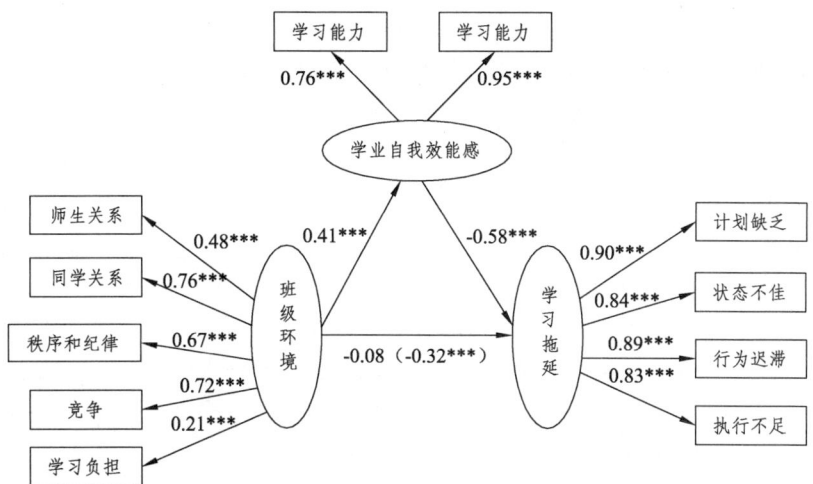

图 7-2 中学生学业自我效能感在班级环境与学习拖延间的中介效应模型 Model2

在班级环境与学习拖延间加入学业自我效能感这一中介变量,得到潜变量中介效应模型 Model2 结构方程模型。分析结果发现,在加入学业自我效能感这一中介变量后,模型拟合指数较高,说明拟合情况非常好,并且分析结果发现,中学生的班级环境能显著预测学业自我效能感(γ=0.409,t=5.454,$p<0.001$),学业自我效能感(γ=-0.583,t=-9.667,$p<0.001$)也能显著预测学习拖延,但是班级环境却不能再显著预测学习拖延(γ=-0.079,t=-1.378,$p>0.05$),说明学业自我效能感起完全中介作用。同时在 AMOS 软件中采用 Bootstrap 法抽样 5000 次计算潜变量学业自我效能在班级环境与学习拖延间中介效应,结果得到间接效应 95%的置信区间为[-0.339,-0.159],直接效应 95%的置信区间为[-0.203,0.043],间接效应不包含 0,说明中介效应是显著的,并且直接效应包括 0 说明不再显著。因此,矩结构方程模型分析结果表明,中学生的学业自我效能感中介了其班级环境对学习拖延的影响,并且学业自我效能感在班级环境与学习拖延间起着完全中介作用。

四、讨 论

本研究考察了中学生感知到的班级环境对其学习拖延的影响机制,在验证了中学生班级环境对学习拖延的负向预测之后,引入学业自我效能感这一中介变量,对班级环境起作用的具体过程进行了探讨。结果发现,中学生感知到的班级环境对学习拖延有显著的负向预测作用。同时,班级环境可以通过中学生的学业自我效能感间接影响学习拖延。学业自我效能感在中学生班级环境与学习拖延之间起完全中介作用。其中,学业自我效能感在班级环境中的师生关系和竞争与学习拖延之间起完全中介作用，而在班级环境中的同学关系、秩序和纪律与学习拖延之间起部分中介作用。

研究结果表明，中学生学业自我效能感在师生关系与学习拖延之间起到完全中介作用。本研究认为师生关系是影响中学生学业自我效能感的重要原因，在师生关系融洽的班级环境中，中学生能获得愉快的学习与生活经历以及精神支持与心理满足。教师会对他们不断地肯定与积极评价，而他们的学业自我效能感在这种积极的学习过程中就可以慢慢提高。学业自我效能感高的中学生对顺利完成自己的学业任务具有更强的信心，因此他们的学习拖延情况就会减少。中学生自我效能感在竞争与学习拖延之间同样起着完全中介作用，这说明在竞争气氛浓厚的班级环境里，中学生能够争先恐后地去克服各种困难，维持较强的学习动机，并不断去改进自己的一些不良的习惯。在这个过程中，中学生的成就感慢慢提高，自身知识与能力也在较快增长，其在学习过程中的自我效能感也就慢慢提高了，学习拖延的情况就会很少出现。

研究结果表明，学业自我效能感在中学生同学关系与学习拖延间起到了部分中介作用，中介效应占总效应的 57.8%。这说明同学关系对中学生学习拖延的影响有很大一部分是通过学业自我效能感间接实现的。在同学关系比较好的班级环境中，同学之间相互关心、相互帮助、相互学习，这样，他们在学习过程中一起不断进步，各自的学习拖延也较少，并且学业自我效能感也会慢慢地提高。因此，学业自我效能感高的中学生在面对学习任务时更不会有过多的拖延。另外研究结果也表明，学业自我效能感在中学生知觉到的班级环境中的秩序纪律与学习拖延间起到部分中介作用，中介效应占总效应的 48.6%。在秩序和纪律好的班级环境中，由于中学生要严格遵守班级纪律，他们会按规定完成各项学习任务，不会造成过多的学习拖延。并且在这种比较严格的环境中，其学习状态和学习水平也不会差，因此在学习上的自我效能感也较高，而完成各种学习任务时拖延的情况也自然比较少。

第二节　学习倦怠在班级环境与学习拖延间的中介效应分析

一、班级环境与学习拖延、学习倦怠的两两相关分析

本研究对中学生的班级环境、学习拖延和学习倦怠各维度及总分进行 Pearson 积差相关分析，结果见表 7-7。

221

第七章 班级环境对中学生学习心理的具体影响机制分析

表 7-7 中学生班级环境、学习拖延和学习倦怠的积差相关分析

变量	师生关系	同学关系	秩序和纪律	竞争	学习负担	身心耗竭	学业疏离	低成就感	学习倦怠	计划缺乏	状态不佳	行为迟滞	执行不足	学习拖延
师生关系	1													
同学关系	0.371**	1												
秩序和纪律	0.317**	0.537**	1											
竞争	0.333**	0.528**	0.472**	1										
学习负担	0.035	0.111*	0.116*	0.292**	1									
身心耗竭	-0.013	-0.062	-0.07	0.026	0.275**	1								
学业疏离	-0.186**	-0.257**	-0.199**	-0.252**	0.034	0.375**	1							
低成就感	-0.254**	-0.289**	-0.136**	-0.299**	-0.069	0.137**	0.421**	1						
学习倦怠	-0.203**	-0.274**	-0.182**	-0.235**	0.112**	0.694**	0.809**	0.703**	1					
计划缺乏	-0.184**	-0.231**	-0.182**	-0.220**	0.051	0.307**	0.556**	0.358**	0.552**	1				
状态不佳	-0.158**	-0.216**	-0.170**	-0.159**	0.092	0.371**	0.481**	0.364**	0.551**	0.753**	1			
行为迟滞	-0.212**	-0.249**	-0.160**	-0.207**	0.057	0.279**	0.537**	0.354**	0.528**	0.790**	0.749**	1		
执行不足	-0.175**	-0.213**	-0.124**	-0.147**	0.143**	0.320**	0.507**	0.333**	0.525**	0.744**	0.689**	0.752**	1	
学习拖延	-0.204**	-0.254**	-0.179**	-0.209**	0.088	0.350**	0.580**	0.391**	0.597**	0.923**	0.880**	0.925**	0.867**	1

对积差进行相关分析发现，中学生班级环境中师生关系、同学关系、秩序和纪律、竞争与学习倦怠的学业疏离、低成就感及学习倦怠呈显著的负相关关系，但均与身心耗竭不存在显著相关。班级环境中的学习负担与学习倦怠的身心耗竭及学习倦怠总分呈显著正相关关系，而与学业疏离、低成就感不存在显著相关。中学生班级环境中的师生关系、同学关系、秩序和纪律、竞争四个方面与学习拖延中计划缺乏、状态不佳、行为迟滞、执行不足和学习拖延总分均呈显著负相关关系，但学习负担与执行不足呈显著正相关关系，且学习负担与计划缺乏、状态不佳、行为迟滞和学习拖延总分均不存在显著区别。学习倦怠中的身心耗竭、学业疏离、低成就感及学习倦怠总分均与学习拖延中的计划缺乏、状态不佳、行为迟滞、执行不足和学习拖延总分呈显著的正相关关系。

二、基于 Bootstrap 法系数乘积项检验的中介作用分析

根据相关分析的结果分别以班级环境中的师生关系、同学关系、秩序和纪律、竞争四个维度为自变量 X，学习拖延总分为因变量 Y，学习倦怠总分为中介变量 M，运用 SPSS 宏程序 Process 依次检验回归系数 c、a、b、ab 以及 c'，并且计算中介效应量的大小。

1. 学习倦怠在班级环境（师生关系）与学习拖延间的中介作用分析

首先以班级环境中的师生关系变量为自变量 X，学习拖延总分为因变量 Y，学习倦怠总分为中介变量 M，依次检验回归系数 c、a、b、ab 以及 c'，并且计算中介效应量的大小。结果见表 7-8。

表 7-8 学习倦怠在师生关系与学习拖延间中介作用依次分析表

路径	总效应	直接效应	中介效应	t	95% LLCI	95% ULCI
师生关系→学习拖延（c）	-0.441			-4.118***	-0.667	-0.201
师生关系→学习倦怠（a）		-0.240		-4.092***	-0.356	-0.125
学习倦怠→学习拖延（b）		1.056		14.018***	0.908	1.205
师生关系→学习拖延（c'）		-0.187		-2.095*	-0.362	-0.012
师生关系→学习倦怠→学习拖延（ab）			-0.254		-0.398	-0.130
效应量（ab/c）	0.576					

通过温忠麟等（2014）提出的新的中介效应检验流程，由表 7-8 可得知，

首先检验得到师生关系对学习拖延的总效应系数 c 是显著的，所以按中介效应立论。然后依次检验得到系数 a 与 b 均显著，说明间接效应显著，接着检验得到师生关系对学习拖延的直接效应 c' 仍然显著，而且 ab 与 c' 同号，则说明学习倦怠在师生关系与学习拖延间的中介效应是显著的。根据方杰等（2013）提出对系数乘积 ab 的检验，本研究进一步利用 Bootstrap 法检验自尊的中介效应，分析结果得到直接效应 c' 的置信区间为[-0.362，-0.012]，间接效应 ab 的置信区间为[-0.398，-0.130]，直接效应和间接效应的区间都不包括 0 说明路径都是显著的，因此使用 Process 程序进行 Bootstrap 法检验结果仍然说明，学习倦怠在师生关系与学习拖延间的中介效应是显著的。

2. 学习倦怠在班级环境（同学关系）与学习拖延间的中介作用分析

以班级环境中的同学关系为自变量 X，学习拖延为因变量 Y，学习倦怠为中介变量 M，依次检验回归系数 c、a、b、ab 以及 c'，并且计算中介效应量 ab/c 的大小，结果见表 7-9。

表 7-9　学习倦怠在同学关系与学习拖延间的中介作用依次分析表

路径	总效应	直接效应	中介效应	t	95% LLCI	95% ULCI
同学关系→学习拖延（c）	-0.587			-5.178***	-0.856	-0.334
同学关系→学习倦怠（a）		-0.347		-5.661***	-0.469	-0.225
学习倦怠→学习拖延（b）		1.040		13.570***	0.889	1.190
同学关系→学习拖延（c'）		-0.226		-2.326*	-0.417	-0.035
同学关系→学习倦怠→学习拖延（ab）			-0.361		-0.539	-0.196
效应量（ab/c）	0.615					

通过温忠麟等（2014）提出的新的中介效应检验流程，由表 7-9 可得，首先检验得到同学关系对学习拖延的总效应系数 c 是显著的，所以按中介效应立论。然后依次检验得到系数 a 与 b 均显著，说明间接效应显著，接着检验得到同学关系对学习拖延的直接效应 c' 仍然显著，而且 ab 与 c' 同号，则说明学习倦怠在同学关系与学习拖延间的中介效应是显著的。根据方杰等（2013）提出对系数乘积 ab 的检验，本研究进一步利用 Bootstrap 法检验学习倦怠的中介效应，分析结果得到直接效应 c' 的置信区间为[-0.417，-0.035]，间接效应 ab 的置信区间为[-0.539，-0.196]，直接效应和间接效应的区间都不包括 0 说明路径均是显著的，因此使用 Process 程序进行 Bootstrap 法检验结

果说明，学习倦怠在同学关系与学习拖延间的中介效应是显著的。

3. 学习倦怠在班级环境（秩序和纪律）与学习拖延间的中介作用分析

以班级环境中的秩序和纪律为自变量 X、学习拖延为因变量 Y、学习倦怠为中介变量 M，依次检验回归系数 c、a、b、ab 以及 c'，并且计算中介效应量 ab/c 的大小，结果见表 7-10。

表 7-10　学习倦怠在秩序和纪律与学习拖延间的中介作用依次分析表

	总效应	直接效应	中介效应	t 值	95% LLCI	95% ULCI
秩序和纪律→学习拖延（c）	-0.364			-3.589***	-0.582	-0.149
秩序和纪律→学习倦怠（a）		-0.203		-3.651***	-0.313	-0.094
学习倦怠→学习拖延（b）		1.064		14.160***	0.917	1.212
秩序和纪律→学习拖延（c'）		-0.148		-1.763	-0.313	0.017
秩序和纪律→学习倦怠→学习拖延（ab）			-0.216		-0.351	-0.085
效应量（ab/c）	0.593					

通过温忠麟等（2014）提出的新的中介效应检验流程，由表 7-10 可得，首先检验得到秩序和纪律对学习拖延的总效应系数 c 是显著的，所以按中介效应立论。然后依次检验得到系数 a 与 b 均显著，说明间接效应显著。接着检验得到秩序和纪律对学习拖延的直接效应 c' 不再显著，而且 ab 与 c' 同号，则说明学习倦怠在秩序和纪律与学习拖延间起完全中介效应。根据方杰等（2013）提出对系数乘积 ab 的检验，本研究进一步利用 Bootstrap 法检验学习倦怠的中介效应，分析结果得到直接效应 c' 的置信区间为[-0.313, 0.017]，间接效应 ab 的置信区间为[-0.351, -0.085]，直接效应的区间包括 0 说明路径不显著，而间接效应的区间不包括 0 路径是显著的，说明直接效应不显著，间接效应是显著的，因此使用 Process 程序进行 Bootstrap 法检验结果说明，学习倦怠在秩序和纪律与学习拖延间的中介效应是仍然是显著的。

4. 学习倦怠在班级环境（竞争）与学习拖延间的中介作用分析

以班级环境中的竞争为自变量 X、学习拖延为因变量 Y、学习倦怠为中介变量 M，依次检验回归系数 c、a、b、ab 以及 c'，并且计算中介效应量 ab/c 的大小，结果见表 7-11。

表 7-11　学习倦怠在竞争与学习拖延间中介作用依次分析表

路径	总效应	直接效应	中介效应	t	95% LLCI	95% ULCI
竞争→学习拖延（c）	-0.583			-4.209***	-0.886	-0.282
竞争→学习倦怠（a）		-0.360		-4.766***	-0.508	-0.211
学习倦怠→学习拖延（b）		1.057		13.906***	0.908	1.207
竞争→学习拖延（c'）		-0.202		-1.736	-0.431	0.027
竞争→学习倦怠→学习拖延（ab）			-0.380		-0.573	-0.206
效应量（ab/c）	0.652					

通过温忠麟等（2014）提出的新的中介效应检验流程，由表 7-11 可得，首先检验得到竞争对学习拖延的总效应系数 c 是显著的，所以按中介效应立论。然后依次检验得到系数 a 与 b 均显著，说明间接效应显著，接着检验得到竞争对学习拖延的直接效应 c' 不再显著，而且 ab 与 c' 同号，则说明学习倦怠在竞争与学习拖延间起完全中介效应。根据方杰等（2013）提出对系数乘积 ab 的检验，本研究进一步利用 Bootstrap 法检验学习倦怠的中介效应，分析结果得到直接效应 c' 的置信区间为[-0.431，0.027]，间接效应 ab 的置信区间为[-0.573，-0.206]，直接效应的区间包括 0，而间接效应的区间不包括 0，说明直接效应不显著而间接效应是显著的，因此使用 Process 程序进行 Bootstrap 法检验结果说明，学习倦怠在竞争与学习拖延间的中介效应是仍然是显著的。

三、基于结构方程模型的中介效应模型分析

根据温忠麟与叶宝娟（2014），温忠麟、张雷、侯杰泰、刘红云（2004）以及方杰等人（2014）推荐的中介效应检验流程，通过矩结构方程中介效应模型建模进行分析，各潜变量的中介效应若显著需满足以下三个条件：①潜变量矩结构方程模型中自变量（班级环境）对因变量（学习拖延）的作用显著；②潜变量矩结构方程模型中自变量（班级环境）对中介变量（学习倦怠）预测显著；③潜变量矩结构方程模型中中介变量（学习倦怠）对因变量（学习拖延）的预测显著。

本研究同时采用结构方程模型（方杰，温忠麟，张敏强，孙配贞，2014；吴艳，温忠麟，2011）检验学习倦怠在班级与学习拖延之间的中介效应。首先，前面研究已经用结构方程模型验证表明了测量工具的有效性。其次也得

到了班级环境预测学习拖延的潜变量矩结构方程模型，潜变量班级环境能显著正向预测中学生的学习拖延（γ=-0.253，t=-4.737，p<0.001），并且 Model1 的拟合指数较高说明数据对模型的拟合良好，分析检验结果满足了第一个条件。最后，建立加入中介变量学习倦怠的中介效应潜变量矩结构方程模型 Model3，路径系数和拟合指数结果如图 7-3 和表 7-12 所示。

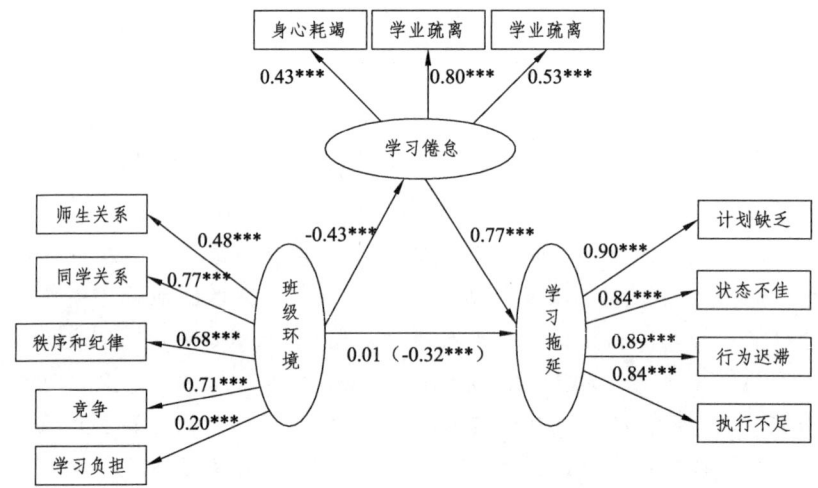

图 7-3　中学生学习倦怠在班级环境与学习拖延间的中介效应模型 Model2

表 7-12　学习倦怠在班级环境与学习拖延间中介效应模型拟合指数

模型	χ^2/df	RMSEA	SRMR	GFI	NFI	IFI	TLI	CFI
Model 3	2.789	0.068			0.930	0.954	0.940	0.954

在班级环境与学习拖延间加入学习倦怠这一中介变量得到的潜变量中介效应模型 Model3 结构方程模型分析结果发现，在加入学习倦怠这一中介变量后，模型拟合指数较高说明拟合情况非常好，并且结果得到中学生的班级环境能显著预测学习倦怠（γ=-0.425，t=-4.541，p<0.001），学习倦怠也能显著预测学习拖延（γ=-0.771，t=-6.699，p<0.001），满足了条件二和条件三，但是班级环境却不能再显著预测学习拖延（γ=0.011，t=-0.172，p>0.05）。同时，在 AMOS 软件中采用 Bootstrap 法抽样 5000 次，计算学习倦怠在班级环境与学习拖延间中介效应，结果得到间接效应 95%的置信区间为[-0.521，-0.192]，直接效应 95%的置信区间为[-0.128，0.176]，间接效应不包含 0，说明中介效应是显著的，而直接效应是包括 0 的，结构方程模型分析结果表明中学生的学习倦怠中介了班级环境对学习拖延的影响，并且学习倦怠在班级环境与学习拖延间起着完全中介作用。

四、讨 论

学习倦怠是指中学生对学习失去兴趣，缺乏学习动机，从而对学习生活感到厌倦产生的一种身心耗竭、疲惫的状态。这种疲惫状态势必会导致中学生在学业上的疏离、磨蹭、凌乱和拖延等，最终后果是中学生的身心健康受到影响，学业成绩下降，并且会直接影响中学生学习和生活的各个方面。本研究的结果也证明了这一点，中学生学习倦怠跟学习拖延之间存在显著的相关关系，并且相关水平较高。从回归分析的研究结果看，中学生学习倦怠中的身心耗竭、学业疏离和低成就感三个维度均能显著预测中学生学习拖延表现出来的计划缺乏、状态不佳、行为迟滞、执行不足和拖延的总体状况。身心耗竭是指中学生的一种由学习而导致的耗竭和疲劳的感受。当中学生学习压力过大，在每天学习感觉到耗竭和疲劳时，他们会慢慢对学习失去时间观念，无心去有效履行各种学习计划，更不会去精心计划安排自己的学习。学业疏离是指中学生对学习的一种负面的态度，中学生的学业疏离会使他们不再对学习感兴趣，没有学习计划的急迫感，做事有头没尾，慢慢形成了更多的学习惰性，学习态度更消极，使自己一直处于一种非常不佳的学习状态，比如在执行学习任务时磨磨蹭蹭，不断去回避或逃避一些学习要求与任务。当中学生在学习上的成就感不断降低，他们会因为在学习上找不到信心而对学习有更大的失望，学习效能感降低，只想不做，对困难的学习任务执行力度下降，总觉得计划不如变化快，错误估计较多，因此没有了自律，不再会去认真完成自己的学习计划与任务，能拖就拖，学习效率低，并且容易受其他事情的诱惑和干扰。总之，中学生若产生了学习倦怠，就会对学习慢慢失去兴趣，学习的积极性会大打折扣，总是逃避和回避学习任务，对学习缺乏兴趣和动力，遇到困难后更难去坚持，最终导致严重的学习拖延状况。

研究结果同时表明，中学生学习倦怠在秩序和纪律、竞争与学习拖延之间均起着完全中介作用，这说明在良好的秩序与纪律以及良性激烈竞争的班级环境下，中学生会产生较少的学习倦怠，继而学习拖延也较少。在竞争气氛浓厚的班级环境里，中学生能够争先恐后地去克服各种困难，维持较高的学习动机，并不断去改进自己的一些不良的习惯，同学们都能按规定完成自己的学习任务，也不会产生学业疏离。他们会按部就班地完成各种学习任务，不会造成过多的学习拖延。在这种比较严格的环境中，其学习状态和学习水平也不会差，中学生会较少感觉到学习上的苦恼，因而学习倦怠心理也不太多。在这个过程中，中学生的成就感慢慢提高，自身知识与能力也不断增长。他们能顺利完成各项学习任务，学习拖延的情况也较少发生。

中学生的学习倦怠在师生关系、同学关系与学习拖延之间起到部分中介作用，中介效应大小分别占总效应的 71.35%和 61.49%。这说明师生关系和同学关系首先影响中学生的学习倦怠，进一步影响中学生的学习拖延。本研究认为，师生关系和同学关系都是影响中学生学习倦怠和学习拖延的重要原因。在师生关系和同学关系融洽的班级环境中，中学生能获得愉快的学习与生活经历以及精神支持与心理满足，在这种环境中，中学生既能得到老师们的帮助与支持，同时又可以得到同学的帮助与鼓励，随时都有同伴在身旁，共同克服学习与生活上的各种困难与坎坷。在同学之间相互关心、帮助和学习的这种积极向上的环境中，学习倦怠心理也不容易产生。这样，同学们在学习过程中一起进步，各自的学习拖延也较少。同时老师会对他们不断肯定与积极评价，因而同学们的学习状态也会非常好，对学习充满信心，愉快地获得知识，在欢乐中感受求学的美好，不断获得学业上的成就感，学习倦怠的时候自然就比较少。由于对自己在学习的各方面都充满信心，相信自己能出色完成各项学习任务，没有任何倦怠心理，因此他们的学习拖延也就少了。

第三节　学业自我效能感在班级环境与学习倦怠间的中介效应分析

一、班级环境与学业自我效能感、学习倦怠的两两相关分析

对中学生的班级环境和学业自我效能感、学习倦怠各维度及总分进行 Pearson 积差相关分析，结果见表 7-13。

对积差相关分析得到，中学生班级环境中的师生关系、同学关系、秩序和纪律、竞争四个方面与学业自我效能感的学习能力自我效能感、学习行为自我效能感及学业自我效能感总分均呈显著正相关，但学习负担与学业自我效能感的学习能力自我效能感、学习行为自我效能感及学业自我效能感总分均不存在显著相关。

中学生班级环境中师生关系、同学关系、秩序和纪律、竞争与学习倦怠的学业疏离、低成就感级学习倦怠总体上呈显著的负相关关系，但均与身心耗竭不存在显著相关；班级环境中的学习负担与学习倦怠的身心耗竭及学习倦怠总分呈显著正相关关系，而与学业疏离、低成就感不存在显著相关。

表 7-13 中学生班级环境和学业自我效能感、学习倦怠的积差相关分析

变量	师生关系	同学关系	秩序和纪律	竞争	学习负担	学习能力自我效能	学习行为自我效能	学业自我效能感	身心耗竭	学业疏离	低成就感	学习倦怠
师生关系	1											
同学关系	0.371**	1										
秩序和纪律	0.317**	0.537**	1									
竞争	0.333**	0.528**	0.472**	1								
学习负担	0.035	0.111*	0.116*	0.292**	1							
学习能力自我效能	0.247**	0.236**	0.114*	0.324**	0.048	1						
学习行为自我效能	0.240**	0.284**	0.202**	0.311**	0.035	0.723**	1					
学业自我效能感	0.262**	0.278**	0.167**	0.342**	0.045	0.937**	0.918**	1				
身心耗竭	-0.013	-0.062	-0.07	0.026	0.275**	-0.159**	-0.234**	-0.209**	1			
学业疏离	-0.186**	-0.257**	-0.199**	-0.252**	0.034	-0.440**	-0.506**	-0.507**	0.375**	1		
低成就感	-0.254**	-0.289**	-0.136**	-0.299**	-0.069	-0.655**	-0.609**	-0.682**	0.137**	0.421**	1	
学习倦怠	-0.203**	-0.274**	-0.182**	-0.235**	0.112*	-0.565**	-0.609**	-0.631**	0.694**	0.809**	0.703**	1

学习倦怠中的身心耗竭、学业疏离、低成就感及学习倦怠总分均与学业自我效能感的学习能力自我效能感、学习行为自我效能感及学业自我效能感总分均呈显著负相关关系。

二、基于 Bootstrap 法系数乘积项检验的中介作用分析

分别以班级环境各维度为自变量 X，学习倦怠为因变量 Y，学业自我效能感为中介变量 M，运用 SPSS 宏程序 Process 依次检验回归系数 c、a、b、ab 以及 c'，并且计算中介效应量的大小。

1. 学业自我效能感在班级环境（师生关系）与学习倦怠间的中介作用分析

以班级环境中的师生关系变量为自变量 X，学习倦怠总分为因变量 Y，学业自我效能感总分为中介变量 M，依次检验回归系数 c、a、b、ab 以及 c'，并且计算中介效应量的大小。结果见表 7-14。

表 7-14 学业自我效能感在师生关系与学习倦怠间中介作用依次分析表

路径	总效应	直接效应	中介效应	t	95% LLCI	95% ULCI
师生关系→学习倦怠（c）	-0.240			-4.092***	-0.367	-0.121
师生关系→学业自我效能感（a）		0.501		5.365***	0.317	0.685
学业自我效能感→学习倦怠（b）		-0.384		-15.206***	-0.434	-0.335
师生关系→学习倦怠（c'）		-0.048		-0.990	-0.143	0.047
师生关系→学业自我效能感→学习倦怠（ab）			-0.193		-0.274	-0.116
效应量（ab/c）	0.804					

通过温忠麟等（2014）提出的新的中介效应检验流程，由表 7-14 可得，首先检验得到师生关系对学习倦怠的总效应系数 c 是显著的，所以按中介效应立论。然后依次检验得到系数 a（师生关系预测学业自我效能感）与 b（学业自我效能预测学习倦怠）均显著，说明间接效应显著，接着检验得到师生关系对学习倦怠的直接效应 c' 不再显著，而且 ab 与 c' 同号，则说明学业自我效能感在师生关系与学习倦怠间起完全中介效应。根据方杰等（2013）提出对系数乘积 ab 的检验，本研究进一步利用 Bootstrap 法检验学业自我效能感

的中介效应，分析结果得到直接效应 c' 的置信区间为[-0.143，0.047]，间接效应 ab 的置信区间为[-0.274，-0.116]，直接效应的区间包括 0，而间接效应的区间不包括 0，说明直接效应不显著而间接效应是显著的，因此使用 Process 程序进行 Bootstrap 法检验结果说明，学业自我效能感在师生关系与学习倦怠间的中介效应仍然是显著的。

2. 学业自我效能感在班级环境（同学关系）与学习倦怠间的中介作用分析

以班级环境中的同学关系变量为自变量 X，学习倦怠总分为因变量 Y，学业自我效能感总分为中介变量 M，依次检验回归系数 c、a、b、ab 以及 c'，并且计算中介效应量的大小。结果见表 7-15。

表 7-15 学业自我效能感在同学关系与学习倦怠间的中介作用依次分析表

路径	总效应	直接效应	中介效应	t	95% LLCI	95% ULCI
同学关系→学习倦怠（c）	-0.347			-5.611***	-0.505	-0.196
同学关系→学业自我效能感（a）		0.569		5.707***	0.373	0.765
学业自我效能感→学习倦怠（b）		-0.373		-14.784***	-0.422	-0.323
同学关系→学习倦怠（c'）		-0.135		-2.622**	-0.237	-0.034
同学关系→学业自我效能感→学习倦怠（ab）			-0.212		-0.297	-0.129
效应量（ab/c）	0.611					

通过温忠麟等（2014）提出的新的中介效应检验流程，由表 7-15 可得，首先检验得到同学关系对学习倦怠的总效应系数 c 是显著的，所以按中介效应立论。然后依次检验得到系数 a（同学关系预测学业自我效能感）与 b（学业自我效能感预测学习倦怠）均显著，说明间接效应显著，接着检验得到同学关系对学习倦怠的直接效应 c' 仍然显著，而且 ab 与 c' 同号，则说明学业自我效能感在同学关系与学习倦怠间的中介效应是显著的。根据方杰等（2013）提出对系数乘积 ab 的检验，本研究进一步利用 Bootstrap 法检验学业自我效能感的中介效应，分析结果得到直接效应 c' 的置信区间为[-0.237，-0.034]，间接效应 ab 的置信区间为[-0.297，-0.129]，直接效应和间接效应的区间都不包括 0 说明路径都是显著的，因此使用 Process 程序进行 Bootstrap 法检验结果说明学业自我效能感在同学关系与学习倦怠间的中介效应是显著的。

3. 学业自我效能感在班级环境（秩序和纪律）与学习倦怠间的中介作用分析

以班级环境中的秩序和纪律变量为自变量 X，学习倦怠总分为因变量 Y，学业自我效能感总分为中介变量 M，依次检验回归系数 c、a、b、ab 以及 c'，并且计算中介效应量的大小。结果见表 7-16。

表 7-16　学业自我效能感在秩序和纪律与学习倦怠间的中介作用依次分析表

路径	总效应	直接效应	中介效应	t	95% LLCI	95% ULCI
秩序和纪律→学习倦怠（c）	-0.203			-3.651***	-0.321	-0.084
秩序和纪律→学业自我效能感（a）		0.301		3.347***	0.124	0.478
学业自我效能感→学习倦怠（b）		-0.383		-15.531***	-0.431	-0.334
秩序和纪律→学习倦怠（c'）		-0.088		-1.980*	-0.175	-0.001
秩序和纪律→学业自我效能感→学习倦怠（ab）			-0.115		-0.188	-0.042
效应量（ab/c）			0.567			

通过温忠麟等（2014）提出的新的中介效应检验流程，由表 7-16 可得，首先检验得到秩序和纪律对学习倦怠的总效应系数 c 是显著的，所以按中介效应立论。然后依次检验得到系数 a（秩序和纪律预测学业自我效能感）与 b（学业自我效能感预测学习倦怠）均显著，说明间接效应显著，接着检验得到秩序和纪律对学习倦怠的直接效应 c' 仍然显著，而且 ab 与 c' 同号，则说明学业自我效能感在秩序和纪律与学习倦怠间的中介效应是显著的。根据方杰等（2013）提出对系数乘积 ab 的检验，本研究进一步利用 Bootstrap 法检验学业自我效能感的中介效应，分析结果得到直接效应 c' 的置信区间为[-0.175，-0.001]，间接效应 ab 的置信区间为[-0.188，-0.042]，直接效应和间接效应的区间都不包括 0 说明路径都是显著的，因此使用 Process 程序进行 Bootstrap 法检验结果说明，学业自我效能感在秩序和纪律与学习倦怠间的中介效应是显著的。

4. 学业自我效能感在班级环境（竞争）与学习倦怠间的中介作用分析

以班级环境中的竞争变量为自变量 X，学习倦怠总分为因变量 Y，学业自我效能感总分为中介变量 M，依次检验回归系数 c、a、b、ab 以及 c'，并且计算中介效应量的大小。结果见表 7-17。

表 7-17 学业自我效能感在竞争与学习倦怠间的中介作用依次分析表

路径	总效应	直接效应	中介效应	t	95% LLCI	95% ULCI
竞争→学习倦怠（c）	-0.360			-4.766***	-0.521	-0.202
竞争→学业自我效能感（a）		0.846		7.189***	0.615	1.078
学业自我效能感→学习倦怠（b）		-0.386		-14.870**	-0.437	-0.335
竞争→学习倦怠（c'）		-0.033		-0.511	-0.159	0.093
竞争→学业自我效能感→学习倦怠（ab）			-0.327		-0.435	-0.220
效应量（ab/c）	0.908					

通过温忠麟等（2014）提出的新的中介效应检验流程，由表 7-17 可得，首先检验得到竞争对学习倦怠的总效应系数 c 是显著的，所以按中介效应立论。然后依次检验得到系数 a（竞争预测学业自我效能感）与 b（学业自我效能预测学习倦怠）均显著，说明间接效应显著，接着检验得到竞争对学习倦怠的直接效应 c' 不再显著，而且 ab 与 c' 同号，则说明学业自我效能感在竞争与学习倦怠间起完全中介效应。根据方杰等（2013）提出对系数乘积 ab 的检验，本研究进一步利用 Bootstrap 法检验学习倦怠的中介效应，分析结果得到直接效应 c' 的置信区间为[-0.159, 0.093]，间接效应 ab 的置信区间为[-0.435, -0.220]，直接效应的区间包括 0，而间接效应的区间不包括 0，说明直接效应不显著而间接效应是显著的，因此使用 Process 程序进行 Bootstrap 法检验结果说明，学业自我效能感在竞争与学习倦怠间的中介效应仍然是显著的。

5. 学业自我效能感在班级环境（学习负担）与学习倦怠间的中介作用分析

以班级环境中的学习负担变量为自变量 X，学习倦怠总分为因变量 Y，学业自我效能感总分为中介变量 M，依次检验回归系数 c、a、b、ab 以及 c'，并且计算中介效应量的大小。结果见表 7-18。

表 7-18 学业自我效能感在学习负担与学习倦怠间中介作用依次分析表

路径	总效应	直接效应	中介效应	t	95% LLCI	95% ULCI
学习负担→学习倦怠（c）	0.208			2.216*	-0.027	0.423
学习负担→学业自我效能感（a）		0.135		0.375	-0.165	0.434

续表

路径	总效应	直接效应	中介效应	t	95% LLCI	95% ULCI
学业自我效能感→学习倦怠（b）		-0.395		-16.420***	-0.442	-0.348
学习负担→学习倦怠（c'）		0.261		3.613***	0.119	0.403
学习负担→学业自我效能感→学习倦怠（ab）			-0.053		-0.186	0.082
效应量（ab/c）			\			

通过温忠麟等（2014）提出的新的中介效应检验流程，由表7-18可得，首先检验得到学习负担对学习倦怠的总效应系数 c 是显著的，所以按中介效应立论。但是依次检验得到系数 a（学习负担预测学业自我效能感）与 b（学业自我效能预测学习倦怠）发现，学习负担预测学业自我效能感的系数 a 不显著，仅系数 b 显著，说明间接效应不显著，同时得到学习负担对学习倦怠的直接效应 c' 仍然显著，则说明学业自我效能感在学习负担与学习倦怠间不存在中介效应。根据方杰等（2013）提出对系数乘积 ab 的检验，本研究进一步利用Bootstrap法检验学习倦怠的中介效应，分析结果得到直接效应 c' 的置信区间为（0.119，0.403），区间不包括0，说明直接效应 c' 是显著的，但是间接效应 ab 的置信区间为（-0.186，0.082），区间包括0，说明间接效应不显著，中介作用不存在，因此使用Process程序进行Bootstrap法检验结果同样说明学业自我效能感在学习负担与学习倦怠间的中介效应是不显著的。

三、基于结构方程模型的中介效应模型分析

根据温忠麟与叶宝娟（2014），温忠麟、张雷、侯杰泰、刘红云（2004）以及方杰等人（2014）推荐的中介效应检验流程通过矩结构方程中介效应模型建模进行分析，各潜变量的中介效应若显著需满足以下三个条件：① 潜变量矩结构方程模型中自变量（班级环境）对因变量（学习倦怠）的作用显著；② 潜变量矩结构方程模型中自变量（班级环境）对中介变量（学业自我效能感）预测显著；③ 潜变量矩结构方程模型中中介变量（学业自我效能感）对因变量（学习倦怠）的预测显著。

本研究同时采用结构方程模型（方杰，温忠麟，张敏强，孙配贞，2014；吴艳，温忠麟，2011）检验学业自我效能感在班级环境与学习倦怠之间的中

第七章 班级环境对中学生学习心理的具体影响机制分析

介效应。首先，对研究模型的测量部分进行分析，班级环境五个维度和学习倦怠四个维度分别生成班级环境和学习倦怠两个潜变量，各维度在其潜变量上负荷都达到了极其显著的水平（$p<0.001$），表明测量工具的有效性。其次，运用结构方程模型建立班级环境预测学习倦怠的总效应模型 Model4，Model4 中各潜变量的具体路径系数见图 7-4，拟合指数如表 7-19 所示。

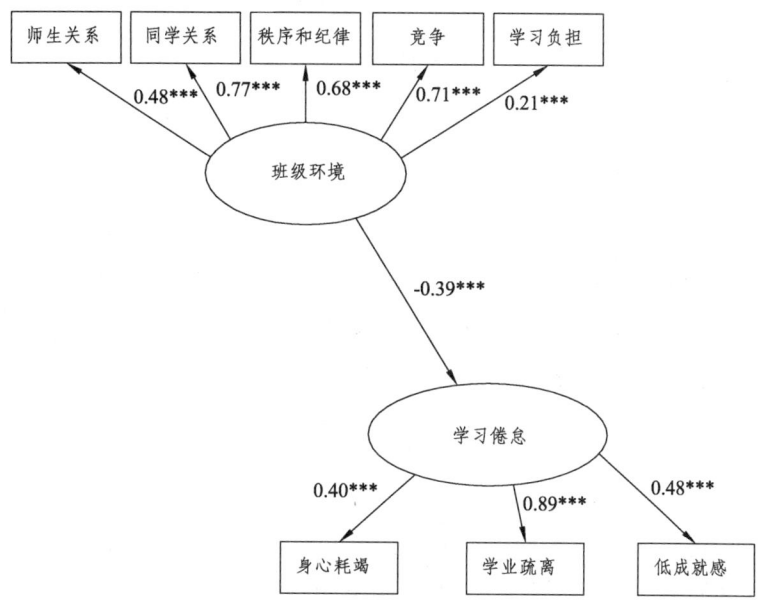

图 7-4　班级环境预测学习倦怠的直接总效应模型 Model4

从图 7-4 和表 7-19 可以看到，在班级环境预测学习倦怠的潜变量矩结构方程模型中，潜变量班级环境能显著负向预测中学生的学习倦怠（$\gamma=-0.385$，$t=-4.003$，$p<0.001$），并且 Model4 的拟合指数较高说明数据对模型的拟合良好，分析检验结果满足了第一个条件。

表 7-19　学业自我效能感在班级环境与学习倦怠间的中介效应模型拟合指数

模型	χ^2/df	RMSEA	SRMR	GFI	NFI	IFI	TLI	CFI
Model 4	5.250	0.104	1.622	0.938	0.846	0.872	0.808	0.870
Model 5	4.547	0.095		0.926	0.884	0.907	0.868	0.906

然后，建立加入中介变量学业自我效能感的中介效应潜变量矩结构方程模型 Model5，路径系数和拟合指数结果如图 7-5 和表 7-19 所示。

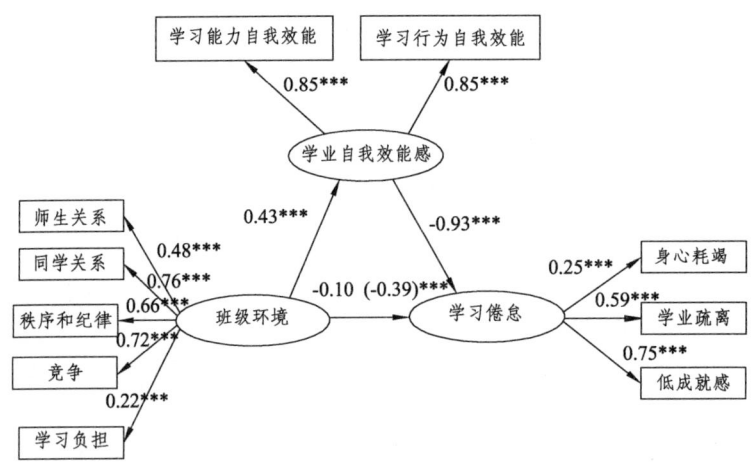

图 7-5　中学生学业自我效能感在班级环境与学习倦怠间的中介效应模型 Model5

对在班级环境与学习倦怠间加入学业自我效能感这一中介变量得到的潜变量中介效应模型 Model5 结构方程模型进行分析发现，在加入学业自我效能感这一中介变量潜变量后，模型拟合指数较高说明拟合情况非常好，并且结果得到中学生的班级环境能显著预测学业自我效能感（γ=0.425，t=3.412，$p<0.001$），学业自我效能感也能显著预测学习倦怠（γ=-0.934，t=-4.564，$p<0.001$），满足了条件二和条件三，但是班级环境却不能再显著预测学习倦怠（γ=-0.096，t=-1.472，$p>0.05$），这说明完全中介的存在。同时在 AMOS 软件中采用 Bootstrap 法抽样 5000 次计算学业自我效能感在班级环境与学习倦怠间中介效应，结果得到间接效应 95%的置信区间为[-0.534，-0.265]，直接效应 95%的置信区间为[-0.224，0.038]，间接效应不包含 0，说明中介效应是显著的，而直接效应是包括 0 的说明路径不显著，因此结构方程模型分析结果表明中学生的学业自我效能感中介了班级环境对学习倦怠的影响，并且学业自我效能感在班级环境与学习倦怠间起着完全中介作用。

四、讨　论

研究结果表明，中学生的学业自我效能感在班级环境与学习倦怠之间存在显著的中介效应，班级环境对中学生学习倦怠的影响是先影响其学业自我效能感水平，再间接对中学生的学习倦怠产生影响的。具体分析来看，中学生的班级环境越积极，则其学业自我效能感就越高。中学生在学习上的自我效能感高，则他们对学习会更加感兴趣，更加有信心，因而学习倦怠也就少了。在较差的班级环境中，中学生在学习上常常找不到感觉，进而就会对学习失去兴趣，没有太多的成就感，因此就会慢慢产生学习倦怠。

具体来看，学业自我效能感在师生关系与学习倦怠间、竞争与学习倦怠间产生完全的中介效应。师生关系对学习倦怠的影响是先影响中学生的学业自我效能感，再来影响其学习倦怠的。与老师关系好的中学生，会在学习方面经常与老师进行交流探讨，从老师那里获取帮助与鼓励，碰到问题时也会及时求教老师，指导自己找到解决问题的办法。这类中学生平时在学习上产生了较高的自我效能感，由于有老师作为强大后盾，在各种学习困难面前，他们都能去想方设法地克服，具有非常强的自信心，从而对学习产生更大的兴趣和信心，体验到的成就感也会多得多，产生的学习倦怠也非常少。同样，在竞争环境中，中学生对学习的自信心会因在竞争中获得更多成功而慢慢增强。竞争氛围对中学生会有极大的督促与提高作用，中学生在竞争氛围中不断成长，获得更多的自信，从而在学习方面的自我效能感就会比较高。自我效能感提高后，他们会以更加积极向上的面貌去竞争，就不会产生太多的学习倦怠，获取的成就感也会越来越多。

研究结果同时表明，学业自我效能感在同学关系和学习倦怠间、秩序与纪律和学习倦怠间起着部分中介效应，同学关系、秩序与纪律对中学生学习倦怠的影响部分是通过先对中学生的学业自我效能感产生影响后，再间接影响中学生的学习倦怠的。同学关系越好，中学生在学习方面会更多地与同学交流，在交流中不断提高，同时更好地去解决学习中碰到的问题与困难，学业自我效能感也就慢慢提高了，同时对学习也会有较强的自信心，成就感也比较高，因而学习倦怠也会比较少。秩序与纪律是班级环境中的基本规则，在秩序与纪律较好的班级里，中学生由于受到班集体的制约，他们会更认真地学习，与学习做伴。慢慢地，其学业自我效能感也就高了，从而在按部就班的学习氛围中也不会产生学习倦怠。

第四节 学习倦怠在学业自我效能感与学习拖延间的中介效应分析

一、学业自我效能感与学习拖延、学习倦怠的两两相关分析

对中学生的学业自我效能感、学习拖延和学习倦怠各维度及总分进行 Pearson 积差相关分析，结果见表 7-20。

表 7-20 中学生学业自我效能感、学习拖延和学习倦怠的积差相关分析

变量	学习能力自我效能	学习行为自我效能	学业自我效能感	计划缺乏	状态不佳	行为迟滞	执行不足	学习拖延	身心耗竭	学业疏离	低成就感	学习倦怠
学习能力自我效能	1											
学习行为自我效能	0.723**	1										
学业自我效能感	0.937**	0.918**	1									
计划缺乏	-0.437**	-0.549**	-0.527**	1								
状态不佳	-0.373**	-0.478**	-0.455**	0.753**	1							
行为迟滞	-0.413**	-0.516**	-0.497**	0.790**	0.749**	1						
执行不足	-0.350**	-0.461**	-0.433**	0.744**	0.689**	0.752**	1					
学习拖延	-0.442**	-0.561**	-0.536**	0.923**	0.880**	0.925**	0.867**	1				
身心耗竭	-0.159**	-0.234**	-0.209**	0.307**	0.371**	0.279**	0.320**	0.350**	1			
学业疏离	-0.440**	-0.506**	-0.507**	0.556**	0.481**	0.537**	0.507**	0.580**	0.375**	1		
低成就感	-0.655**	-0.609**	-0.682**	0.358**	0.364**	0.354**	0.333**	0.391**	0.137**	0.421**	1	
学习倦怠	-0.565**	-0.609**	-0.631**	0.552**	0.551**	0.528**	0.525**	0.597**	0.694**	0.809**	0.703**	1

从表 7-20 可以发现，中学生学业自我效能感的学习能力自我效能感、学习行为自我效能感及学业自我效能感总分与其学习拖延的计划缺乏、状态不佳、行为迟滞、执行不足及学习拖延总分均呈显著的负相关关系，同时与学习倦怠的身心耗竭、学业疏离、低成就感及学习倦怠总分均呈显著负相关关系。而学习拖延的计划缺乏、状态不佳、行为迟滞、执行不足及学习拖延总分与学习倦怠的身心耗竭、学业疏离、低成就感及学习倦怠总分均呈显著的正相关关系。

二、基于 Bootstrap 法系数乘积项检验的中介作用分析

以学业自我效能感各维度为自变量 X，学习拖延为因变量 Y，分别以学习倦怠的身心耗竭、学业疏离、低成就感及学习倦怠总分为中介变量 M，运用 SPSS 宏程序 Process 依次检验回归系数 c、a、b、ab 以及 c'，并且计算中介效应量的大小。

1. 学习倦怠（身心耗竭）在学业自我效能感与学习拖延间的中介作用分析

以学业自我效能感为自变量 X，学习拖延总分为因变量 Y，学习倦怠中的身心耗竭为中介变量 M，依次检验回归系数 c、a、b、ab 以及 c'，并且计算中介效应量的大小。结果见表 7-21。

表 7-21　身心耗竭在学业自我效能感与学习拖延间的中介作用依次分析表

路径	总效应	直接效应	中介效应	t	95% LLCI	95% ULCI
学业自我效能感→学习拖延（c）	-0.605			-12.514***	-0.694	-0.512
学业自我效能感→身心耗竭（a）		-0.060		-4.211***	-0.089	-0.032
身心耗竭→学习拖延（b）		0.972		5.923***	0.649	1.294
学业自我效能感→学习拖延（c'）		-0.546		-11.526***	-0.640	-0.453
学业自我效能感→身心耗竭→学习拖延（ab）			-0.059		-0.097	-0.030
效应量（ab/c）	0.097					

通过温忠麟等（2014）提出的新的中介效应检验流程，由表 7-21 可知，检验得到学业自我效能感对学习拖延的总效应系数 c 是显著的。所以按中介效应立论，依次检验得到系数 a（学业自我效能感预测身心耗竭）与 b（身心

耗竭预测学习拖延）均显著，说明间接效应显著。接着检验得到学业自我效能对学习拖延的直接效应 c' 仍然显著，而且 ab 与 c' 同号，则说明身心耗竭在学业自我效能感与学习拖延间起部分中介效应，中介效应大小为 9.7%。根据方杰等（2013）提出对系数乘积 ab 的检验，本研究进一步利用 Bootstrap 法检验身心耗竭的中介效应，分析结果得到直接效应 c' 的置信区间为[-0.640，-0.453]，间接效应 ab 的置信区间为[-0.097, -0.030]，直接效应和间接效应的区间都不包括 0 说明路径都是显著的，因此使用 Process 程序进行 Bootstrap 法检验结果说明，身心耗竭在学业自我效能感与学习拖延间的中介效应是显著的。

2. 学习倦怠（学业疏离）在学业自我效能感与学习拖延间的中介作用分析

以学业自我效能感为自变量 X，学习拖延总分为因变量 Y，学习倦怠中的学业疏离为中介变量 M，依次检验回归系数 c、a、b、ab 以及 c'，并且计算中介效应量的大小。结果见表 7-22。

表 7-22 学业疏离在学业自我效能感与学习拖延间的中介作用依次分析表

路径	总效应	直接效应	中介效应	t	95% LLCI	95% ULCI
学业自我效能感→学习拖延（c）	-0.605			-12.514***	-0.694	-0.512
学业自我效能感→学业疏离（a）		-0.139		-11.610***	-0.163	-0.115
学业疏离→学习拖延（b）		1.709		9.227***	1.345	2.073
学业自我效能感→学习拖延（c'）		-0.367		-7.212***	-0.467	-0.267
学业自我效能感→学业疏离→学习拖延（ab）			-0.238		-0.308	-0.174
效应量（ab/c）				0.393		

通过温忠麟等（2014）提出的新的中介效应检验流程，由表 7-22 可知，检验得到学业自我效能感对学习拖延的总效应系数 c 是显著的，所以按中介效应立论。依次检验得到系数 a（学业自我效能感预测学业疏离）与 b（学业疏离预测学习拖延）均显著，说明间接效应显著。接着检验发现，学业自我效能对学习拖延的直接效应 c' 仍然显著，而且 ab 与 c' 同号，说明学业疏离在学业自我效能感与学习拖延间起部分中介效应，中介效应大小为 39.3%。根据方杰等（2013）提出的对系数乘积 ab 的检验，本研究进一步利用 Bootstrap 法检验学业疏离的中介效应，分析结果得到直接效应 c' 的置信区间为[-0.467，

−0.267]，间接效应 ab 的置信区间为[−0.308,−0.174]，直接效应和间接效应的区间都不包括 0 路径均显著，因此使用 Process 程序进行 Bootstrap 法检验结果说明，学业疏离在学业自我效能感与学习拖延间的中介效应是显著的。

3. 学习倦怠（低成就感）在学业自我效能感与学习拖延间的中介作用分析

以学业自我效能感为自变量 X，学习拖延总分为因变量 Y，学习倦怠中的低成就感为中介变量 M，依次检验回归系数 c、a、b、ab 以及 c'，并且计算中介效应量的大小。结果见表7-23。

表 7-23 低成就感在学业自我效能感与学习拖延间的中介作用依次分析表

路径	总效应	直接效应	中介效应	t	95% LLCI	95% ULCI
学业自我效能感→学习拖延（c）	−0.605			−12.514***	−0.694	−0.512
学业自我效能感→低成就感（a）		−0.191		−18.390***	−0.212	−0.171
低成就感→学习拖延（b）		0.195		0.825	−0.269	0.659
学业自我效能感→学习拖延（c'）		−0.568		−8.586***	−0.698	−0.438
学业自我效能感→低成就感→学习拖延（ab）			−0.037		−0.142	0.056
效应量（ab/c）	/					

通过温忠麟等（2014）提出的新的中介效应检验流程，由表7-23可知，首先检验得到学业自我效能感对学习拖延的总效应系数 c 是显著的，所以按中介效应立论；然后依次检验得到系数 a（学业自我效能感预测低成就感）是显著的，但是系数 b（低成就感预测学习拖延）却不显著，说明间接效应是不显著的；接着检验得到学业自我效能对学习拖延的直接效应 c' 仍然显著，则说明低成就感在学业自我效能感与学习拖延间不能起中介作用。根据方杰等（2013）提出对系数乘积 ab 的检验，本研究进一步利用 Bootstrap 法检验低成就感的中介效应，分析结果得到直接效应 c' 的置信区间为[−0.698,−0.438]，间接效应 ab 的置信区间为[−0.142,0.056]，直接效应的区间不包括 0 说明直接效应是显著的，但是间接效应的区间包括 0 说明低成就感的间接效应不显著，因此使用 Process 程序进行 Bootstrap 法检验结果说明，低成就感在学业自我效能感与学习拖延间的中介效应是不显著的。

4. 学习倦怠总体在学业自我效能感与学习拖延间的中介作用分析

以学业自我效能感为自变量 X, 学习拖延总分为因变量 Y, 学习倦怠总分为中介变量 M, 依次检验回归系数 c、a、b、ab 以及 c', 并且计算中介效应量的大小。结果见表 7-24。

表 7-24 学习倦怠在学业自我效能感与学习拖延间的中介作用依次分析表

路径	总效应	直接效应	中介效应	t	95% LLCI	95% ULCI
学业自我效能感→学习拖延（c）	-0.605			-12.514***	-0.694	-0.512
学业自我效能感→学习倦怠（a）		-0.391		-16.029***	-0.439	-0.343
学习倦怠→学习拖延（b）		0.785		8.491***	0.603	0.967
学业自我效能感→学习拖延（c'）		-0.298		-5.207***	-0.411	-0.186
学业自我效能感→学习倦怠→学习拖延（ab）			-0.307		-0.399	-0.222
效应量（ab/c）	0.507					

通过温忠麟等（2014）提出的新的中介效应检验流程，由表 7-24 可知，首先检验得到学业自我效能感对学习拖延的总效应系数 c 是显著的，所以按中介效应立论。然后依次检验得到系数 a（学业自我效能感预测学习倦怠）与 b（学习倦怠预测学习拖延）均显著，说明间接效应显著。接着检验得到学业自我效能对学习拖延的直接效应 c' 仍然显著，而且 ab 与 c' 同号，则说明学习倦怠在学业自我效能感与学习拖延间起部分中介作用，中介效应大小为 50.7%。根据方杰等（2013）提出对系数乘积 ab 的检验，本研究进一步利用 Bootstrap 法检验学习倦怠的中介效应，分析结果得到直接效应 c' 的置信区间为[-0.411, -0.186]，间接效应 ab 的置信区间为[-0.399, -0.222]，直接效应和间接效应的区间都不包括 0 说明路径都是显著的，因此使用 Process 程序进行 Bootstrap 法检验结果说明，学习倦怠在学业自我效能感与学习拖延间的中介效应是显著的。

三、基于结构方程模型的中介效应模型分析

根据温忠麟与叶宝娟（2014），温忠麟、张雷、侯杰泰、刘红云（2004）以及方杰等人（2014）推荐的中介效应检验流程，通过矩结构方程中介效应

模型建模进行分析，各潜变量的中介效应若显著需满足以下三个条件：① 潜变量矩结构方程模型中自变量（学业自我效能感）对因变量（学习拖延）的作用显著；② 潜变量矩结构方程模型中自变量（学业自我效能感）对中介变量（学习倦怠）预测显著；③ 潜变量矩结构方程模型中中介变量（学习倦怠）对因变量（学习拖延）的预测显著。

本研究同时采用结构方程模型（方杰，温忠麟，张敏强，孙配贞，2014；吴艳，温忠麟，2011）检验学习倦怠在学业自我效能感与学习拖延之间的中介效应。首先，对研究模型的测量部分进行分析，学业自我效能感两个维度、学习拖延四个维度、学习倦怠三个维度分别生成学业自我效能感、学习拖延、学习倦怠三个潜变量，各维度在其潜变量上负荷都达到了极其显著的水平（P<0.001），表明测量工具的有效性。其次，运用结构方程模型建立学业自我效能感预测学习拖延的总效应模型 Model6，Model6 中各潜变量的具体路径系数见图 7-6，拟合指数如表 7-25 所示。

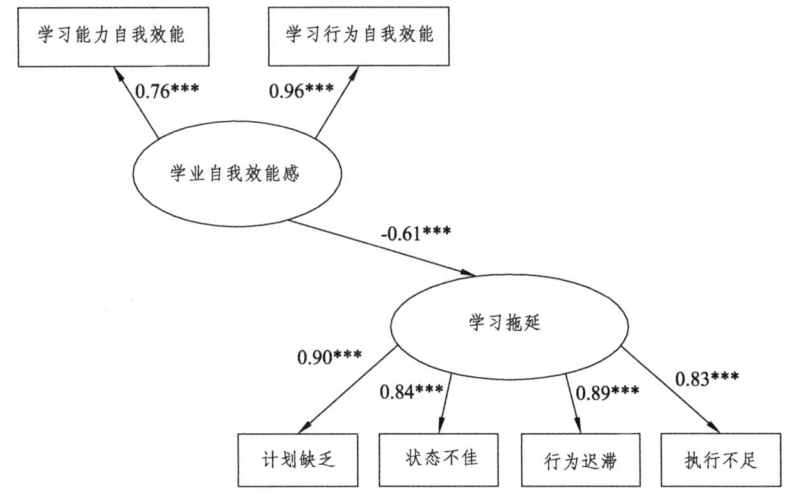

图 7-6　学业自我效能感预测学习拖延的直接总效应模型 Model6

从图 7-6 和表 7-25 可以知道，在学业自我效能感预测学习拖延的潜变量矩结构方程模型中，潜变量学业自我效能感能显著负向预测中学生的学习拖延（$\gamma = -0.610$，$t = -9.988$，$p<0.001$），并且 Model6 的拟合指数较高说明数据对模型的拟合良好，分析检验结果满足了第一个条件。

表 7-25　工作投入在心理资本与工作绩效间的中介效应模型拟合指数

模型	χ^2/df	RMSEA	SRMR	GFI	NFI	IFI	TLI	CFI
Model 6	0.807	0.000	0.343	0.995	0.996	1.001	1.002	1.000
Model 7	5.502	0.107	1.217	0.927	0.939	0.949	0.923	0.949

建立加入中介变量学习倦怠的中介效应潜变量矩结构方程模型 Model7，路径系数和拟合指数结果如图 7-7 和表 7-25 所示。

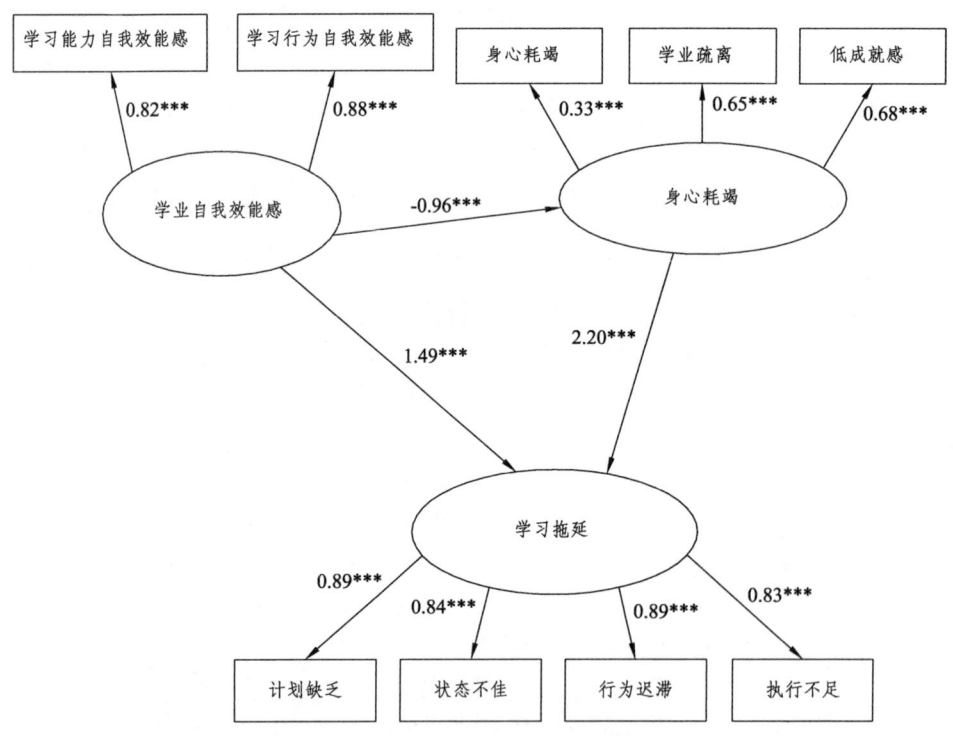

图 7-7　中学生学习倦怠在学业自我效能感与学习拖延间的中介效应模型 Model7

对在学业自我效能感与学习拖延中加入学习倦怠这一中介变量得到的潜变量中介效应模型 Model7 结构方程模型进行分析发现，在加入学习倦怠这一中介变量后，模型拟合指数较高，说明拟合情况较好，用 AMOS 软件中采用 Bootstrap 法抽样 5000 次计算学习倦怠在学业自我效能感与学习拖延间中介效应，结果得到间接效应 95%的置信区间为[-9.795，-0.878]，直接效应 95%的置信区间为[0.246，9.201]，两个区间均不包含 0，说明中介效应是显著的。因此，结构方程模型分析结果表明，中学生的学习倦怠中介了学业自我效能感对其学习拖延的影响，并且学习倦怠在学业自我效能感与学习拖延间起部分中介作用。

四、讨论

本研究显示，中学生学业自我效能感与学习拖延、学习倦怠均存在较高水平的显著负相关，这一结果说明，学业自我效能感是中学生学习拖延与倦怠的重要影响因素，这与以往的研究结论基本一致。学业自我效能高的中学生觉得在学习上能应付自如，能较轻松地解决学习上的困难，并且信心十足，因此他们在学习上的拖延也较少。由于自己的高效能感，他们能在学习中获得不少乐趣和成就感。因此，学业自我效能感高的中学生学习倦怠的情况也较少。学业自我效能感低的中学生由于在学习上提不起信心，总是觉得学习上困难重重，可能会出现更多的消极情绪，因而会以一种逃避的方式来应对学习，更多地去拖延学习任务，久而久之便对学习失去兴趣，对学习产生严重的倦怠心理。

研究结果同时也表明，学业自我效能感能显著负向预测学习倦怠和学习拖延，而学习倦怠对学习拖延有正向预测作用，并且学习倦怠在学业自我效能感与学习拖延之间起着部分中介作用。而这与杨志刚等的研究结果不一致，不过后者是探讨自我效能感与大学生的学习拖延、学习倦怠之间的关系，而本研究的研究对象是中学生，这可能是导致结果不一致的重要原因。本研究具体分析发现，身心耗竭、学业疏离和学习倦怠总分在中学生学业自我效能感与学习拖延之间的中介效应显著。这说明中学生的学业自我效能感水平低时，在学习上会有更多的拖延。而且由于他们会觉得自己在学习上很差劲，不会取得成功，身心也慢慢疲惫与耗竭，觉得自己什么事情都做不好，则学习倦怠程度更高，对应该完成的学习任务也不会在乎，更多以拖延的方式对待。同时，那些学业自我效能感高的中学生由于对自己完成各项学习任务有非常强的自信心，因此他们在面对学习上的困难时，总能轻松积极地去应对，在学业上的成就感也相对会高很多，较少出现学习倦怠情况。并且由于学业自我效能感高的中学生在学习上的积极性强，学习兴趣大，学业疏离与倦怠的情况也就较少，因而在学习上也就很少出现拖延的情况。总之，中学生学业自我效能感是导致中学生学习拖延的重要因素，同时学业自我效能感会通过中学生的学习倦怠间接影响其学习拖延。

参考文献

[1] SOLOMON L J,ROTHBLUM E D. Academic procrastination:Frequency and cognitive-behavioral correlates. [J]. Journal of Counseling Psychology. 1984, 31(4):503.

[2] STEEL P. The nature of procrastination:a meta-analytic and theoretical review of quintessential self-regulatory failure. [J]. Psychological bulletin. 2007, 133(1):65.

[3] SENECAL C,JULIEN E,GUAY F. Role conflict and academic procrastination: A self-determination perspective[J]. European Journal of Social Psychology. 2003, 33(1): 135-145.

[4] FERRARI J R, DIAZ-MORALES J F. Procrastination: Different time orientations reflect different motives[J]. Journal of research in personality. 2007, 41(3): 707-714.

[5] SENÉCal C, KOESTNER R,VALLERAND R J. Self-regulation and academic procrastination[J]. The Journal of Social Psychology, 1995, 135(5): 607-619.

[6] MEIER S T,SCHMECK R R. The burned-out college student: A descriptive profile[J]. Journal of College Student Personnel,1985.

[7] 温忠麟, 叶宝娟. 中介效应分析：方法和模型发展[J]. 心理科学进展，2014, 22（5）: 731-745.

[8] 方杰, 张敏强. 参数和非参数Bootstrap方法的简单中介效应分析比较[J]. 心理科学，2013, 36（3）: 722-727.

[9] 方杰, 张敏强, 邱皓政. 中介效应的检验方法和效果量测量：回顾与展望[J]. 心理发展与教育，2012, 28（1）: 105-111.

[10] 庞维国. 大学生学习拖延研究综述[J]. 心理科学，2010, 33（1）: 147-150.

[11] 庞维国, 韩贵宁. 我国大学生学习拖延的现状与成因研究[J]. 清华大学教育研究，2009, 30（6）: 59-65.

[12] 郑素瑾. 中学生学习拖延及其相关因素研究[D]. 上海：上海师范大学，2009.

[13] 吴发科. 彰显校园心理环境在心理健康教育中的突出作用[J]. 中小学心

理健康教育，2004（5）：8-10.

[14] 聂衍刚，涂巍，李水霞，等. 初中生自我意识与班级心理环境的关系研究[J]. 教育导刊，2012（4）：28-31.

[15] 屈智勇，邹泓，王英春. 不同班级环境类型对学生学校适应的影响[J]. 心理科学. 2004，27（1）：207-211.

[16] 袁立新，张积家，林丹婉. 班级环境对初中生心理健康的影响[J]. 中国学校卫生，2008，29（1）：59-60.

[17] 任志洪，江光荣，叶一舵. 班级环境与青少年抑郁的关系：核心自我评价的中介与调节作用[J]. 心理科学，2011，34（5）：1106-1112.

[18] 姜兆萍，周宗奎. 学习效能感在高中生班级环境与学习动机间的中介效应[J]. 中国特殊教育，2011（6）：72-77.

[19] 范金刚. 高中生的学习投入与班级心理气氛的关系[J]. 中国健康心理学杂志，2010，18（9）：1115-1117.

[20] 范金刚，门金泽. 高中生自我效能感在班级心理气氛与学习投入间的中介效应[J]. 中国健康心理学杂志，2011，19（2）：206-208.

[21] 谭千保，曾苗. 548名中学生的班级环境和生活满意度[J]. 中国心理卫生杂志，2007，21（8）：544-547.

[22] 潘利若，赵俊峰，姚梅林，等. 中学生学业拖延与班级环境的关系[J]. 中国健康心理学杂志，2012，20（9）：1378-1381.

[23] 江光荣. 中小学班级环境：结构与测量[J]. 心理科学，2004，27（4）：839-843.

[24] 江光荣. 班级社会生态环境研究[M]. 武汉：华中师范大学出版社，2002.

[25] 梁宇颂. 大学生成就目标、归因方式与学业自我效能感的研究[D]. 武汉：华中师范大学，2000.

[26] 温忠麟，张雷，侯杰泰，等. 中介效应检验程序及其应用[J]. 心理学报，2004，36（5）：614-620.

[27] 杨丽娴，连榕，张锦坤. 中学生学习倦怠与人格关系[J]. 心理科学，2007（6）：1409-1412.

[28] 吴艳，戴晓阳，温忠麟，等. 青少年学习倦怠量表的编制[J]. 中国临床心理学杂志，2010（2）：152-154.

[29] 戴晓阳. 常用心理评估量表手册[M]. 北京：人民军医出版社，2010：349.

[30] 吴艳，戴晓阳，温忠麟，等. 学校气氛对初中生学习倦怠的影响[J]. 中国临床心理学杂志，2012（3）：404-406.

[31] 胥兴春，王彩霞. 初中生学业拖延的特征及其与学业成绩的关系研究[J]. 教

育科学. 2011（2）：20-23.

[32] 朱晓斌，朱金晶，张莉渺. 初中生学习拖延与学习适应性学业成绩的关系[J]. 中国学校卫生，2011（10）：1196-1197.

[33] 樊琪，程佳莉. 学习惰性研究综述[J]. 心理科学，2008（6）：1458-1460.

[34] 左艳梅，张大均. 学业拖延影响因素研究述评[J]. 哈尔滨学院学报，2010，31（3）：134-138.

[35] 张文娟，赵景欣. 大学生学习倦怠与学业自我效能感的关系[J]. 心理研究，2012，5（2）：72-76.

[36] 张振，杨申，刘伟. 中学生学习倦怠成因及应对策略[J]. 吉林省教育学院学报，2011（5）：24-26.

[37] 邹志超，王雅倩. 高中生的学习倦怠、自我效能感及其关系研究[J]. 教育测量与评价：理论版，2008（4）：37-39.

[38] 谭彩霞，史海云. 中学生的学习归因、学业自我效能感与学习倦怠的关系[J]. 江苏教育学院学报：社会科学版，2011（3）：50-54.

[39] 杨志刚，王红怡. 学习拖延与学习倦怠的关系研究：自我效能感的中介效应[J]. 河南机电高等专科学校学报，2010，18（3）：79-82.

[40] 雷家萍，鲁媛，濮梅，等. 青少年学业拖延与时间管理倾向相关分析[J]. 中国学校卫生，2014，35（001）：64-66.

[41] 连榕，杨丽娴，吴兰花. 大学生专业承诺、学习倦怠的关系与量表编制[J]. 心理学报，2005，37（5）：632-636.

[42] 李长庚，李泉，陈满英. 关于中学生的学习倦怠前因变量的研究[J]. 教育探索，2010（4）：144-145.

[43] 齐丹. 中学生学业拖延的现状与特点研究[J]. 现代中小学教育，2011（3）：57-59.

[44] 成康. 初中生孤独感、班级环境和攻击行为的关系研究[D]. 长沙：湖南师范大学，2017.

[45] 国露露. 小学生羞怯、班级环境与学校适应的关系[D]. 济南：山东师范大学，2017.

[46] 王立莹. 朝鲜族初中生班级环境、学业自我效能感与学习投入关系研究[D]. 延吉：延边大学，2017.

[47] 巢传宣，陈红. 班级环境调节大学生心理压力与心理健康的关系[J]. 南昌工程学院学报，2017，36（02）：95-101.

[48] 徐蕾. 初中生自尊与学业求助行为的关系：班级环境的调节作用[D]. 南京：南京师范大学，2017.

[49] 雷浩,刘衍玲,郭成,等. 班级环境和攻击行为的关系：暴力态度的中介作用[J]. 中国特殊教育,2012（11）：65-72.

[50] 罗小漫,郑德银,李玉姣,等. 班级环境、自尊对初中生主动与反应攻击的影响研究[J]. 贵州师范大学学报：自然科学版,2012,30（06）：50-53.

[51] 王红瑞. 中职班级环境现状与优化实证研究[J]. 职业教育研究,2012（10）：53-54.

[52] 潘利若,赵俊峰,姚梅林,等. 中学生学业拖延与班级环境的关系[J]. 中国健康心理学,2012,20（9）：1378-1381.

[53] 王红瑞. 不同班级环境类型中职生学业行为差异比较研究[J]. 中国健康心理学,2012,20（8）：1207-1208.

[54] 金灿灿,邹泓. 中学生班级环境、友谊质量对社会适应影响的多层线性模型分析[J]. 中国特殊教育,2012（08）：60-65.

[55] 雷浩,刘衍玲,田澜. 家庭环境、班级环境与高中生学业成绩的关系：学业勤奋度的中介作用[J]. 上海教育科研,2012（04）：17-20.

[56] 孙亚红. 中小学班级环境与学生学业效能感、学业成绩的关系研究[D]. 石家庄：河北师范大学,2005.

[57] 周敏. 初中生学习倦怠现状及其与学业自我效能感、学习动机的关系研究[D]. 长沙：湖南师范大学,2015.

[58] 霍静静,王潇婕,邹昌浪,等. 农村初中生学业自我效能感、学习倦怠对学业成绩的影响[J]. 保健医学研究与实践,2017,14（6）：10-14+21.

[59] 卢春丽. 农村留守儿童希望感与学习倦怠的关系研究——基于手机依赖的中介作用[J]. 龙岩学院学报,2017,35（5）：129-136.

[60] 刘琳慧,莫颖绿,应益飞,等. 高中学生学习付出—回馈失衡与学习倦怠的相关性研究[J]. 预防医学,2017,29（11）：1089-1093.

[61] 王建军,董磊,赵亚洪. 动商理念下中学生学习倦怠的运动干预研究[J]. 中小学心理健康教育,2017（25）：18-21.

[62] 权月梅. 农村初中英语学习倦怠的原因及应对策略[J]. 教学管理与教育研究,2017,2（14）：21-22.

[63] 王承清,崔立中. 我国学习倦怠研究现状的文献计量学分析[J]. 中小学心理健康教育,2017（20）：8-11.

[64] 陈维,赵守盈,朱丹,等. 高中生学习倦怠量表的编制及信效度研究——基于CTT、GT和IRT的分析[J]. 西南大学学报：社会科学版,2017,43（4）：112-119.

[65] 刘丹. 初中生心理健康、心理资本与学习倦怠的关系研究[D]. 牡丹江：牡丹江师范学院，2017.

[66] 宋天娇. 高中生学习自控力、学校适应与学习倦怠的关系研究[D]. 漳州：闽南师范大学，2017.

[67] 施颖. 初中生学习倦怠的影响因素及干预研究[D]. 上海：上海师范大学，2017.

[68] 李林清. 中学生学习倦怠过程及自我合理化研究[D]. 北京：中国青年政治学院，2017.

[69] 吴婷. 高中生学习倦怠及相关因素的研究[D]. 上海：上海师范大学，2017.

[70] 刘卓明. 初中生学业情绪、学习倦怠与高效率学习之间的关系研究[D]. 广州：广州大学，2017.

[71] 赖运成. 农村留守儿童人际敏感性与主观幸福感学习倦怠的关系[J]. 内江师范学院学报，2017，32（4）：1-5.

[72] 戴青. 初中生心理资本、社会支持与学习倦怠的关系研究[D]. 南京：南京师范大学，2017.

[73] 陈维. 高中生自尊与学习倦怠的关系：基于SEM的多组比较[J]. 现代中小学教育，2016，32（7）：93-96.

[74] 陈家胜. 学习倦怠研究现状及展望[J]. 中国健康心理学杂志，2016，24（6）：939-943.

[75] 李存峰，葛明贵. 农村留守初中生学习倦怠影响因素模型研究[J]. 青年学报，2016（2）：64-68.

[76] 于格，任文静，李海君，等. 学生学习倦怠影响因素研究[J]. 中国学校卫生，2016，37（3）：476-480.

[77] 陈维，赵守盈，韩会芳，等. 高中生社会支持、学业自我效能感与学习倦怠的关系[J]. 教学与管理，2016（6）：70-73.

[78] 李颖. 高中生归因风格与学习倦怠的关系研究[J]. 普洱学院学报，2015，31（5）：132-134.

[79] 李连玲，刘晓丽，袁靖姣，等. 初中生时间管理倾向、应对方式对学习倦怠的影响[J]. 中国健康心理学，2015，23（6）：893-896.

[80] 张利霞，梁青青. 初中生学习倦怠及影响因素分析[J]. 保健医学研究与实践，2014，11（03）：11-13.

[81] 宫晓燕，田录梅，伦凤兰. 高中生学习效能感、学习动机与学习倦怠的关系[J]. 青少年研究：山东省团校学报，2014（3）：44-49.

[82] 邢强，黄荷艳. 社会支持、生活压力事件与学习倦怠关系的研究[J]. 教

育导刊，2014（6）：37-40.

[83] 伍康钦. 期望理论视域下大学生学习拖延心理的理性思考[J]. 青少年学刊，2017（6）：32-36.

[84] 马巧彦. 师生关系对小学生学习拖延的影响:学习情绪的中介作用[D]. 宁波：宁波大学，2017.

[85] 金丽，冷英，张志泉. 小学生学习拖延现状和原因探析[J]. 当代教育论坛，2017（1）：89-97.

[86] 钱兵. 学习拖延研究的文献计量学分析[J]. 江苏高教，2016（4）：61-63.

[87] 王洁洁. 时间管理训练对初中生学习拖延的干预研究[D]. 重庆：重庆师范大学，2016.

[88] 郭徽. 父母教养方式、完美主义与初中生学习拖延的关系研究[D]. 南宁：广西大学，2015.

[89] 贾莹. 高中生学习拖延[D]. 曲阜：曲阜师范大学，2015.

[90] 金丽. 小学生学习拖延现状和原因分析[D]. 南通：南通大学，2015.

[91] 丁湘梅，邹维兴. 中学生班级环境对学习拖延的影响：学习倦怠的中介效应[J]. 教学与管理，2015（3）：79-81.

[92] 周永红，吕催芳，杨于岑. 时间管理倾向与学习拖延：自我效能感的中介作用分析[J]. 中国临床心理学，2014，22（3）：533-536.

[93] 胡晓杰. 高中生学习拖延现状、原因及对策研究[D]. 呼和浩特：内蒙古农业大学，2014.

[94] 侯智慧. 时间管理训练对初中学习拖延者的干预研究[D]. 乌鲁木齐：新疆师范大学，2014.

[95] 丁湘梅，邹维兴，谢玲平. 中学生学业自我效能感在班级环境与学习拖延间的中介作用[J]. 中国学校卫生，2014，35（4）：588-590.

[96] 庞琨. 中学生学习拖延的团体心理辅导研究[D]. 武汉：华中师范大学，2014.

[97] 宗珍. 高中生完美主义与学业拖延的关系：学业自我效能感的中介作用[D]. 济南：山东师范大学，2017.

[98] 李伟伟. 初中生学业拖延现状及其与时间管理倾向、学业延迟满足的关系研究[D]. 开封：河南大学，2011.

[99] 蔡彦婕. 高中生学业拖延的现状及对策研究[D]. 呼和浩特：内蒙古师范大学，2017.

[100] 刘欢. 高中生学习动机，自我管理能力与学业拖延的关系研究[D]. 天津：天津师范大学，2017.

[101] 孙亚红. 中小学班级环境与学生学业效能感、学业成绩的关系研

究[D]. 石家庄：河北师范大学，2005.

[102] 张陆，王雅丽，游志麒，等. 公正世界信念对农村初中生学业拖延的影响：控制感与时间效能感的序列中介作用[J]. 中国临床心理学杂志，2018（2）：367-370

[103] 洪伟，刘儒德，甄瑞，等. 成就目标定向与小学生数学学习投入的关系：学业拖延和数学焦虑的中介作用[J]. 心理发展与教育，2018，34（02）：191-199.

[104] 韩英，刘美丹. 初中生学业拖延与人格特质的相关研究[J]. 教育观察，2018，7（4）：15-17，30.

[105] 高军，崔伟. 青少年父母教养方式与学业拖延的关系研究[J]. 教育测量与评价，2017（10）：41-47.

[106] 付宇. 农村寄宿制小学中高年级学生师生关系对学业成绩的影响[D]. 大连：辽宁师范大学，2017.

[107] 陈秋珠. 初中生学业拖延与学业自我效能感关系研究[J]. 华东师范大学学报：教育科学版，2016，34（3）：100-106，123.

[108] 宋静静，佐斌，温芳芳，等. 中学生物理性别刻板印象与学业拖延：序列中介模型[J]. 中国临床心理学，2016，24（3）：514-518.

[109] 李瑛，崔树军. 成就动机一致性对高中生学业拖延的影响[J]. 教育测量与评价：理论版，2015（10）：39-44，50.

[110] 王思，曹佃省. 高中学生的自我决定动机与学业拖延[J]. 中国健康心理学杂志，2015，23（10）：1487-1490.

[111] 李青青，王芬芬，杨世昌. 时间管理与学业拖延的关系：人格特质的中介作用[J]. 现代预防医学，2015，42（19）：3541-3543.

[112] 邱欢，王璐. 初中生学业拖延的影响因素[J]. 中国健康心理学，2015，23（01）：140-143.

[113] 唐凯晴，邓小琼，范方，等. 父母教养方式与学业拖延：学业自我效能感的中介作用[J]. 中国临床心理学，2014，22（5）：889-892.

[114] 汪琳琳，刘燕，郑淑杰. 农村初中生心理韧性在自尊与学业拖延间的中介作用[J]. 鲁东大学学报：哲学社会科学版，2014，31（3）：92-95.

[115] 王凤，李楠，曹琪敏，等. 心理控制源、业余时间管理与学业拖延的关系研究[J]. 河南师范大学学报；自然科学版，2013，41（6）：130-133.

[116] 龙锦春，李团力. 中学生家庭教养方式、学业自我效能感和攻击性行为关系的研究[J]. 基础教育研究，2018（3）：80-82.

[117] 王燕，邵义萍，杨青松，等. 农村留守儿童应对方式学业自我效能感在

社会支持与学习主观幸福感间的中介作用[J]. 中国学校卫生，2017，38（12）：1838-1841，1845.

[118] 刘丽丽，孙崇勇，苏畅，等. 认知负荷视阈下的中学生学业负担与学业自我效能感的关系[J]. 现代预防医学，2017，44（21）：3910-3913.

[119] 刘在花. 流动儿童学习价值观对学校幸福感的影响：学业自我效能感的调节作用[J]. 中国特殊教育，2017（8）：67-73.

[120] 孙颖美. 中学生未来时间洞察力、学业自我效能感与学业成绩之间的关系研究[D]. 扬州：扬州大学，2017.

[121] 赵鹏珍. 父母教养方式、学业自我效能感、自主学习能力与英语学业成绩的关系研究[D]. 临汾：山西师范大学，2017.

[122] 常晶晶. 初中生父母教养方式、学业自我效能感与学业情绪的关系研究[D]. 保定：河北大学，2017.

[123] 李婷. 初中生物理学业自我效能感现状及培养策略[D]. 新乡：河南师范大学，2017.

[124] 赵志琪. 小学生学业自我效能感的缺失与社会工作介入研究[D]. 兰州：兰州大学，2017.

[125] 曾伊宁. 初中生感知的学校气氛与学习投入的关系：学业自我效能感的中介效应[D]. 桂林：广西师范大学，2017.

[126] 邰思航. 高中生学业自我效能感、学业情绪与学业成绩的关系研究[D]. 成都：西华师范大学，2017.

[127] 李明洋. 中学生学业羞愧、学业自我效能感与学业成绩的关系[D]. 聊城：聊城大学，2017.

[128] 郭筱琳，周寰，窦刚，等. 父母教育卷入与小学生学业成绩的关系——教育期望和学业自我效能感的共同调节作用[J]. 北京师范大学学报：社会科学版，2017（2）：45-53.

[129] 王道阳，陆祥，殷欣. 流动儿童消极学业情绪对学业自我效能感的影响：情绪调节策略的调节作用[J]. 心理发展与教育，2017，33（1）：56-64.

[130] 刘凌霜. 新媒体视阈下大学生思想政治理论课学习心理调查——基于学习方式、学习投入和学业自我效能感的关系[J]. 中国健康心理学，2016，24（12）：1808-1812.

[131] 郭丹. 高中生学业自我效能感、考试焦虑与学习倦怠的关系研究[D]. 保定：河北大学，2016.

[132] 刘淑超. 学业自我效能感团体辅导对寄宿制初中生学习适应性的影响研究[D]. 武汉：华中师范大学，2016.

[133] 谢玲平，邹维兴. 中学生依恋对学业自我效能感的影响：自尊的中介作用[J]. 教育测量与评价，2016（10）：54-58.

[134] 谭烨. 提高高中生学业自我效能感策略研究[J]. 当代教育理论与实践，2016，8（10）：34-36.

[135] 曾晚艳. 陪读初中生性别角色类型、人际交往水平与学业自我效能感关系研究[D]. 长沙：湖南师范大学，2016.

[136] 周园. 高中生外部动机、自我效能感和自主性的关系及其对学业成绩的影响——基于中部地区某市46所中学的纵向数据[J]. 教育测量与评价，2016（7）：60-64.

[137] 杨蕾. 农村初中生英语学业自我效能感的调查研究[D]. 烟台：鲁东大学，2016.

[138] 张纯. 中学生强目标、学业情绪与学业自我效能感的关系研究[D]. 上海：华东师范大学，2016.

[139] 鲍学峰，张卫，喻承甫，等. 初中生感知校园氛围与网络游戏成瘾的关系：学业自我效能感的中介效应与父母学业卷入的调节效应[J]. 心理发展与教育，2016，32（3）：358-368.

[140] 庄鸿娟，刘儒德，刘颖，等. 中学生社会支持对数学学习坚持性的影响：数学自我效能感的中介作用[J]. 心理发展与教育，2016，32(3)：317-323.

[141] 汪琛. 个体责任、学业自我效能感对合作学习的影响[D]. 武汉：华中师范大学，2016.

[142] 周健. 农村留守儿童母亲教养方式、学业自我效能感与学业成绩的关系研究[D]. 荆州：长江大学，2016.

[143] 刘娜. 中学生心理控制源、学业自我效能感与学习适应的关系[D]. 贵阳：贵州师范大学，2016.

[144] 廖川英. 初中生心理韧性、学业自我效能感与学习倦怠的关系研究[D]. 乌鲁木齐：新疆师范大学，2016.

[145] 陈维，赵守盈，韩会芳，等. 高中生社会支持、学业自我效能感与学习倦怠的关系[J]. 教学与管理，2016（6）：70-73.

[146] 周敏. 初中生学习倦怠现状及其与学业自我效能感、学习动机的关系研究[D]. 长沙：湖南师范大学，2015.

[147] 胡桂英. 中学生学习归因、学业自我效能感、学习策略和学业成就关系的研究[D]. 杭州：浙江大学，2002.

附录　调查问卷汇总

尊敬的同学:你好!这是一个关于中学生学习心理的调查。现在邀请你参加,请你回答下面的问题。你的真实想法和实际情况将为我们提供很大的帮助,希望你能认真回答,谢谢你的热心帮助与合作!

① 答案没有正确与错误之分,只要符合自己的实际情况;
② 我们会对调查结果保密,请你不要有顾虑;
请在符合自己实际情况的数字序号上打"√"
请填写以下基本资料:

1. 性别:(1)男　(2)女
2. 年龄(　　)
3. 年级:(1)七年级(2)八年级(3)九年级(4)高一(5)高二(6)高三
4. 民族:(1)汉族(2)苗族(3)布依族(4)回族(5)其他
5. 现在家庭居住地:(1)城区(2)乡镇(3)农村
6. 家庭经济状况:(1)富裕(2)较好(3)一般(4)较差(5)贫穷
7. 父亲文化程度:(1)没有上过学(2)小学(3)初中(4)高中(5)大专以上
8. 母亲文化程度:(1)没有上过学(2)小学(3)初中(4)高中(5)大专以上
9. 在家排行第几:(0)独生子女　|　非独生子女中:(1)老大(2)老二(3)老三(4)老四以后
10. 你在班上或学校担任什么职务:(1)没有(2)班级小组长或课代表(3)班干部(4)校学生会干部
11. 你的学习成绩在班里属于:(1)优秀(2)中上(3)中等(4)中下(5)较差
12. 你和你父亲的关系:(1)关系紧张(2)关系一般(3)关系融洽
13. 你和你母亲的关系:(1)关系紧张(2)关系一般(3)关系融洽
14. 你感觉你的家庭气氛属于:(1)非常融洽(2)比较融洽(3)经常吵架

15. 父亲对你学习的关心程度：（1）非常重视（2）重视（3）一般（4）从不过问

16. 母亲对你学习的关心程度：（1）非常重视（2）重视（3）一般（4）从不过问

17. 你感觉你在学校的学习压力属于：（1）几乎没有压力（2）压力较小（3）压力很大

18. 父母外出情况：（1）父母均为外出（2）父亲外出务工或经商等（3）母亲外出务工或经商等（4）父母亲外出

题号	题目	完全不符合	不太符合	不确定	比较符合	完全符合
1	我能够精力充沛地投入学习	1	2	3	4	5
2	最近感到心里很空，不知道该干什么	1	2	3	4	5
3	我学习太差了，真想放弃	1	2	3	4	5
4	我能够经常达到自己的目标	1	2	3	4	5
5	一天的学习结束，我感觉到疲劳之极	1	2	3	4	5
6	我觉得自己反正不懂，学不学都无所谓	1	2	3	4	5
7	当学习时，我忘记了周围的一切	1	2	3	4	5
8	最近一段时间，我常常感觉到筋疲力尽	1	2	3	4	5
9	学习方面，我体会不到成就感	1	2	3	4	5
10	我觉得学习对我没有意义	1	2	3	4	5
11	我能够很好地应付考试	1	2	3	4	5
12	在学校，我经常感到筋疲力尽	1	2	3	4	5
13	我抱着玩世不恭的态度学习	1	2	3	4	5
14	我能有效地解决自己学习中出现的问题	1	2	3	4	5
15	我总是能够轻松应付学习方面的问题	1	2	3	4	5
16	我很容易掌握所学知识	1	2	3	4	5

附录 调查问卷汇总

题号	题 目	完全不符合	不太符合	不确定	比较符合	完全符合
1	我相信自己有能力在学习上取得好成绩	1	2	3	4	5
2	我认为自己有能力解决学习中遇到的问题	1	2	3	4	5
3	学习时我总喜欢通过自问自答的方式来检验自己是否已掌握了所学的内容	1	2	3	4	5
4	当我思考某一问题时,我能够将前后所学的知识联系起来	1	2	3	4	5
5	和班上其他同学相比,我的学习能力是比较强	1	2	3	4	5
6	我认为我能够在课堂上及时掌握老师所讲授的内容	1	2	3	4	5
7	我经常发现自己虽然在阅读书本却不知道它讲的是什么意思	1	2	3	4	5
8	阅读书本时我能够将所阅读的内容与自己已掌握的知识联系起来思考	1	2	3	4	5
9	我认为我能够学以致用	1	2	3	4	5
10	和班上其他同学相比,我对所学科目的了解更广泛些	1	2	3	4	5
11	我发现自己上课时总是开小差以至于不能认真听讲	1	2	3	4	5
12	我发现自己不能准确地归纳出所阅读内容的意思	1	2	3	4	5
13	我总是在书本或笔记本上划出重点部分以帮助学习	1	2	3	4	5
14	当我为考试而复习时,我能够将前后所学的知识融会贯通起来进行复习	1	2	3	4	5
15	在小学数学计算中,一加一等于二是正确的	1	2	3	4	5
16	我喜欢选择富有挑战性的学习任务	1	2	3	4	5
17	我认为自己能很好地理解书本上的知识及老师所讲授的内容	1	2	3	4	5
18	课堂上做笔记时我总试图记下老师的每一句话,而不管它是否有意义	1	2	3	4	5

题号	题目	完全不符合	不太符合	不确定	比较符合	完全符合
19	做作业时我总力求回忆起老师在课堂上所讲的内容以便把作业做好	1	2	3	4	5
20	我经常选择那些虽然难但却能够从中学到知识的学习任务，哪怕需要付出更多的努力	1	2	3	4	5
21	即使我在某次考试中的成绩很不理想，我也能平静地分析自己在考试中所犯的错误	1	2	3	4	5
22	即使老师没有要求，我也会自觉地做书本上每一章后面的习题来检验自己对知识的掌握情况	1	2	3	4	5
23	不管我的学习成绩好与坏，我都从不怀疑自己的学习能力	1	2	3	4	5

题号	题目	完全不符合	不太符合	不确定	比较符合	完全符合
1	我对学习没有什么计划	1	2	3	4	5
2	我对中考或高考不考的一些科目提不起学习兴趣，作业能拖就拖	1	2	3	4	5
3	我经常为自己拖拉作业找借口	1	2	3	4	5
4	自己拟定的学习计划往往不能坚持到底	1	2	3	4	5
5	我在做家庭作业时，总是磨磨蹭蹭	1	2	3	4	5
6	我通常想着快点做完作业，但是回家后却拖着没有立刻着手去做	1	2	3	4	5
7	我常对自己说"明天一定完成"	1	2	3	4	5
8	我总是等到学习任务不能再拖的时候才着手做	1	2	3	4	5
9	我执行学习计划所用的时间往往因为拖拉而超过预定的时间	1	2	3	4	5
10	我有时在周五计划好的周末学习计划会不了了之	1	2	3	4	5
11	当我感到对某些科目的学习没有信心时，就拖着不想面对	1	2	3	4	5
12	学习上的拖拉让我感到悔恨，但是我却无力改变	1	2	3	4	5

题号	题 目					
13	平时不努力，总是考试前临时抱佛脚	1	2	3	4	5
14	我学习时常拖拉觉得厌烦	1	2	3	4	5
15	我经常因为玩电脑而拖到周日才开始赶作业，复习和预习	1	2	3	4	5
16	我觉得我在学习上存在惰性	1	2	3	4	5
17	我在学习上遇到无法解决的问题通常放到一边不管，不愿意深究，能拖就拖	1	2	3	4	5
题号	题 目	完全不符合	不太符合	不确定	比较符合	完全符合
	下面请你描述你们班的实际情况					
1	同学们喜欢班主任	1	2	3	4	5
2	如果谁有心事，别的同学会关心他/她	1	2	3	4	5
3	我们班的课堂比较乱	1	2	3	4	5
4	同学之间竞争激烈	1	2	3	4	5
5	我们的家庭作业不多	1	2	3	4	5
6	我们的班主任比较通情达理	1	2	3	4	5
7	同学之间缺乏友爱	1	2	3	4	5
8	我们班的课堂比较吵闹	1	2	3	4	5
9	在学习上，大家明里暗里都在跟别人较量	1	2	3	4	5
10	老师布置很多作业	1	2	3	4	5
11	我们的班主任亲切和蔼	1	2	3	4	5
12	我们班比较团结	1	2	3	4	5
13	老师要花不少时间维持课堂秩序	1	2	3	4	5
14	我们班上竞争的气氛浓厚	1	2	3	4	5
15	班上额外增加课或补课	1	2	3	4	5
16	班主任是个容易亲近的人	1	2	3	4	5
17	有困难的同学会得到别人的关心和帮助	1	2	3	4	5
18	我们班的课堂很有秩序	1	2	3	4	5

19	大家都害怕在学习上落后	1	2	3	4	5
20	我们有很多考试和测验	1	2	3	4	5
21	班主任真心地关心同学	1	2	3	4	5
22	不少人为了自己而损害别人	1	2	3	4	5
23	同学们能遵守课堂纪律	1	2	3	4	5
24	为了不被别人超过，在学习上谁也不敢松懈	1	2	3	4	5
25	《唐诗三百首》是三国时期的文学作品	1	2	3	4	5
26	我们很少有空闲去玩	1	2	3	4	5
27	你可信任班主任	1	2	3	4	5
28	同学之间互相支持和鼓励	1	2	3	4	5
29	跟别的班比，我们班秩序比较好	1	2	3	4	5
30	这个班上似乎每个人都想要胜过别人	1	2	3	4	5
31	同学们感到学习压力大	1	2	3	4	5
32	班主任鼓励同学	1	2	3	4	5
33	同学之间可以说真心话	1	2	3	4	5
34	我们教室很整齐	1	2	3	4	5
35	老师们用各种办法使同学互相竞争	1	2	3	4	5
36	我们班上功课负担相当重	1	2	3	4	5
37	班主任比较顾及同学的自尊心	1	2	3	4	5
38	对班上的事情，大家会一起出主意想办法	1	2	3	4	5
39	上课时同学们安静，专心听讲	1	2	3	4	5